浙江省大运河文化带研究系列

遗产解说理论与实践

以大运河文化带为例

胡红文　主编
刘慧梅　著

ZHEJIANG UNIVERSITY PRESS
浙江大学出版社

图书在版编目(CIP)数据

遗产解说理论与实践：以大运河文化带为例 / 刘慧梅著；胡红文主编. —杭州：浙江大学出版社，2021.11
ISBN 978-7-308-21505-3

Ⅰ.①遗… Ⅱ.①刘… ②胡… Ⅲ.①大运河－文化遗产－研究－中国 Ⅳ.①K928.42

中国版本图书馆 CIP 数据核字(2021)第 122398 号

浙江省大运河文化带研究系列
遗产解说理论与实践
——以大运河文化带为例

胡红文　主编
刘慧梅　著

责任编辑　祁　潇
责任校对　徐　旸
封面设计　周　灵
出版发行　浙江大学出版社
　　　　　（杭州市天目山路 148 号　邮政编码 310007）
　　　　　（网址：http://www.zjupress.com）
排　　版　浙江时代出版服务有限公司
印　　刷　浙江海虹彩色印务有限公司
开　　本　710mm×1000mm　1/16
印　　张　15.5
字　　数　279 千
版 印 次　2021 年 11 月第 1 版　2021 年 11 月第 1 次印刷
书　　号　ISBN 978-7-308-21505-3
定　　价　60.00 元

浙江省大运河文化带研究系列

遗产解说理论与实践

——以大运河文化带为例

编委会

主　编：胡红文

作　者：刘慧梅

编委会：曹　岚　沈旭炜　（马来西亚）Siao Xin Yi

　　　　黄　艳　张明晓　农　亮　卢双双

　　　　吴清月　王露彬　计晓雯　袁茹凡

　　　　谢欣言

目　录

第一章　解说的构成要素与原则

第一节　解说的定义

1. "解说"的概念界定

"解说"(interpretation)在英文中的原意有"解释,说明,翻译,口译"等意思,发展成为专门的专业和学科,经历了一个比较长的历史过程。解说起源于美国与欧洲的国家公园,初期的主要目的是向访客介绍国家公园内的自然资源。1871年,生活和工作于美国约塞米蒂国家公园(Yosemite National Park)附近的约翰·缪尔(John Muir)最先使用解说(interpretation)一词。1920年,米尔斯(E. A. Mills)在其著作《一个自然导游的探险》(*The Adventures of a Nature Guide*)中,自称是一名落基山(Rocky Mount)的自然导游(nature guide),并在书中第一次把"导游讲解工作"定义为"解说"。同年,纽约州和新泽西州的美国自然历史博物馆开始提供解说服务,约塞米蒂国家公园首次提供官方的大众解说服务。20世纪30年代,随着美国文化历史遗产地并入国家公园体系,解说的内容也逐渐拓展开来,包括了从自然与环境到历史与文化等方面的内容,"解说"逐渐替代了"自然导游"这一提法。1953年,美国国家公园管理局设立解说长官一职。

1961年,美国成立解说自然主义者协会(The Association of Interpretive Naturalists)和西部解说员协会(Western Interpreters Association)。解说由此开始获得了专业认可,解说员(interpreter)也慢慢成为解说自然、历史、考

古、艺术等从业人员的主要称谓。此后这两个专业组织于 1987 年合并为国家解说协会(National Association for Interpretation)。1964 年,在美国西弗吉尼亚州的哈珀斯费里(Harpers Ferry)成立了解说培训与研究中心。此后,解说得到了更广泛的认同与发展。

1957 年,"解说之父"弗里曼·蒂尔登(Freeman Tilden)在《解说我们的遗产》(*Interpreting Our Heritage*)一书中提出了明确的且被广泛使用的定义:"解说是一种教育活动,其目的是通过使用原物、亲身体验和说明性媒介来揭示意义与关联性,而不是简单地传递确实的信息。"① 以后陆续有更多学者对"解说"下过定义。皮尔特(Peart)指出:"解说是一个交流过程,通过让公众通过亲身体验物品、文物、景观或场所来向公众揭示意义及与我们的文化和自然遗产之间的关系。"② 根据夏普(Sharpe)的说法:"解说是为公园、森林、保护区和类似的游憩场所的访客提供的服务。虽然访客来到这些地区是为了休息和获得灵感。他们还可能希望了解该地区的自然和文化资源。这些资源包括地质过程、动物、植物、生态群落、历史和人类史前史。解说是将访客与这些资源联系起来的交流。"③ 汉姆(Ham)认为,解说指的是广泛意义上对历史、文化和自然现象的"翻译",以便于观众(如访客、参与者、任何接触到的人)能够更好地理解和享受。④ 皮尔赛斯(Pierssene)强调解说是从信息交流到访客获得愉悦感的整个过程。⑤ 吴必虎对解说的定义是,解说是运用某种媒体来帮助信息接受者了解相关事物的性质和特点。⑥ 付晶认为:"解说是通过解释与交流过程激起访客主动学习的活动,并具有亲身体验和交流联系两个重要特

① Tilden F. Interpreting Our Heritage[M]. Chapel Hill, North Carolina: University of North Carolina, 1957: 60-97.

② Peart B. Definition of Interpretation[D]. College Station, Texas: Texas A & M University, 1977: 4.

③ Sharpe G W. Interpretando el ambiente[M]. Costa Rica: CATIE, 1988: 2-3.

④ Ham S. Environmental Interpretation: A Practical Guide for People with Big Ideas and Small Budgets[M]. Forest Wildlife and Range Experiment Station, University of Idaho, 1992: 324-327.

⑤ Pierssene A. Explaining Our World: An Approach to the Art of Environmental Interpretation[M]. London: Routledge, 1999.

⑥ 吴必虎,金华,张丽. 旅游解说系统的规划和管理[J].旅游学刊,1999,14(1):44-46.

征。"①柯桢和刘敏在这些基础上总结道:"解说是在事物信息与景观内涵呈现的基础上,以不同的方式和形式引导受众与周围环境的沟通,激发其对更广泛空间的认识与内化和情感共鸣。"②刘沧等人认为解说由解说资源、解说媒介、解说受众构成,解说资源是吸引解说受众的原动力,其丰度取决于一个地区旅游资源的丰富程度和类型的多样性;解说媒介是解说资源与解说受众之间联系的桥梁,是资源信息向受众传播的渠道,同时也是衡量一个旅游景区介绍效果和质量的重要因素,主要包括解说人员和解说设施;解说受众是在实际解说中接受解说的游览人员。③

西方发达国家的遗产解说学会也对解说进行过界定。比如美国国家解说协会把解说定义为一种基于任务型的交流过程(mission-based communication process),目的在于建立遗产传承意义与观众兴趣间的情感和心智联系,可借提供相关的资讯来满足每一个人的需求与好奇,同时又不偏离中心主题,告知及取悦旅游者并阐释现象背后所代表的含意。④

遗产解说协会(The Association for Heritage Interpretation,1975)则将解说定义为"通过激发公众情感、增强体验以及强化对过去和现在的人、场所、事件和物体的理解来丰富其生活的一种方式"。⑤ 澳大利亚解说协会(Interpretation Australia,1992)的定义是"解说是交流思想和情感的手段,有助于人们更多地了解自己和环境"。⑥ 这几个协会都更强调了解说能够激发受众与解说对象之间情感联结的作用。

最近的权威定义来自 2008 年由国际古迹遗址理事会(ICOMOS)颁布的《文化遗产地解说与展示宪章》(*The ICOMOS Charter*, or the *Interpretation*

---

① 付晶,高峻. 解说缘起、发展与研究方法进展[J]. 旅游科学,2017,31(1):86-95.

② 柯桢,刘敏. 旅游解说研究进展与差异分析[J]. 旅游学刊,2019,34(2):120-136.

③ 刘沧,张彩霞,张佩瑶.世界文化遗产地旅游解说系统优化对策分析——以厦门鼓浪屿为例[J].河北企业,2020(6):115-116.

④ Ham S. Environmental Interpretation:A Practical Guide for People with Big Ideas and Small Budgets[M]. Forest Wildlife and Range Experiment Station,University of Idaho,1992:437.

⑤ Sharpe G W. Interpretando el ambiente[M]. Costa Rica:CATIE,1988:2-3.

⑥ Interpretation Australia. What Is Interpretation? [EB/OL]. http://asn.au/? cat=-11&s=What + is +interpretation&search-type=general. 2014-05-21.

and Presentation of Cultural Heritage Sites),亦称《艾兰姆宪章》(*The Ename Charter*)。该宪章指出,解说是指"为了提高公众文化遗产地意识、增强公众文化遗产地理解力的所有潜在的活动,包括印刷品和电子出版物、公众讲座、现场装置和直接相关的非现场装置、教育项目、社区活动,以及对于解说过程本身的持续性研究、培训和评估"。这个定义聚焦在文化遗产领域,扩大了解说的范围,指出解说是一个过程,包括对解说进行的研究、培训和评估。

综上,我们将"解说"定义为:"解说包括解说对象、解说媒介和解说受众,是通过各种解说媒介令解说受众从解说对象中获得教育、游憩、信息和情感体验的过程。"

2."解说"的目的和功能

学者们对"解说"的定义往往包含了他们认为解说应该实现的目标和功能。这些功能主要有教育、游憩,或者兼具教育和游憩两种功能。比如,莎普(Sharp)把解说理解为服务、教育与游憩的升华①;马克如斯基(Makruski)把解说作为一种以游憩性为主的教育事业②;科努德森(Knudson)等主张解说是用故事的形式讲述纯概念化的事实,通过激发访客的智慧达到理解和游憩的目的③;比较有意思的是,蒂尔登在1957年的经典定义使用"教育活动"来给解说定性,但是他本人在去世前不久表示,如果他再次修改他的书,他会从他对解说的定义开始:"它是一种游憩活动……"④由此可见,教育和游憩确实是解说的两项最重要目的。

解说的目的也可以进一步从不同视角来解读。从教育学视角来看,解说的目的是学习,比如,夏普(Sharpe)认为环境解说的目标应该包括"帮助听众

① Sharp C C. The Manager, Interpretation's Best Friend [J]. Rocky Mountain-High Plains Parks and Recreation Journal, 1969, 4(1): 19-22.

② Makruski E. A Conceptual Analysis of Environmental Interpretation [D]. Columbus, Ohio: The Ohio State University, 1978: 46-55.

③ Knudson D M, et al. Interpretation of Cultural and natural resources[M]. State College, Pennsylvania: Venture Publishing, Inc., 1999.

④ Knudson D M, Cable T T, and Beck L. Interpretation of Cultural and Natural Resources[M]. State College, Pennsylvania: Venture Publishing, Inc., 1999.

对造访地形成关注、鉴赏和理解①；从行为学和管理学视角来看，解说的目的是管理和促进访客的行为发生管理者所期待的改变，比如对动物、环境和文化遗产的保护"。吴忠宏认为，解说通过口语化的语言和解说使人们心灵得到触动，促进了对动物的保护②。王绪昂通过对解说员在赏鲸活动之前、之中与之后的重要性进行的分析，指出解说对于海洋生物保护的重要意义③。柯奈普（Knapp）强调环境解说的目的是改变人们的环境行为，并提出了环境行为改变模型（environmental interpretation behavior change model）。模型包括初始目标（entry-level goals）、自主目标（ownership goals）和赋权目标（empowerment goals）三个层次的目标。初始目标包括对环境场所的理解、意识到相关政策和对环境的敏感性；自主目标包括资源问题意识、资源调查和评估；赋权目标是指促进积极和有责任的环境行为。他强调这三个层次目标对访客获取知识、形成态度和行为改变具有重要意义。④ 伊格尔斯（Eagles）认为，解说的目的就是增强当地居民和本地管理者的文化与遗产保护意识，以及与遗产相关的景观及文化保护意识。⑤ 而从心理学视角来看，解说的目的是建立情感联结从而增强参观体验。学者们也认为，解说是为了让人们理解一个地方的重要性及意义，使观众与资源之间形成智力和情感等方面的关联，从而鼓励人们对当地的自然和文化资源进行保护。⑥

　　基于以上解说目的，学界通过一些实证研究来验证解说的效果和解说实现的功能。大量研究表明，解说不仅能够提高访客的体验质量，而且具有环境和遗产保护、环境教育、管理功能、经济功能、生态可持续和政治教育等诸多功能。奥利桑（Olson）通过对比解说前后访客对保护区管理理念的理解和态度差异，分析解说教育的有效性，证明解说对访客理解管理规则以及自我行为约

　　① Sharpe G W. Interpreting the Environment[M]. New York：Wiley & Sons Inc.，1982：198.

　　② 吴忠宏. 解说对动物保育的重要性[J]. 台湾社教杂志. 1987,12(245):1-6.

　　③ 王绪昂. 自然解说在赏鲸事业的必要性与解说员在赏鲸过程中应扮演的角色[Z]. 台北：第四届台湾海洋环境大会暨第八届鲸类生态与保育研讨会,2000.

　　④ Knapp D. Validating a Framework Goals for Program Development in Environmental[Z]. Carbondale，Illinois：Southern Illinois University，1994.

　　⑤ ［加］保罗·伊格尔斯,［美］斯蒂芬·麦库尔,［澳］克里斯·海恩斯. 张朝枝, 罗秋菊, 主译. 保护区旅游规划与管理指南[M]. 北京：中国旅游出版社,2005.

　　⑥ Boyle S C. Opening Minds：Interpretation and Conservation[J]. Museum International，2003，56(3)：86-93.

束有很强的关联性。① 卡伯(Cable)利用旅行费用法(travel cost model)等计算方法对解说设施为旅游地带来的经济利益进行量化,从而有力地证明了解说具有一定经济效益。② 莫斯卡多(Moscardo)在《思考型访客》一文中对遗产旅游解说与访客的关系作了深入的阐述,认为解说在遗产旅游中担当着重要的角色,成功的解说是实现旅游可持续发展的关键,能够增强访客的思考能力,影响访客在遗产地的行为。同时,解说可以促进旅游业的生态与经济可持续性。

解说具有教育、游憩、服务、保护、管理和促进经济发展等多重目的和功能,在具体文化遗产区或其他旅游景点,我们可以根据实际情形来确定其中一种或若干种为主要目的。此外,根据解说的层次不同,可以分为专业解说与大众解说,而根据解说的视角不同,又可以细分出环境解说、旅游解说以及遗产解说。这些概念各有侧重,但又有部分重合,既相互联系,又有所区别。厘清解说体系当中各个解说概念之间的关系,明确遗产解说的概念,将有助于推进文化遗产解说体系的构建。

3."解说"的类别辨析

(1)专业解说与大众解说

"专业解说"(professional interpretation)和"大众解说"(popular interpretation)是由菲奇(Fitch)定义的两个层次的解说。第一个层次的解说是由考古学家、历史学家和建筑师等专业人士进行的。专业人员从现有的证据(发掘、废墟、文物、文献等)中检查和验证其真实性,并将其记录下来,为向公众提供第二层次的解说准备素材(图1-1)。③ 公众只得到第二层解说的信息,即"大众"层面的信息。然而,在专业层面收集的信息被用作普及阶段解说

---

① Olson E C. Non-Formal Environmental Education in Natural Resources Management: A Case Study in the Use of Interpretation as a Management Tool for a State Nature Preserve System[Z]. Columbus, Ohio: The Ohio State University, 1983.

② Cable T T. An Analysis of Social and Economic Benefits Associated with an Environmental Interpretation Program[Z]. West Lafayette, Indiana: Purdue University, 1984.

③ Fitch J M. Historic Preservation: Curatorial Management of the Built World[M]. New York: McGraw-Hill, 1982.

的基础,因此,公众一般无法与原始证据进行交流。

在此之前,汤普森(Thompson)就提出了公众参与的观点。他提出了初级解说(primary interpretation)和二级解说(secondary interpretation)的概念。前者是指有人要面对废墟,并对其进行可理解的描述,而后者则是将这种描述,或其中更有趣的部分,大众化地传递给其他人。①

后来,科普兰(Copeland)也区分了专家解说(expert construction)和公共解说(public construction)②的概念。这几位学者认为,解释一种线性的信息流,普通公众作为信息接受者在遗产重构中没有任何作用,因为解说是被遗产专业人员预先定义的描述性的信息。当然,后来随着研究的进展,越来越多的学者强调大众应积极参与解说的过程。

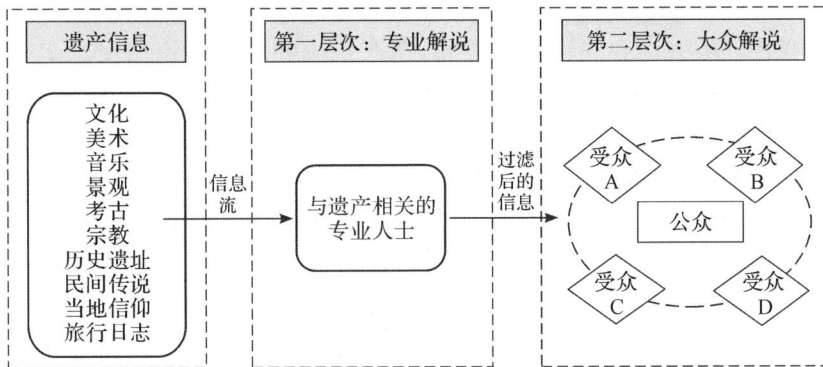

图 1-1　菲奇遗产解说模型

(2)环境解说、旅游解说与遗产解说

关于环境解说、旅游解说和遗产解说三者之间的关系,学界有不同观点。吴必虎(2003)认为"环境解说(environmental interpretation)、遗产解说(heritage interpretation)与旅游解说(tourism interpretation)并没有很大的区别,因此把旅游解说与其他两者视为等同概念"。③;罗芬则认为,"从旅游解

---

① Thompson M W. Ruins:Their Preservation and Display[M]. London:British Museum Publications,1981.

② Copeland T. Presenting Archaeology to the Public:Constructing Insights On-Site // Merriman M (ed.). Public Archaeology[C]. London,New York:Routledge,2004:132-144.

③ 吴必虎,高向平,邓冰. 国内外环境解说研究综述[J]. 地理科学进展,2003,22(3):326-334.

说的自然资源与文化属性的归属,可以分为环境解说和遗产解说",将环境解说和遗产解说都划分为从属旅游解说的其中一种类型①。而罗栋在2020年发表的《试论遗产解说的概念辨析与内涵特征》一文中,辨析了这三者的关系,并对以上两位学者的提法进行了批判性评价,认为环境解说、遗产解说、旅游解说三者在内容、解说对象、侧重功能、主要目的、目标受众和主要特征等方面有明显的区别,从而提出"遗产解说不等同于旅游解说,也不等同于环境解说;旅游解说不能彰显遗产解说的独有内涵和特色,而环境解说也不可能表达遗产解说的全部,而仅仅是生态环境保护的部分内涵"②,更加强调了遗产解说保护、教育和传承功能。

本书认为,遗产和环境都是旅游的资源,遗产解说和环境解说均可以成为旅游解说的内容,可以包括在旅游解说里面,但是这三者在解说重点、目标受众和主要特征等方面存在区别。首先,遗产解说和环境解说的受众包括访客和居民,而旅游解说的受众是游客。其次,遗产解说、旅游解说和环境解说的目的都包括教育、游憩、服务、管理、经济等,但侧重点不同。环境解说脱胎于美国国家公园的自然导游讲解工作,也是解说体系中较早研究的解说概念,其解说对象集中于国家公园、动物园、自然保护区等与自然环境息息相关的设施,其解说的目的更侧重于让人们获得与自然环境有关的知识,从而呼吁人们保护环境,热爱自然;遗产解说的对象为自然、文化遗产,其解说的目的侧重传承文化、保护遗产、教育人们、传递愉悦,更加强调文化的原真性;而旅游解说则是结合了遗产解说和环境解说部分内涵。

(3)显著性解说、中性解说与隐蔽性解说

斯图尔特(Stewart)对新西兰库克山国家公园(Mount Cook National Park)的旅游解说研究中,从旅游解说媒体与信息的传播显著性出发把其分为显著性解说、中性解说与隐蔽性解说等三类。本书基于此观点针对解说进行了如下划分与说明。

显著性解说(一级解说,primary interpretation)包括访客中心及其展示、解说人员、视听多媒体、遗产模型、解说牌示、隐蔽观察所、便携式出版物、历史档案、网络平台以及酒店与机场的目的地展览区域等。其具有醒目性、易见性、易辨别性等特点,其目的是提倡保护信息和分发管理信息。一级解说是一

---

① 罗芬. 森林公园旅游解说规划技术研究[D]. 长沙:中南林业科技大学,2005:12.

② 罗栋. 试论遗产解说的概念辨析与内涵特征[J]. 乐山师范学院学报,2020,35(1):69-73.

种常态解说而非特殊性解说,是访客的一种静态需求。

中性解说(二级解说,secondary interpretation)以口头与书写形式为解说活动提供解说补充内容,另外也对往来景区的交通系统提供解说补充,如汽车、轮船、飞机等。二级解说的特点是作为较大范围活动的一种补充,但是其辨别性不强。尽管二级解说作为某一活动的补充成分,可它也是此活动的一个完整特性。二级解说的目的是强化访客对其所选活动的解说体验,通常此种活动为访客付费的游览活动。

隐蔽性解说(第三解说,tertiary interpretation)的表现方式包括各种广告媒体(海报、电视、广播、网站、商品、图书、画册等)、景区员工、其他访客与同伴或家人的非正式性信息。三级解说由于其隐蔽性、模糊性与不易辨别性,容易被访客与管理部门忽视,然而其对景区内的访客体验产生重要影响。①

第二节　解说的构成要素

1. 解说对象

解说对象是指传递出解说信息的主体,是所有解说信息的来源。解说对象是指被解说的事物本身和事物周边的环境,包括有形的解说实物和无形的历史文化、传说故事等。它们都蕴含着解说的信息资源,可以向未接受过解说信息的受众传递解说信息。解说对象蕴涵的信息资源需要被收集、归纳、整合,形成鲜明的解说主题,针对不同的解说受众,选择恰当的解说媒介,实现令受众获得信息、得到教育、感受愉悦,让解说资源得到管理和保护等方面的解说目的。解说对象是整个解说环节的起点,对解说的全过程起着主导作用。

2. 解说受众

解说受众是解说服务的对象。汉姆(Ham,1992)把在室内接受教育或性质相似的听众称为强迫型听众(captive audience),而把在室外接受解说或处于轻松气氛的听众称为自愿型听众(non-captive audience)。后者的动机一般

---

① 钟永德,罗芬.旅游解说规划[M].北京:中国林业出版社,2008:52.

是寻求乐趣、自我提高与丰富，甚至是打发时间。莫斯卡多（Moscardo，1986）从环境心理学角度分析了环境因素与访客因素两者之间的相互关系，将解说受众分为专注型受众（mindful audience）与非专注型受众（mindless audience）。专注型受众会积极参与，深度涉入到当地历史文化与社会结构之中，而非专注型受众则相反①。但是，根据朗格与皮珀（Langer & Piper，1988）的研究，专注型受众一旦放弃自我控制力，就会转向非专注型受众②。而斯图尔特等在新西兰库克山国家公园的案例研究中根据解说受众对解说信息利用情况的不同，将解说受众分为信息搜寻者（seekers）、信息受阻者（stumblers）、信息从属者（shadowers）和信息避让者（shunners）四种类型。③ 第一种受众最积极，主动寻求解说信息，其可以细分为学习型、收集型、填充型三类。第二种受众对解说并非十分需要，可能会偶然与解说员相遇，接受解说。其可细分为满意受阻型和挫折受阻型。第三种受众需要专门的导游，例如登山导游进行安全防范解说，这种受众比较少。其可细分为正式从属型和非正式从属型。最后一种受众由于语言障碍、时间限制等因素不需要解说服务，其可细分为被动避让型和主动避让型。

　　其实，解说受众因文化背景、教育水平、年龄等差异而不同，他们对解说的需求和期待也不同。根据不同的受众，形成了专门针对儿童的儿童解说版本、针对专家的专家解说版本和针对普通大众的普通访客解说版本。如2019年7月申遗成功的良渚博物馆对遗产解说非常重视，专门准备了儿童解说版、专家解说版和普通访客解说版三个版本。目前西方国家还设计了专门针对老年访客的解说模式。老年群体已逐渐成为参观和旅游的主力军。这一群体拥有较为充裕的时间和较宽裕的金钱，但也存在着身体较弱、听力下降、视力模糊、行动迟缓、体力不支等问题。因此，针对老年访客的解说会设置助听器以辅助听觉，提供醒目的自导式解说媒介，讲解员语速放缓，提供个性化的解说服务，并

---

① Moscardo G and Pearce P L. Visitor Centers and Environmental Interpretation：An Exploration of the Relationships Among Visitor Enjoyment，Understanding and Mindfulness[J]. Journal of Environmental Psychology，1986，6(2)：89-108.

② Langer E J and Piper A. Television from a Mindful/Mindless Perspective [J]. Applied Social Psychology Annual，1988(8)：247-260.

③ Stewart E J，Hayward B M，Devlin P J，et al. The "Place" of Interpretation：A New Approach to the Evaluation of Interpretation[J]. Tourism Management，1998，19(3)：257-266.

做好紧急医护救治的准备。当然也有针对不同地区的访客的解说。比如,澳门的导游认为内地居民和国际访客有不同的解说需求,因此针对国际访客,他们会侧重介绍以中外文化融合为代表的世界文化遗产——"澳门历史城区",展现中外交流的文明成果;而针对内地访客,他们会着重介绍妈祖阁、抗击侵略的炮台遗址等,展现妈祖文化的同根同源,教育同胞们铭记历史、珍惜和平。

3. 解说媒介

解说媒介是连接解说对象和解说受众之间的信息交流的中间部分,包括解说的信息交流过程中的所有要素和活动。解说媒介一般指解说人员、解说媒体、解说活动等。针对不同的受众,需要选择不同的解说媒介来提高解说的有效性。而关于解说媒介的选择及效果的研究和比较集中在 20 世纪 70 到 80 年代。谢雷姆(Chenrem)探索了口头和非口头解说对听众接受信息的重要性。① 尼古拉斯(Nichols)记录了自导解说路径对自然历史知识转变成人们能够接受的信息的有效性,并确定了听觉的交流设备是解说最有效的媒介工具。② 汉纳(Hanna)对可视性设备向访客传达的信息效果进行了评估。③ 比特古德等(Bitgood et al.)研究了访客观看时间与视觉障碍的关系,指出在没有视觉障碍时,访客参观的时间最长,存在视觉障碍时,则反之。④ 韦韦尔卡(Veverka)通过实证得出结论:"交互式解说媒介与一般的解说媒介相比,可以取得更好的解说效果。"⑤约翰斯顿(Johnston)指出,访客参观牌示的时间

---

① Chenrem G J. The Professional Interpreter:Agent for an Awakening Giant [J]. Journal of Interpretation,1977,2(1):3-6.

② Nichols D R. Use of The Tactual Sense Modality in Environmental Interpretation (Outdoor Education)[Z]. Eugene,Oregon:University of Oregon,1985.

③ Hanna J W. Evaluating Interpretive Walks,Video Techniques[Z]. Natural and Cultural Heritage Interpretation Evaluation,1986.

④ Bitgood S,Benefield A,Patterson D and Liwak H. Influencing Visitor Attention:The Effects of Life-Size Silhouettes on Visitor Behavior // Bitgood S,Benefield A and Patterson D (eds.). Visitor Studies:Theory,Research and Practice (3)[C]. Jacksonville Alabama:Center for Social Design,1990:220-230.

⑤ Veverka J A. The Language of Live Interpretation:Making Contact [Z]. Ottawa:The Canadian Museum of Civilization,1997.

与访客对牌示内容的兴趣有直接关联①。迈尔斯（Miles）指出，在博物馆旅游解说中，应该通过网络电子交互媒介和新一代电视新媒体，让访客真实体验到解说的环境。② 随着科学技术的飞速发展，充当解说媒介的解说方式和手段正趋向个性化、多样化和综合化。如何充分利用解说媒介，如何将不同种类的解说方式和手段综合运用，最大限度且最具有效率地传递解说信息给受众，也将是研究解说的一个重要课题。

第三节　解说的原则

　　为了充分实现解说的目的与功能，需要遵循一定的原则进行规划设计。美国学者弗里曼·蒂尔登所提出的"遗产解说六原则"是被解说学界奉为圭臬的经典准则。这六条解说的基本原则是："第一，解说需要和访客的个性或经验发生关联；第二，解说不是信息的汇总，而是在信息基础上的启示；第三，解说是结合多种人文科学的艺术，解说的能力可以通过训练而提升；第四，解说的主要目的不是灌输，而是启发；第五，解说必须全面，照顾到整体，而不要纠结于琐碎片面的枝节；第六，对12岁以下的儿童做讲解，其方法不应只是稀释对成人解说的内容，而是要有根本上完全不同的方法"。

　　莫斯卡多根据专注性与非专注型访客对遗产解说接受与理解结果的对比，提出了遗产解说方式的四点原则：（1）解说应为访客提供多种体验；（2）通过以自然为导向的解说活动，令访客参与其中并控制注意力；（3）建立解说员与访客个人体验和感受的纽带；（4）通过解说激发访客的智慧，鼓励访客进行提问。从而构建解说员与访客之间的互动过程，提高解说的质量。③

　　沃德和威尔金森（Ward & Wilkinson）在总结前人研究的解说原则的基础之上，提出了七条解说原则，把这七条原则的首字母合并后称为"CREATES"

---

① Johnston R J. Exogenous Factors and Visitor Behavior：A Regression Analysis of Exhibit Viewing Time ［J］. Environment and Behavior，1998，30（3）：322-347.

② Miles W F S. Auschwitz：Museum Interpretation and Darker Tourism ［J］. Annals of Tourism Research，2002，29（4）：1175-1178.

③ Moscardo G. Mindful Visitors：Heritage and Tourism ［J］. Annals of Tourism Research，1996，23（2）：376-397.

原则(表 1-1)。

表 1-1　信息创作的"CREATES"原则

代表字母	原则	解说要求
C	Connect—相关原则	解说信息必须直接和遗产传承的意义和目的相关
R	Relevant—关联原则	解说信息必须在访客预知的知识范围内并能够和他们的个人经历相关联
E	Enjoyable—愉悦原则	解说交流必须愉悦、有趣
A	Appropriate—恰当原则	解说信息必须满足访客、遗产和管理的各自需求
T	Thematic—主题原则	解说活动的设计必须主题鲜明、沟通目的明确
E	Engaging—参与原则	解说交流必须融合访客各个感官,确保访客处于全神贯注的状态
S	Structured—逻辑原则	解说信息的组织必须有清晰的逻辑关系

(资料来源:Ward C and Wilkinson A. Conducting Meaningful Interpretation:A Field Guide forSuccess[M]. Golden,Colorado:Fulcrum Publishing,2006:31-49.)

此外,国际古迹遗址理事会于 2008 年颁布了《文化遗产地解说与展示宪章》,也称为《艾兰姆宪章》。[①] 该宪章立足于为遗产解说与展示制定明确的理论依据、标准术语和广泛认可的基本准则,而这些准则也成为文化遗产地开展文化遗产解说、增进公众或访客对文化遗产理解的原则和方法,为全球的文化遗产解说提供专业的指导。

原则一:可达性和理解性(Access and Understanding),解说应采用可能的方式促进公众对文化遗产本身内涵的理解。

原则二:信息源(Information Sources),即解说与展示应通过科学和学术的方式,从活态的文化传统中搜集依据。

原则三:文脉和背景环境(Context and Setting),文化遗产地的解说与展示应结合其广泛的社会、文化、历史和自然的发展脉络以及背景环境。

原则四:真实性(Authenticity),文化遗产地的解说和展示必须遵守《奈良真实性文件》(*The Nara Document on Authenticity*)中有关在尊重文化遗产多样性的同时保护其原则性的原则。

原则五:可持续性(Sustainability),文化遗产地的解说体系规划必须尊重遗产地的自然和文化环境,主要关注包括社会、经济和环境的可持续发展。

---

① ICOMOS. The ICOMOS Charter for the Interpretation and Presentation of Cultural Heritage Sites[J]. International Journal of Cultural Property,2008(15):377-383.

原则六:涵盖性(Inclusiveness),文化遗产地解说与展示必须是从事遗产研究的专业人士、遗产地所负责机构、相关社区,以及其他利益相关者共同和有意义合作的结果,涵盖的内容应更具多视角和全面。

原则七:研究、培训和评估(Research,Training and Evaluation),后续的研究、培训和评估是文化遗产地解说必不可少的组成部分。

第二章　遗产解说规划和流程

第一节　遗产解说、解说系统与解说规划

1. 遗产解说

（1）遗产的概念

"遗产"（heritage）一词源于拉丁语，其含义与"继承"（inheritance）紧密相连，通常指从祖先继承下来的东西，既可以是有形的物质资产，也可以是无形的精神财富。从个人利益层面上讲，遗产是自然人死亡遗留下来的个人合法财产；从人类文明层面上讲，遗产是历史上遗留下来的精神财富或物质财富。本书涉及的"遗产"主要是指凝结着历史遗留下来的代表人类文明成果的精神财富或物质财富。根据 1982 年《世界遗产宪章》的分类方法，遗产可以分为文化遗产、自然遗产与非物质遗产。遗产是历史的见证、文化的载体和文明的沉淀。通过遗产，我们能够感受到地球演化的历史、传统文化的魅力和人类文明的智慧。文化遗产从存在形态上分为物质文化遗产（有形文化遗产）和非物质文化遗产（无形文化遗产）。物质文化遗产是具有历史、艺术和科学价值的文物；非物质文化遗产是指各种以非物质形态存在的、与群众生活密切相关且世代相承的传统文化。联合国教科文组织于 1972 年 11 月 16 日在巴黎通过了《保护世界文化和自然遗产公约》（*Convention Concerning the Protection of the World Cultural and Natural Heritage*）。公约第一条规定，以下各项为文化遗产："（1）文物（Monuments）：从历史、艺术或科学角度看，具有突出的普遍

价值的建筑物、雕刻和绘画、具有考古性质成分或结构、铭文、窟洞以及联合体;(2)建筑群(Groups of Buildings):从历史、艺术或科学角度看,在建筑式样、分布均匀或与环境景色结合方面,具有突出的普遍价值的单立或连接的建筑群;(3)遗址(Sites):从历史、审美、人种学或人类学角度看,具有突出的普遍价值的人类工程或自然与人工联合工程以及考古地址等地方。"①

自然遗产代表地球演化历史中重要阶段的突出例证;代表进行中的重要地质过程、生物演化过程以及人类与自然环境相互关系的突出例证;代表独特、稀有或绝妙的自然现象、地貌或具有罕见自然美地域。根据《保护世界文化和自然遗产公约》,自然遗产包括以下内容:"(1)从科学或保护角度看,具有突出的普遍价值的地质和自然地理结构以及明确划为濒危动植物生存区;(2)从美学或科学角度看,具有突出的、普遍价值的由地质和生物结构或这类结构群组成的自然面貌;(3)从科学、保护或自然美角度看,具有突出的普遍价值的天然名胜或明确划分的自然区域。"②

非物质文化遗产指被各群体、团体、有时为个人所视为其文化遗产的各种实践、表演、表现形式、知识体系和技能及其有关的工具、实物、工艺品和文化场所。2003年联合国教科文组织第32届大会通过了《保护非物质文化遗产公约》(Convention for the Safeguarding of Intangible Cultural Heritage)。公约指出非文化遗产包括以下五个方面:"口头传统和表现形式,包括作为非物质文化遗产媒介的语言;表演艺术;社会实践、仪式节庆活动;有关自然界和宇宙的知识和实践;传统手工艺。"口头和非物质文化遗产是以人为本的活态遗产,它更注重的是知识、技能和技术的承传,是人类历史发展过程中各国、各民族生活方式、智慧和情感的载体,与我们的生活和整个社会息息相关。③

以上的分类与细化是遗产的主要内容,同时也是遗产解说的解说对象。弄清楚遗产的具体内容将有利于界定遗产解说的概念,为遗产解说的规划明确规划的首要要素。

(2)遗产解说的概念

"遗产解说"作为"解说"体系当中的一个概念分支,也是一种信息交流的

---

① 联合国教科文组织《保护世界文化和自然遗产公约》[EB/OL]. https://www.un.org/zh/documents/treaty/files/whc.shtml.

② 联合国教科文组织《保护世界文化和自然遗产公约》[EB/OL]. https://www.un.org/zh/documents/treaty/files/whc.shtml.

③ 联合国教科文组织《保护非物质文化遗产公约》[EB/OL]. https://www.un.org/zh/documents/treaty/files/ich.shtml.

服务过程。遗产解说主要以遗产作为解说对象,通过专业的解说人员、信息传播的多媒体等解说媒介,向访客传递传统文化,提高访客对遗产的理解程度,增强访客的地方认同感并产生保护遗产的欲望和行为,实现遗产解说的教育、游憩、服务、保护、管理和促进经济发展等多重目的和功能。"文化遗产解说"是"遗产解说"更加细化的解说概念,解说对象缩小到了文化遗产这一层次,解说的目的和功能也更加侧重于解说在文化上的作用。文化遗产解说就是利用文化遗产资源和实物来向访客展现历史,让访客更加了解他们所游览的文化遗产景观,传授知识以便提高他们对文化遗产的理解力,以及提高访客兴趣增强其责任感。文化遗产解说的目的就是加深访客对文化遗产的直接体验,使得访客更加尊重文化遗产,树立起遗产保护的理念。明确遗产解说的概念将会为遗产解说的规划奠定理论基础。

2. 解说系统

世界旅游组织指出解说系统是旅游目的地诸要素中十分重要的组成部分,是旅游目的地的教育功能、服务功能、使用功能得以发挥的必要基础,是管理者管理访客的手段之一。[①]

"系统"这一概念由来已久,但较早形成的完整的理论体系是贝塔朗菲(Bertalanffy)在 1945 年的著作《关于一般系统论》(General system theory)中提出的。他认为系统是相互联系、相互作用的诸元素的综合体。钱学森在此基础上补充了大小系统之间的从属关系,做了个较为清晰而完整的定义,认为系统是由相互作用、相互依赖的若干组成部分结合而成的,具有特定功能的有机整体,而且这个有机整体又是它从属的更大系统的组成部分。"系统"所蕴含的哲学思想,即关于整体性、关联性、层次性、统一性的认识被运用到众多学科之中,如医学、计算机学等。解说的研究体系也引入了解说系统的概念,来探究解说的解说对象、解说媒介和解说受众之间的相互作用和联系。

自 20 世纪四五十年代西方学者提出"解说"概念之后,很多学者又从不同的角度对解说系统的定义进行了研究。伊斯特万(Istvan)从解说系统的自导式和向导式出发,根据影响整个解说过程中的"人"(即解说的受众)对解说信息的接受程度、"解说者"信息传达的有效性以及"解说对象"所蕴含的信息丰富程度等因素,以及解说的方式和步骤,构建了"人——解说者——解说对象"

---

① 张明珠,卢松,刘彭和,祝小迁. 国内外旅游解说系统研究评述[J]. 旅游学刊,2008,23(1):91-96.

的解说概念性系统框架。① 吴必虎、金华、张丽则从解说系统的功能出发,认为"一个完整的解说系统应具有基本信息和导向服务、帮助访客了解并欣赏旅游区的资源及价值、加强旅游资源和设施的保护、鼓励访客参与旅游区的管理、提高与旅游区有关的游憩技能、提供对话途径及教育六大功能"②。由此可见,解说系统是一个由多要素构成、具有特定功能和结构的系统。

关于解说系统的构成要素,基于不同的研究视角,不同学者有不同的分类。比如蒂姆·科普兰(Tim Copeland)是将解说的三个要素分为"解说实物(evidence)、解说活动(interpretation)和解说受众(audience)",认为解说系统的运行受到解说实物信息框架的限制,解说活动是根据不同解说受众去选择解说实物,解说受众以自身偏好来决定不同层级的解说活动,并感受解说实物。解说系统主要由解说的三大要素即解说对象、解说媒介和解说受众构成。我们可以将一些要素进一步细分,形成下一层级的细分解说系统。比如解说媒介可以进一步分为"自导式系统、向导式系统"③。

因此,本书结合前人的观点,从解说的三个基本要素出发,认为解说系统是根据解说对象自身的信息资源,针对不同的解说受众,选择相应的解说媒介进行综合运用,有效地传递解说信息,实现解说教育、游憩、服务、保护、管理和促进经济发展等多重目的和功能的一个有机整体。解说对象是吸引解说受众前来的基础,是整个解说系统的基石;解说媒介则是连接解说信息和解说受众的桥梁和纽带,是解说系统的核心和本质;解说信息要通过解说媒介传递给解说受众,解说受众针对解说信息提供反馈评估。

3. 解说规划

美国解说规划专业机构哈珀斯费里(Harpers Ferry Center)提出,解说规划是识别和描述公园、森林、动物园等游憩场所中有意义的访客体验的过程,并建议以优化、维持或以其他方式支持这些体验。良好的解说规划作为一个

---

① Istvan L B. Communicating the Arcane: A Conceptual Frame Work for Environmental Interpretation[D]. Washington, DC: University of Washington, 1993.

② 吴必虎,金华,张丽. 旅游解说系统的规划和管理[J].旅游学刊,1999,14(1):44-46.

③ 吴必虎,金华,张丽. 旅游解说系统的规划和管理[J].旅游学刊,1999,14(1):44-46.

组织工具,促使管理者和规划者在解说和教育项目的开发上做出明智的决定,是建设优质国家公园的必要条件。

库珀(Cooper,1991)认为,美国国家公园是世界上最早提出并实践解说规划的机构。编制解说规划是一个相对灵活并且互相关联的过程,具体主要包括以下几个部分:确定目标、进行现状调查、确定解说主题、选择表现的媒体、确立解说需要的重点、解说评价等。美国国家公园解说规划在遗产保护的目标驱动下,是一个集基础研究、远景规划、实践操作为一体的动态专项规划。三部分内容相对独立却又相互配合,既关注遗产意义与价值,又强化访客对遗产的体验,丰富遗产解说的内涵。麦克阿瑟和霍尔(McArthur & Hall)在遗产管理战略规划中,提出了面向游客的解说规划模式①。乌泽尔(Uzzell)在遗产旅游开发中以拉斯韦尔传播模式为解说规划的基础模式,重点突出了遗产开发中的三个中心成分——主旨、市场与资源三者间的相互关系②。澳大利亚昆士兰州旅游局(Tourism Queensland,2000)出版的《解说创新》一书提出了以产品为导向的旅游解说规划,认为解说成功的关键是覆盖解说产品的"整合性规划、传递、监控和管理"四个部分③。丽莎(Lisa,2003)提出了解说规划可从"信息(message)、媒体(media)、市场(market)、技术(mechanics)、管理(management)"等方面着手的5M技术模式。韦韦尔卡(Veverka)根据旅游解说目的,提出了以任务为基础的解说规划模型。

本书认为,解说规划是在所有解说因素评价与分析的基础上提出的适当的解说方式,是能够充分利用解说系统的解说对象、解说媒介和解说受众这三个要素之间的内在联系,充分发挥出解说系统有效性的规划。解说规划需要明确和界定目标战略,确定解说的总体方向和优先事项,规避规划当中的潜在问题,考虑解说受众的动机和偏好,以此满足受众的解说需求。而遗产解说规划就是以遗产作为解说对象的解说规划。解说规划涉及系统规划、解说路线设计、标识牌的语言表达等多个方面,因此遗产解说应进行专项规划,综合系统地规划遗产解说的对象、媒介及受众。遗产解说不仅仅是前期的规划,还要对建成后的解说人员培训、学校课程设计、互联网等解说媒体延伸等许多因素

---

① McArthur S and Hall C M. Visitor Management and Interpretation at Heritage Sites // Hall C M and McArthur S (eds.). Heritage Management in New Zealand and Australia[M]. Oxford:Oxford University Press,1993:18-39.

② Uzzell D. Contemporary Issues in Heritage and Environmental Interpretation:Problems and Prospects[M]. New York:Academic Press,1998.

③ Tourism Queensland. Innovation in Interpretation[R]. Brisbane,2000:10-13.

进行综合考虑。因此,遗产解说规划不仅需要对解说系统内部的各个要素和资源进行有机地整合,更需要对遗产解说涉及外延因素进行综合性的遗产解说管理规划。

第二节　解说规划流程

解说规划是对所有解说因素评价与分析的基础上提出适当的解说方式,是对整个解说系统有效性发挥的规划。解说规划流程主要包括(1)解说规划前期准备:解说规划团队构建、解说资源调查、评价与选择、解说对象与受众分析、解说目标明确;(2)解说规划形成:解说受众规划、解说内容规划、解说媒介规划;(3)解说规划评估:解说项目的效果评估、解说人员的解说效果评估、解说媒介的效果评估、解说评估方法、解说评估指标(图 2-1)。

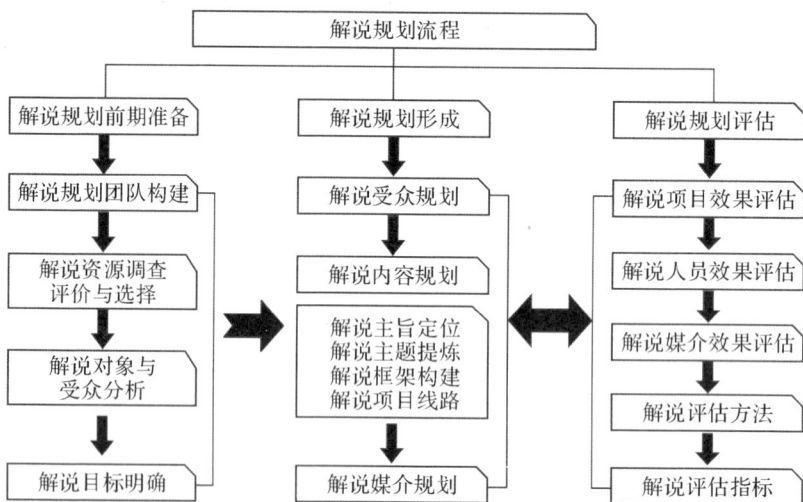

图 2-1　解说规划流程图

1. 解说规划前期准备

(1)解说规划团队构建

在进行解说规划之前,应由各相关专业的技术人员和管理人员共同组建解说规划团队,而在解说规划过程中应聘请休闲学、文化学、遗产学、旅游学、历史学、美学、规划学、环境学、生态学、设计学、教育学、心理学、符号学、传媒学、传播学、地理学、管理学等方面的专家为规划提供咨询服务。

（2）解说资源调查、评价与选择

应对解说对象的自然资源、人文资源、休闲资源、自然环境条件、社会经济条件、建设条件等方面做全面调查，进行解说对象现有资源的保护、教育与休闲价值评价，并确定解说对象的核心资源。在进行解说规划时，应在充分利用解说对象资源调查与评价成果的基础上，进行重点补充调查与评价，如旅游市场调查与评价、现有解说系统（包括解说设施和解说队伍）调查与评价等。然后便是对解说资源的选择。选取解说资源是指选取让受众可能关注的有形地点、物体、人物或事件，也包括过去的历史与自然事件或人等。解说资源的选取会激发受众对解说信息的不同关注，从而揭示解说规划的主题、价值和内容。

（3）解说对象与受众分析

解说对象承载了访客所要接受信息的事物。所以要在翔实调查的基础上，对解说对象进行透彻分析，找出解说对象的比较优势，准确把握解说对象的特色，明确解说规划的解说重点。根据解说对象资源类型，具体解说资源调查项目有：1）自然遗产调查，包括自然遗产规划范围内的地理区位、生态、地形、地质、水文、气候、动植物和特殊景观等自然遗产资源；2）文化遗产调查，包括物质文化遗产和非物质文化遗产，其中具体包括，古迹遗址、民风民俗、基础设施等。解说受众是解说信息的接收者、解说规划的服务对象。因受众地域、性别、年龄、文化、职业、动机、目的、兴趣、收入水平等因素的不同，他们对解说偏好与解说主题兴趣也会有差异。研究分析不同受众群体的解说需求是设置解说系统、设计解说规划、获得良好解说效果的基础，也是解说功能得以有效发挥的保证。

（4）解说目标明确

在充分对解说对象与受众进行分析的基础上，明确解说规划的解说目标。解说目标赋予解说规划进行的方向，以及解说规划评估的依据，是进行解说规划所欲获得的结果。

1）保护目标——通过解说系统的揭示和帮助信息，使访客在接触和享受遗产资源的同时，也能做到不对资源或设施造成过度利用或破坏，并鼓励访客与可能的破坏、损坏行为做斗争，从而加强对遗产资源和设施的保护，实现遗产的可持续发展。

2）教育目标——通过解说规划对遗产独特内涵的诠释，向访客及教育机构提供必要的解说服务，提高解说受众的遗产保护和文化意识，提升遗产的品位,满足访客的精神愉悦需求,使其对遗产资源及其价值、它的科学和艺术价值等有较深刻的理解,提升访客、社区居民、政府机构和遗产管理方互动交流,达成相互间的理解和支持,实现遗产的良好发展。

3)服务目标——以简单的、多样的方式将遗产解说信息准确及时地传递给解说受众,引导和帮助他们顺利接收解说信息,获得专业的解说服务,使他们有满足、安全、愉悦的感受。

4)管理目标——增进访客与遗产管理方、政府之间的沟通,建立积极的公共关系,并通过向解说受众解说和展示遗产的重要价值和意义,使得遗产的各种资源能够因访客的认知而得以保护,各类管理措施和政策因这种认知而得到充分理解和支持,从而减少解说规划管理的阻力。

5)游憩目标——通过完善的解说系统规划,为解说受众提供寓教于乐的游憩服务,让解说受众在获得解说信息知识教育的同时,也获得放松、闲适的游憩体验,满足受众的休闲需求。

2.解说规划形成

(1)解说受众规划

在解说规划中,解说受众的背景信息经常作为受众规划的依据,如年龄、文化背景、宗教信仰、居住地等。对于不同年龄层次、不同地区的解说受众,解说信息的主旨、主题、内容与呈现方式是不同的。对解说受众信息的了解可以帮助解说规划人员调整其解说信息。解说受众作为规划体验的主体,不同类型的访客对解说的需求有所差异,在进行解说受众规划时,需遵循"因人而异"的原则,依据受众的人口学特征(年龄、性别、教育层次、出生地等)和心理学特征(动机、兴趣、态度、信仰、接纳度等)进行针对性解说规划服务。其中尤其应该考虑特殊人群的需要和体验,这些特殊群体包括残障人士、儿童、老人、国际访客等。这些群体与一般公众对解说规划的要求是各不相同的。残障人士需要更加方便的设计、专门化的媒体形式(比如盲文);而国际访客需要遗产地向他们提供翻译成他们能够阅读的文字的解说服务。蒂姆·科普兰提出的六大解说原则中有一项针对少年儿童,且解说规划中都会为青少年设置有针对性的解说项目,可见其重要性与特殊性。因此将未成年人单独列为一项进行分析,便于在解说受众规划体验中强化积极正向的行为、意识引导,从而实现教育目标。

（2）解说内容规划

1）解说主题

在解说规划中，制定主题对解说至关重要，它直接影响解说的品质。解说主题是对资源的固有价值、潜在价值、背景环境等相关重要信息的高度提炼，是由多领域的专家经过反复论证得出的，足以代表解说对象特征的综合性观点。解说主题可细分为主要解说主题和次主题。对访客而言，解说主题用以帮助访客知晓遗产的意义，为访客提供认知新事物和获取不同观点的机会，提供一种"先入为主"情境，以激发访客的好奇心，强化访客对于资源的印象。对解说人员而言，解说主题提供了一个共用的主旨框架，一个工作蓝本。对管理者而言，解说主题提供一种"鸟瞰"的视角，从意义层面建立起了资源的关系网络，用以展开全局性的解说资源管理。

主题解说是解说内容规划的一种方法。主题（theme），即访客能够"带回家"的信息，它是易于被理解和吸收的，与抽象的、含混的遗产价值相区别。构建解说主题框架（thematic framework）即是对遗产价值进行层层解读。这个框架一般设定为三个层级："最上层是解说总主题（main theme），之后是数个围绕总主题展开的解说次主题（subthemes），最下面是按照不同次主题分类的若干解说故事（stories）。"

解说总主题：对应遗产的整体价值，是对解说内容的精准概括和统领。总主题可以统领所有相关的故事，以保证所有的故事都传达出一致的信息，保证访客在遗产体验的过程中可以获得深刻的"整体印象"。

解说次主题：对应遗产的分类价值特征，是总主题在不同方向上的发展延伸，也是故事归属的各个类别，可以使访客对遗产不同方面的特征加深理解。同时，次主题又是对故事的归纳分类，一方面易于访客理解，一方面方便未来增加潜在故事。

解说故事：对遗产价值所包含内容的全面而通俗的解释，通过讲述故事的方式可以使访客较为容易地理解并接受相对抽象难懂的遗产价值。

2）解说框架

解说框架能够完整地映射遗产的价值构成和关键信息，以及获取这些信息的最优渠道，其中所涵盖的信息为访客提供更广泛的机会以探索资源重要性，并建立个人经验与遗产意义之间的联系。并把解说主题作为"链接点"支撑起整个框架，使其既有统筹管理之效，也具有"穿针引线"的作用。一套完整的解说框架不仅能够服务于访客，帮助解说人员提升解说服务质量，而且可用于设计解说规划项目和线路。

　　3)解说项目和线路

　　解说项目是解说对象向受众阐述信息内容的具体途径。解说线路是连接各个解说资源的线性流动项目。依据解说对象的基本特质,并结合解说规划的主要目标,将解说项目划分以下三类:基于审美或游憩的解说项目、基于情感或移情的解说项目、基于教育或实践的解说项目。基于审美或游憩的解说项目是指解说对象以基本展示为主,供访客参观欣赏;基于情感或移情的解说项目指以现代科技为手段的光影体验、虚拟体验等,促使访客释放自我,感受解说对象的内在价值;基于教育或实践的解说项目指以公共讲座、志愿培训、相关课程、科普活动、研学活动等为主的体验活动。解说人员也应根据解说规划的主旨、主题选择和设计具体的解说项目和线路,使解说信息有效地传播并到达受众中间,帮助其了解相关解说对象的性质和特点,并达到保护、教育、服务等基本功能。

　　此外,破旧和失效的解说项目和设施会使解说规划丧失应有的功能,同时也会使访客失去兴趣,使解说地的美誉度和满意度下降,对解说地造成长远的负面影响。因此,应及时进行解说规划的维护与更新工作,常保解说规划项目设施处于最佳状态。

　　(3)解说媒介规划

　　解说媒介是指为了进行解说和展示,在遗产地或其相关地点特别适用的实物装置、设施和区域,包括依靠新技术和已有技术所做的支持性解说。解说媒介是联系解说主题和解说受众的纽带,使解说受众按需获取解说信息,增强遗产体验和乐趣,是保证解说活动顺利进行的物质载体,是一种传达遗产解说思想和信息的桥梁。

　　解说媒介规划是以可达性、有效性和安全性为前提,"以人为本""因地制宜""因信息类型而异"作为基本原则。适合的解说媒介可以更好地传递信息,提升受众的体验。解说媒介用于解说服务,主要包括解说设施(访客中心、沿途展示牌、影音设备、园区地图、广播站、手机 APP、网站等)和人工导览两类,二者也可归类为自导式解说和向导式解说。它们既承载信息,又担负着与访客沟通的责任。对于人工导览而言,解说人员的自身素养、表达习惯、沟通能力等都会对解说效果产生影响。正因为不可控因素较多,使得解说框架的重要作用得以凸显,可帮助解说人员理清思路,使解说服务有的放矢。

　　1)向导式解说

　　向导式解说系统包括导游人员和解说词等要素,导游是核心。向导式解说系统亦称导游解说系统,以具有能动性的专门导游人员向访客进行主动的、动态的信息传导为主要表达方式。它的最大特点是双向沟通,能够回答访客提出的各种各样的问题,可以因人而异提供个性化服务。克里·戈弗雷和杰基·克拉克(Godfrey & Clark)曾指出,从业人员应是遗产旅游社区中的重要成员①。只有文化遗产地从业人员的专业、文化与道德水平等各方面素质与文化遗产地相匹配,树立良好的遗传保护观念,才能使解说与遗产地资源真正"浑然一体",才能促进文化遗产旅游地的发展。向导式解说系统不仅是遗产解说系统的重要组成部分,更是文化遗产地解说人员素质的集中展现。

2)自导式解说

自导式解说系统由书面材料、图示、语音、影像等无生命设施、设备向公众提供静态的、被动的信息服务,是一种更为常见的解说系统。它的形式多样,包括牌示、解说手册、导游图、语音解说、影像视频、网络软件等,其中,牌示是最主要的展现方式。遗产地解说系统中,牌示作为一种静态文字显示系统,发挥着十分重要的作用,是一种能够快捷、便利地向公众和访客传递信息的有效工具。通过旅游牌示为访客解说遗产地或区域的自然、历史、文化和游憩资源,不仅可以增加公众和访客对遗产地或区域的兴趣,而且可以达到相关遗产知识的普及和传播,具有育人功能。而自导式解说系统中的多媒体导览如语言导览,虚拟技术导览,它们借助于语音解说、影像资料、电子触摸屏、便携解说器及手机软件等有效解说媒介,通过刺激访客的视听神经,向访客解说遗产地的各种遗产资源,提升访客的注意力和兴趣,增强访客的旅游体验乐趣。但整体来说,自导式解说系统本身解说信息内容有一点限制,无法做到与解说人员那样的互动性和定制性解说服务。

3. 解说规划评估

解说评估是遗产解说规划实施流程中的关键和必要步骤。解说规划是一个动态的过程,应适时地对遗产解说规划进行评估监控,找出解说规划实施效果与解说目标的差距,并根据评估结果对其不断地进行调整与改进,不断地注入新的因素、使用新的手段,以保证解说规划的有效性和可持续性。

在解说评估的定义上,汉姆(Ham)认为,解说评估是信息收集与分析的过程,评估效果或其对听众的影响,其目的是为了增进服务听众的能力。而梅德林和汉姆(Medlin & Ham)将解说评估定义为,确认解说品质的方法,辨识优

---

① 克里·戈弗雷,杰基·克拉克. 刘家明,刘爱利,译. 旅游目的地开发手册[M]. 北京:电子工业出版社,2005.

缺点,并且了解成效之高低,其目的都是为了增进解说活动。美国国家解说协会(National Association for Interpretation)则定义解说评估是一个确定解说品质的多面性的过程,且属于解说的一部分。此过程包括投入与回馈,并衡量人类、机构、环境与科技间的关系。① 此外,努德森、凯布尔与贝克(Knudson,Cable & Beck,1995)则将解说评估划分为四个种类,并对解说人员进行软硬件方面的评估:(1)评估访客的行为、响应,判定撰写与展示设计是否适当,是否达到我们的学习目标;(2)透过了解访客的偏好,评估解说者的表现,以改善其解说方法作为未来改善之用;(3)评估非人员解说设施是否达到其解说目标,以加以修正来使其更有效果与合适;(4)评估整体项目与设备的生产力,以判定所付出的金钱与努力有其效果,作为寻求赞助时的有利依据②。在这些研究基础上,乌泽尔在其著作《目前遗产和环境解说中存在的问题:问题和前景》(*Contemporary Issues in Heritage and Environmental Interpretation:Problems and Prospects*)中对评估的类型,评估的有效性、可靠性和偏差,以及具体的评估技术进行了系统性的研究,形成了解说评估的整体框架。③ 目前,国际上针对解说规划评估研究主要包括解说项目的效果评估、解说媒介的解说效果评估、解说人员的解说服务评估、解说评估方法、解说评估指标等方面。

(1)解说项目效果评估

解说项目效果评估是在解说区域内受众对解说内容、解说媒介、解说体验等方面反馈的集中表现。符合受众需求的解说项目能够使解说效能最大化,是对解说规划评估的主要环节。目前,国内外学者都集中于对世界文化遗产与国家公园等旅游热点地的解说项目进行分析评估。例如孟加克、多塔维奥以及奥莱里(Mengak、Dottavio & O,Leary)对于大烟雾山国家公园(Great Smoky Mountains National Park)游客中心的参观者进行调查,由环境及区位规划、厕所设备、咨询提供及资讯服务、贩售区、展示空间、主体塑造及旅游体验六大部分共三十四个因子进行解说评估,并构建了综合评估量表,并对重要表现分析法进行分析,以此作为游客中心改善的依据。④ 而国内学者罗芬、钟

① 钟永德,罗芬. 旅游解说规划[M]. 北京:中国林业出版社,2008:236.

② Knudson D M,Cable T T and Beck L. Interpretation of Cultural and Natural Resources[M]. State College,Pennsylvania:Venture Publishing,Inc.,1999.

③ Uzzell D. Contemporary Issues in Heritage and Environmental Interpretation:Problems and Prospects[M]. New York:Academic Press,1998.

④ 蔚东英. 环境解说评估研究综述[J]. 旅游科学,2010,24(5):84-92.

永德、李健、付红军在对黄山访客进行问卷调查的基础上，从解说人员、解说牌示、游客中心、可携式出版物和综合解说技术五个方面对黄山园内遗产旅游解说的有效性做出评价，分析总结黄山园内解说存在导游雇佣率高、游客满意度低，解说牌示种类较少、牌示功能未充分发挥，游客中心主体功能不突出、解说手法单一，展览技术单一、内容缺乏新异，可携式解说读物种类较少、合意率低，解说缺乏创造性、新颖性等问题。认为受众和资源分析有助于提高其服务质量，可以采用多种解说技术来提高黄山园内解说质量。① 骈丽军以安阳殷墟遗址为例，从解说资源、解说媒介和解说受众三个方面对遗产解说系统进行了评价，总结安阳殷墟遗址存在遗产解说信息资源缺乏系统规划、解说人员缺乏系统培训管理、解说媒介设施细节上不够人性化及缺乏与游客受众互动等方面的问题，并提出了安阳殷墟遗址解说系统的整合解说资源信息，进行系统性规划；加强制度化管理，提高解说员素质；以人为本，完善解说媒介；提高参与性，增加互动等发展建议。② 邓明艳、覃艳采用问卷调查法和统计分析方法，从访客对解说需求的角度评价了峨眉山风景区的遗产解说系统，并根据访客的解说需求特点和对峨眉山风景区遗产解说现状的实地调查，提出了完善遗产解说媒体布局、加强遗产重要特征解说、扩展遗产解说内容和增强解说的针对性，以及提高解说人员素质等遗产解说系统优化措施。③

(2)解说人员解说服务评估

解说人员的解说服务可从解说人员的组织能力、解说人员的仪表、对待访客的态度、解说的技巧水平和访客互动反馈等方面来评估。其中，夏普(Sharpe)认为解说人员的热情、同情、热心不仅可以给访客带来动力，而且体现了解说人员的真诚与可信，为访客提供更加周到和贴心的解说服务。④ 而瑞安等(Ryan)则以国家公园为例，对其解说人员进行等级分类，并对接受不同等级解说人员解说服务的访客在直接接受完解说后以及三个月后的记忆情况进行问卷调查，对比其前后知识获得上的差异，间接测试出不同等级解说人

① 罗芬,钟永德,李健,付红军.黄山园内旅游解说类型与有效性分析[J].旅游科学,2005,19(5):33-37.
② 骈丽军.安阳殷墟遗址旅游解说系统研究[D].上海:华东师范大学,2009.
③ 邓明艳,覃艳.基于需求分析的遗产景区旅游解说系统优化研究——以峨眉山景区为例[J].旅游学刊,2010,25(7):35-40.
④ Sharpe G W. Interpreting the Environment[M].New York:Wiley & Sons Inc.,1982.

员的解说技巧。① 方晓喆从人口统计学特征、游览特征、知识获取、体验的增加和保护行为五个方面了解了明定陵解说人员遗产解说服务的有效性,分析解说人员对游客游览体验中的影响与作用。②

（3）解说媒介解说效果评估

解说媒介作为解说规划中最为直观展现解说信息内容的部分,对其的评估是解说规划评估的重中之重。针对解说媒介的效果国内外学者也通过不同研究途径和方法进行了分析总结。以解说媒介的传递效果作为调查研究对象,雅各布森与玛丽诺夫斯基（Jacobson & Marynowski）通过实证研究对比了不同媒介的解说效果,认为多媒体设施是最有效的解说媒介,不仅可以增加访客的知识,也可以改变他们的态度。③ 张建国、潘百红、王燕以实地调查和问卷调查为手段,对杭州西湖景区的遗产解说标识系统的设置与使用情况进行了调查与评价,针对其存在的景区管理者认识水平不高、解说标识系统的科普含量低、解说标识内容不全、标牌解说信息有限、解说内容不够规范等问题,提出了针对解说标识系统的规划设计、牌示管理、内容翻译、评估反馈等方面的改进建议与方案。④ 以解说受众的感知效果作为研究对象,刘改芳、张东燕以平遥古城为例,以自行使用解说系统的国内外访客为调查对象,通过访谈了解访客对遗产解说系统的需求要素,总结出九项关于遗产解说系统的要素进行问卷设计,以此来了解向导式解说系统和自导式解说系统中存在的解说深度、解说重点、解说吸引力、宣传力和服务意识等方面的问题,并总结分析出平遥古城解说系统出现问题是由于其缺乏针对性的准入制度和创新性的培训机制,以及其向导自身素质的局限性导致的,提出文化遗产类旅游景区解说系统应加强向导人才队伍的建设、设计点面兼顾的解说内容、设计合理的自导式解说系统等管理建议。⑤ 丁素平是以满

---

① Ryan C，Dewar K. Evaluating the Communication Process Between Interpreter and Visitor[J]. Tourism Management，1995，16(4)：295-303.

② 方晓喆.文化遗产人员解说效果研究[D].北京:北京林业大学,2009.

③ Jacobson S K，Marynowski S B. New Model for Ecosystem Management Interpretation：Target Audiences on Military Lands[J]. Journal of Interpretation Research，1998，3(1)：101-128.

④ 张建国,潘百红,王燕.杭州西湖景区解说标识系统初步研究[J].福建林业科技,2006,33(4)：195-200.

⑤ 刘改芳,张东燕.文化遗产类旅游景区解说系统评价——以平遥古城为例[J].山西大学学报,2008,31(5)：96-100.

意度理论为基础,从游客在平遥古城的旅游体验切入,评价解说人员解说和解说牌示解说服务的效果,总结影响游客对解说牌系统满意度的不同因素。①以解说受众与解说媒介作为研究对象,张茜从博物馆解说人员和访客两方面对博物馆解说系统的重要性认知进行对比,并从解说媒介和知识获取两方面对博物馆解说效果进行评价,并针对湖南省博物馆解说系统提出应科学设计安排服务时间,提高服务技术水平,丰富解说牌的解释内容,重视解说折页对提升解说效果、游憩体验的重要性等优化意见。②

（4）解说评估方法

解说评估方法有许多种,其中有代表性的瓦加尔（Wagar）,他曾列出十二种解说评估方法,包括访客直接反馈、专家审核、定时摄影、受众投票等,并分析了各自优缺点。③ 此外迪尔金与波洛克（Dierking & Pollock）也阐述了如何使用案例来进行事前评估并说明了事前评估的意义。④ 如澳大利亚博物馆综合评估导览手册将解说评估变成常规性项目;英国哥伦比亚省立公园通过受众分析、主客体互动、游览点选择、解说技术等变量综合评估方法来评估园内解说方式的有效性。

（5）解说评估指标

凯瑟琳（Katherine）以知识获得、行为影响和态度改变作为解说效果评估的最关键指标,通过游览前后问卷调查的对比研究,认为解说不仅仅增加了访客对旅游目的地的了解,也使访客知道了如何改变他们不恰当的旅游行为,从而更加尊重自然环境。柯奈普和巴里（Knapp & Barrie）通过实证研究分析了不同的解说方式对小学生环境知识获得、行为修正和态度改变的影响,认为解说对于知识获得的影响很大,但是对态度和行为的影响很小。⑤ 而在解说评估变量内容方面,苏克曼（Suchman）制定了解说评估范围,包括针对解说因素

---

① 丁素平.游客对平遥古城解说牌系统满意度研究［D］.西安:陕西师范大学,2009:1-84.

② 张茜.博物馆解说效果研究［D］.长沙:湖南师范大学,2009:1-99.

③ Wagar A J. Evaluating the Effectiveness of Interpretation ［J］. Journal of Interpretation,1976,1(1):1-8.

④ Dierking L D and Pollock W. Questioning Assumptions:An Introduction to Front-End Studies in Museums ［J］. Washington, DC:Association of Science-Technology Centers,1998.

⑤ Knapp D and Barrie E. Ecology Versus Issue Interpretation:The Analysis of Two Different Messages［J］. Journal of Interpretation Research,1998,3(1):21-28.

的计划性评估,针对访客行为结果、解说媒介适宜性评估,以及反映投入产出比的经济效益评估①。梅德林和汉姆(Medlin & Ham)将愉悦性、知识性和访客行为影响性作为评价解说成效的三个目标②。韦勒和汉姆(Weiler & Ham)选取多种访客响应指标,对解说在访客的认知、情感、行为方面的影响结果进行评价。③

---

　　①　Suchman E. Evaluative Research[M]. New York：Russel Sage，1967.

　　②　Medlin N C and Ham S. A Handbook for Evaluating Interpretive Services [Z]. Ogden，Utah：USDA Forest Service.

　　③　Weiler B and Ham S. Development of a Research Instrument for Evaluating the Visitor Outcomes of Face-To-Face Interpretation[J]. Visitor Studies，2010，13 (2)：187-205.

第三章　跨文化视角下遗产解说

　　大运河文化带遗产作为世界遗产之一,是中国国际化的"文化名片",承载着向世界展示华夏文明生命力和中华文化活力的重大历史使命。其独特的文化魅力必定会吸引大量的中外访客,加之 G20 会议以及 2022 年亚运会在杭州的举办,大运河文化遗产带上的明珠之城——杭州也会越来越多地出现在各国人民的视野中,跨文化交流也将越来越频繁。大运河文化遗产解说是该世界文化遗产与外界进行交流的中间媒介,在传递文化遗产信息的同时,也给国际访客提供了更好的旅游体验,从而让中国传统文化走向世界。此外,解说翻译是跨文化遗产旅游的桥梁,若文化遗产解说缺失或不完善,则会影响遗产的参观体验,同时也没有充分利用通过京杭大运河文化遗产对外宣传中华文化的良好机会。

　　遗产旅游背景下的解说是指传递遗产的价值与文化的方式向访客提供信息和体验。对此,"解说之父"蒂尔登在 1977 年便认为设计有效遗产解说体验的关键在于了解解说的目标受众。在后续的研究当中,乌泽尔和巴兰缇妮(Uzzell & Ballantyne)、巴兰缇妮等(Ballantyne et al.)、墨菲等(Murphy et al.)也支持了这一观点,并认为影响解说受众体验遗产解说的文化和价值传递的因素有:受众的参观动机、先前的经验、先前的知识、对解说的偏好和文化背景。① 在解说的这一过程中,个人的文化在影响他们与解说材料的互动、体验和"意义建构"等方面发挥着重要的作用。因此来自不同文化群体的解说受众对解说的要求也将会出现较大的差异。面对这些来自不同文化背景的受众,跨文化交流的解说活动就必须要尝试通过分析不同文化背景受众的背景特征和文化偏好,对此进行分类归纳,对症下药,以此来满足不同的解说需求。对此,蒂莫西和博伊德(Timothy & Boyd)提醒说,讲解员需要对不同的跨文化视角保持敏感,认为以欧洲为中心的讲解方法不适合一些神圣或特殊的地方②;莫斯卡多(Moscardo)则强调,解说的原则源自西方,因此可能不适合其他文化群体。文化期望、偏好和认知的差异很可能会对访客对遗产地解说体验的满意度和参与度产生重大影响。而不同的文化背景是由不同的自然环境和当地人们认识世界和改造世界的过程中逐渐形成。但对于大运河而言,我们把访客大致分为两个大的不同文化群体,一个是大运河本身代表的中华文化,另一个是以欧美国家为主的西方文化。

中西方在文化期望、偏好和认知上存在着较大的差异。而我们关于遗产、传统和原真性的许多概念和观点,以及解释这些概念和观点的理论、过程和实践,都是由西方的话语演变而来的。所以单纯地用西方理论去理解中国的遗产或者是用中华文化去解释中国的遗产都会遇到跨文化交流的障碍,降低解说的效果和体验。世界文化遗产是民族的,也是世界的,但由于不同民族的文化背景,民族性的遗产要走向世界,需要克服跨文化交流的重重困难。因此,大运河文化遗产带解说体系的构建需要注意在跨文化交流方面的基本原理与研究。

---

① Uzzell D and Ballantyne R. Heritage That Hurts: Interpretation in a Postmodern World // Uzzell D and Ballantyne R (eds.). Contemporary Issues in Heritage and Environmental Interpretation: Problems and Prospects[C]. New York: Academic Press, 1998: 152-171. Ballantyne R, Packer J and Falk J. Visitors' Learning for Environmental Sustainability: Testing Short- and Long-Term Impacts of Wildlife Tourism Experiences Using Structural Equation Modelling [J]. Tourism Management, 2011, 32(6): 1243-1252. Murphy L, Moscardo G and Benckendorff P. Using Brand Personality to Differentiate Regional Tourism Destinations[J]. Journal of Travel Research, 2007, 46(1): 5-14.

② Timothy D J and Boyd S W. Heritage Tourism[M]. New York: Pearson Education, 2003.

第一节　中西方文化遗产观的差异

　　文化差异是指人们在不同的环境下形成的一个民族独特的心理感情、民族意识和文化氛围,从而表现在语言、知识、人生价值观、道德观、思维方式、风俗习惯等方面的不同。文化差异使现代社会发展呈现多元性。文化上的差异,尤其是东西方文化差异,导致了人们对同一事物或同一概念的不同理解与解释,甚至是误解。人们跨文化旅游交际的初始动因往往是从文化差异开始的。文化差异是人们交际发生的重要因素,是构成文化交流与互动的文化条件。

　　文化不是一种个体特性,而是具有相同或相似教育和生活环境的群体长期以来形成的一个民族独特的思想情感、民族意识和文化氛围,体现在语言、价值观、道德观、思维方式、风俗习惯等各个方面。不同群体、国家或地区的文化体系因不同的价值取向、思维模式和行为方式而千差万别。文化差异使现代社会的发展呈现多元化。文化上的差异往往会导致人们对同一事物或同一概念进行不同的理解与诠释,误解和冲突也时有发生。世界各国在旅游交往与合作过程中也经常会遇到对文化的误读,引发冲突,甚至造成交际失败,产生文化拒绝。作为具有不同文化背景的访客进行国际旅游的旅游目的地,这样的区域必然会面临来自不同文化体系的"文化域"的摩擦与碰撞。这些处于不同文化交汇与撞击的区域就是文化边际域。在这个区域中,不同的文化环境、不同的经济、社会、政治等因素必然会导致文化差异,而文化差异的客观存在又进而造成文化之间的摩擦,并使旅游遗产地居民、旅游接待者从业者及国际访客在心理上形成"文化冲击"反应。跨文化遗产解说一定要意识到文化边际域的存在,正确处理文化差异、误解与冲突,应对不同文化间的交流、碰撞与融合,为国际访客提供个性化、定制化的遗产解说服务。

1. 中西文化遗产观差异产生的原因

(1)遗产原真性理解的不同

　　中西方对遗产物质原真性的理解和重视程度存在巨大差异。西方国家教堂、城堡、博物馆等建筑由于有很多是用坚固材料如石头和砖头建造,往往能历经几百年和上千年。至今这些古建筑众多,分布广泛。以德国为例,德国有一两万个古堡,居全世界第一,因为在中世纪从476—1453年持续了近一千年的时间里,国王对几百上千个领袖分封土地,每位领主会在自己土地上建立城堡,这样持续下来,欧洲包括德国的古堡越来越多。而这些古堡有部分据说也是用木材和夯土建造的,另一些用石头建造的较好地留存了下来。而在我国,绝大部分古代建筑是木头或泥土建筑,加上各种战争和经年累月的风吹雨打,能保留下来的非常少,除少量寺庙是唐代保留下来,其他都是明清时期或以后的建筑。比如,杭州城(临安)作为南宋都城,至今已很少有古都的风貌。相反,欧洲国家却有大量的古建筑遗产。

上面这个差异,在汉学家李克曼(Ryckmans)的著作《中国人对过去的态度》(*The Chinese Attitude Towards the Past*)中得到了深刻分析。① 李克曼认为相对欧洲,中国的古迹尤其是古建筑并不多。欧洲的传统是用足够坚固的材料来建造纪念碑和建筑,以抵御时间的侵蚀,而中国的做法是使用易腐烂和脆弱的材料,如木头和泥土。在中国,建筑可以多次建造和重建。对中国人来说,永恒是通过遗产地的精神意义和空间构造来保证的,而不是遗产地本身的物质形态。由遗址激发的诗歌、艺术和文章都有助于为后人保存遗址。因此,对中国人来说,通过一代又一代的人将受遗产地启发的思想和文字作品传承下去,确保了遗产地的延续性——建筑或物品几乎是次要的。与之相反的是以欧洲为主的西方文化遗产观。在西方,文化遗产更多地强调文化古迹建筑的原真性。由此,有的学者认为中国访客不重视遗产的原真性,事实并非如此,而是中国人和西方人对原真性的理解不同。西方人的原真性体现在物质层面,尤其是欧洲各地保留完好的宏伟的教堂、宫殿和博物馆等等建筑,而中国人的原真性在于建筑、其精神意义和遗址本身的融合。一座建筑可以多次建造和重建,但仍然保持着它的真实性。是这个地方以及它所激发的文学作品,使它成为"真实"的。② 中国人对文化遗产原真性的理解甚至包含了语言的"原真性"。③ 中国人对有形文化遗产所蕴藏的文化、故事和传说,以及与之相关的诗词、绘画等等精神层面同样重视,甚至更为重视,所以我们的文化遗

---

① Ryckmans P. The Chinese Attitude Towards the Past[M]. Canberra: Australian National University, 1986.

② Xu H, Ding P and Packer J. Tourism Research in China: Understanding the Unique Cultural Contexts and Complexities[J]. Current Issues in Tourism, 2008, 11(6).

③ 侯松,刘慧梅,高佳燕. 语言原真性与文化遗产的意义生成——以浙江衢州"周王庙"为中心[J]. 东南文化, 2019(5):6-13,127-128.

产解说或旅游解说中会大量引用名人名言、诗词、典故等等文化信息。

(2)"人与自然"的观念的差异

中国人的世界观与西方不同的另一个方面是,中国人的传统观念更多的是强调人与自然的和谐,人是大自然的一部分,对遗产地开发上要求以人为本,人与自然和谐共处;而西方则往往把人从自然环境中抽取和独立出来,对遗产地开发上要求保存遗产原本的原真性和完善性,不能进行过多的人为改造。澳大利亚学者索费尔德(Sofield)和他的合作者对此有较多精辟论述。他认为中国人将自然和文化遗产视为一个整体,因此,他们愿意接受在自然环境中建造人工建筑。在中国,建设旅游设施如花园、人工湖泊和瀑布、道路、水泥路和观景台等,以"改善"自然遗产地,被认为是良好的管理。事实上,研究人员声称,大多数中国访客都希望"景区"得到开发或改善,并且对这些景点的现代建筑有着强烈的愿望。[①] 这种对自然和遗产景观进行现代化改造或提升的方法与国际上常见的"西方"遗产管理的"最佳实践"惯例相矛盾,在这些惯例中,商品化被小心翼翼地隐藏起来,并被设计成不影响遗址原真性。以欧美为主的西方的自然和旅游观点支持并强调生态系统的维护,即使这阻止了人类出于娱乐或旅游目的进入这些区域。在中国,旅游资源既不是单纯的自然资源,也不是单纯的文化资源,而是两者的融合。寺庙、亭子等遗产建筑往往建在自然风光优美的地方,进一步巩固了文化景观和自然景观的结合。根据叶文和薛希明的观点,中国人对文化的偏爱意味着访客"……愿意接受那些或多或少结合自然和文化的旅游活动"。[②] 所以,中国对遗产地会更愿意进行社会性的开发,让人与遗产地能够更好地共存与融合,强调中国"天人合一"的人与自然观;而西方对遗产地会更加注重保护,而避免进行改造,防止人对自然造成破坏,强调"人与自然相对立"的人与自然观。中西方在"人与自然"观念上的差异导致中西方对遗产地开发观念的不同。

当然,西方的遗产观也深深地影响着受过教育的中国访客、文化遗产研究人员和管理者。越来越多学者反思如何欣赏文化遗产的同时,尽量不破坏自然环境,对景区的过量建筑比如玻璃栈道、升降电梯等发出不同的声音。设计

---

① Sofield T H B and Li F M S. China: Ecotourism and Cultural Tourism, Harmony or Dissonance? // Higham J (ed.). Critical Issues in Ecotourism: Understanding a Complex Tourism Phenomenon[C]. London: Routledge, 2007: 368-385.

② Ye W and Xue X. The Differences in Ecotourism between China and the West[J]. Current Issues in Tourism, 2008, 11(6): 567-586.

师们也会把遗产地的建筑设计得与环境更协调。

中国人的人与自然和谐统一的观念在现在的一些政策中会面临一些制度挑战。比如,我国部委改革之后,自然资源部的国家林业和草原局负责国家(自然)公园建设,文化和旅游部又推出了国家文化公园体制。实际上,"国家公园体系中,自然和文化是不可分的,只不过有些自然特色更浓一点,有的文化特色更浓一点。这是政府部门改制后出现的一个新课题、新难题。"同时,王兴斌提到中国的风景名胜区是中国特有的自然和文化遗产体系。主管部门可以有变化,但风景名胜区体系不会消逝,它就是中国特色的国家公园体系。①

所以,不管是国家公园,还是文化和旅游部的国家文化公园,都不能把自然和文化割裂开来,需要遵循我国的自然和文化和谐统一的理念,让自然和文化融合发展。

2. 中西访客文化背景的差异

中国的国内旅游可以追溯到商朝(约公元前 1600—前 1050 年),当时的皇帝和他们的宫廷开始了参观遗产地以祭拜神灵的传统。这一传统是基于这样的信念,即山川、河流、湖泊和其他自然形态的遗址是祖先神灵的家园。与佛教有关的寺庙和圣地也被认为是重要的朝圣地,吸引了许多访客。公元前五、六世纪,儒家思想兴起,对中国文化和传统产生了重要影响。儒家思想重视通过艺术、书法和诗歌来崇尚山水,因此山水与几千年来皇帝、朝臣、艺术家、诗人、哲学家和其他重要人物创造的形象、信息和思想密不可分。这些艺术和文学作品一直激励和影响着一代又一代的中国人,直到今天。它们立即被世界各地的中国人所认可,并被认为是中国"常识"的一部分。② 因此,中国的绘画和诗歌与其说是山水画,不如说是将特定的哲学、理想和思想代代相传的工具。这种对文学和艺术元素的偏爱在傅、莱托和蔡(Fu, Lehto & Cai)对旅游咨询网站的评论中清晰地显现出来,该评论显示,中国访客特别喜欢与重要历史人物的传说或故事相关的景点。③ 同样,李和索费尔德(Li & Sofield)指出,诗人往往比其他历史遗迹更受尊敬——他们的故居通常被修复为旅游景点,

---

① 王兴斌. 中国自然文化遗产管理模式的改革[J]. 旅游学刊,2002(5):15-21.

② Sofield T H B and Li F M S. Tourism Development and Cultural Policies in China. Annals of Tourism Research,1998,25(2),362-392.

③ Fu X,Lehto X Y and Cai L A. Culture-based Interpretation of Vacation Consumption[J]. Journal of China Tourism Research,2012(8):320-333.

而像军事将领这样的名人故居却很少受到这样的关注。① 中国的文化背景起源于春秋战国的百家争鸣,统一于儒家文化为核心的封建社会文化,发展于明清之后的中西文化交流与冲突,复兴于社会主义文化体系的文化建设。因此中国访客注重祭祀神灵或先祖的陵墓或祭台(如明孝陵、天坛等)、寺庙或宗教圣地(如敦煌、大报恩寺等)、风雅志士之所(如武侯祠、杜甫草堂等)等遗产地,并对文化建筑的原真性不甚看重,更看重背后的文化故事和体验过程的舒适度。比如杜甫草堂、大报恩寺皆非原建筑,而是根据历史文献进行仿古还原的,并着重解说其历史上的传奇故事或风雅趣闻,甚至自己加以想象或传颂的神话故事。而以欧美为核心的西方文化体系起源于古希腊的自由,统一于古罗马的法度,停滞于中世纪的宗教,突破于大航海时代的冒险、发展于文艺复兴的人文,巩固于启蒙运动的理性。这样的文化背景,使得西方的访客的文化心理总会有着以上特点的影子,追求休闲自由、注意纪律法律、宗教信仰虔诚、强调保护人权、讲究理性和原真性。所以西方访客会偏好于历史遗址(巴特农神庙、古罗马斗兽场等)、古老教堂(索菲亚大教堂、巴黎圣母院等)、国家公园或原始森林(黄石国家公园)等。

3. 中西遗产解说的差异

中西遗产解说所采取的语言风格不同。中国的遗产解说比较讲究四言八句、对仗工整、辞藻华美,动辄引用历史史实、文学典故、名人名诗等,但访客只是从解说中获得一个笼统抽象的信息。而西方的遗产解说多为风格简约、结构严谨、语言通俗、注重信息的准确性和语言的实用性,往往用客观的具象罗列来传达实实在在的遗产之美,力求忠实再现遗产原真,让访客得到一个明确具体的印象。

中西遗产解说有着不同的功能作用。在西方国家中,遗产解说通常把对访客的服务及便利设施介绍放在前面,并且也会提前指出此遗产景点的负面影响以供人们参考。相比之下,中国遗产解说最主要是大肆渲染遗产的历史、文化等等,对其配套的服务、交通设施比较忽视,更不会出现有关遗产景点缺陷的阐述。这种差异就决定了中西方在遗产解说结构方面的不同。西方遗产

---

① Li F M S and Sofield T H B. Huangshan(Yellow Mountain),China:The Meaning of Harmonious Relationships // Ryan C and Gu H(eds). Tourism in China:Destination,Cultures and Communities[C]. New York:Routledge,2009:157-167.

解说结构一般为"景点的地理位置——主要景观——服务设施——交通状况——人文特色——对特殊群体的吸引力——社会特色——负面影响";而中国遗产解说的结构则依次表现为"景点的社会地位及社会影响——发展变化及业绩——风光景色及景观——人文特色——对特殊群体的吸引力——地理位置——服务设施"。就比如李和索费尔德对黄山的解说标牌的研究,这些标牌的设计是符合联合国教科文(UNESCO)世界文化遗产地(WHS)的要求,甚至是被认为是西方科技和中国文化的结合体。但他们的研究发现,理解解说牌上的解说是需要懂得中国的一些谚语、故事和人文素养等一定的中国文化"常识"的,这对国际访客无疑是一种困难,阻碍了解说信息的传递。而对于国内访客,由于解说版上包含了他们不感兴趣的科学信息或是已经知道的文化信息,所以他们对这些解说牌并不会驻足阅读。所以,当时的黄山解说标牌并没有很好地充分考虑中西方访客对遗产解说的需求,从而导致其无法实现解说的目的,形同虚设。①

第二节　跨文化交流的基本理论

1. 跨文化翻译

西方许多学者对"翻译"的概念界定有各自的看法,交际理论学派代表、美国著名语言学家、翻译专家尤金·奈达(Eugene Nida)在《跨文化的意义》(*Meaning Across Culture*,1981)中曾指出:"所谓翻译,是指从语义到文化(风格)在语言中用最贴切、自然的对等语再现源语的信息。"为达到这一标准,应遵循在传达信息的同时,传达原作的意图和风格,并保持语言通顺流畅,以期达到译语读者与源语读者类似反应的效果。德国翻译理论家克里斯蒂安·诺德(Christian Nord)认为,翻译是一种多层面的"跨文化交际活动"。我国的翻译最早是服务于佛经经典的翻译,主要的翻译家是些通晓中梵两文,深谙佛理的高僧们,如隋代名僧彦琮、唐代圣僧玄奘等,他们也分别提出翻译佛经的翻

---

① Li F M S and Sofield T H B. World Heritage Listing：the case of Huangshan(Yellow Mountain) // Leask A and Fyall A (eds.). Managing World Heritage Sites [C]. London：Routledge,2006：250-262.

译理论"八备说"和"五不翻"。而后在"西学东渐"的影响下,我国也涌现出不少翻译大家和翻译理论。其中最著名的是严复的"信、雅、达"的译事三难理论。该理论中"信"为忠实、"达"为通顺、"雅"为风雅,这三者是翻译的三种标准。要求译文要忠实原文的基础之上,语句表达通顺,符合译文读者的阅读,又要得其原文神韵和核心,这样才能算好的翻译。翻译涉及语言背后的两种不同文化之间的交流,为此翻译的标准就必须要落实到"信"之上,"达"与"雅"是表达形式上的要求。

所以,翻译作为一种语言转换为另一种语言的过程,必定会涉及语言所包含的文化之间的跨越和转换,而解说活动当中也会涉及跨文化的翻译问题,为此本文在此先介绍跨文化翻译的相关研究历史和研究理论,方便加深下文翻译当中的跨文化交流的理解。

自"文化"引入翻译范畴后,"归化""异化"翻译策略就成了译界争论的热点问题。1813 年,德国著名古典语言学家和翻译理论家施莱尔马赫(Schleiermacher)在《论翻译的方法》(*On the Different Methods of Translating*)中提出两种方法:一是"尽可能让作者安居不动,而引导读者去接近作者",二是"尽可能让读者安居不动,引导作者去接近读者"。但施莱尔马赫并未给这两种翻译方法具体命名。据此,美国解构主义翻译家劳伦斯·韦努蒂(Lawrence Venuti)于 1995 年在《译者的隐身》(*The Translator's Invisibility*)一书中,正式提出了"归化法"(domestication)和"异化法"(foreignization)。他主张异化,认为应"发展一种翻译理论和实践,来抵御译语文化价值观的主导地位",而翻译界长期以来较多研究译作中语言的通顺,很少关注原作中语言的文化个性,这种"归化"倾向具有较强的误导性。① 因此,为体现译文与原文在语言及文化上的差异,为使译文受众了解源语中的异国情调,韦努蒂提出了"偏离译语文化主流价值观"的翻译策略——"异化翻译策略"。② 而归化翻译策略代表人物尤金·奈达则认为,翻译应最大限度淡化译语受众对原文本的陌生感,应把译文读者放在首位,要求译者向译文读者靠拢,以译文读者反应为中心,奈达认为优秀的翻译应达到的标准是:"以读者反应为中心",即译语受众阅读译文做出的反应尽量接近于源语受众阅读原文做出的反应,这也就是他提出的"功能对等"(functional equivalence),即"动态对等"(dynamic equivalence)概念,尤金·奈达认为,译者应采用译文受众习

---

① 边鑫. 跨文化视域下的旅游外宣翻译[D]. 哈尔滨:哈尔滨工业大学,2013.

② Venuti L. The Translator's Invisibility:A History of Translation[M]. London:Routledge,2008.

惯的表达形式,使其能够准确理解原文内容,这是一种信息上的对等,也就是"译文读者对译文的反应等值于原文读者对原文的反应"。

20世纪70年代和80年代,翻译研究逐渐摆脱关于翻译转换的静态语言分类。同时在德国出现了从交际角度出发的功能主义翻译分析方法,打破了先前文本中心论的翻译研究传统,使读者更多地关注译文和译文读者,译文的社会效应和交际功能。

功能主义理论的代表人物及其理论主要包括:卡塔琳娜·赖斯(Katarina Rice)的功能主义理论、汉斯·弗米尔(Hans Vermeer)的目的论和克里斯蒂安·诺德的功能加忠诚理论。赖斯在1971年出版的《翻译批评的可能性与限制》(*Possibility and Limitations in Translation Criticism*)一书中首先提出翻译功能论(function approach)的雏形。她认为理想的翻译是"译文语篇和源语语篇在概念性的内容、语言形式以及交际功能等方面实现对等",她称其为"综合性交际翻译",并将源语文本归类为三种类型:信息型文本、操作型文本和表达型文本。弗米尔提出的目的论共有三大法则:目的法则、连贯法则和忠实法则,更强调原文之于源语文化和译文之于译语文化在功能上的对应,在翻译实践中具有更强的操作性。克里斯蒂安·诺德支持目的论,同时认为译者和源语文本作者的关系也应该纳入到目的论中,于是她引入了一个新的概念——"忠诚"。忠诚意味着目的语文本的意图应和原作者的意图相协调。忠诚概念的引入充实了目的论的内容。

西方学者们对翻译技巧以及翻译原则方面也提出了各自不同的看法,西方文艺学派代表亚历山大·弗雷泽·泰特勒(Alexander Fraser Tetler)在其1791年出版的《论翻译的原则》一书中提出了翻译过程中应遵守的原则,即译文应"完全复写出原作的思想",其"风格和手法应和原作属于同一性质",在此基础上,还需要"具备原作所有的通顺",也就是译文思想、风格应忠于原文,并在此基础上保证译文的通顺、易懂。① 伦敦学派代表约翰·坎尼森·卡特福德(John Cunnison Cartford)在其1965年的专著《翻译的语言学理论》(*A Linguistic Theory of Translation:An Essay in Applied Linguistics*)中提及翻译中可采用的翻译方法,即"逐词翻译"(word-for-word translation)、"直译"(literal translation)和"意译"(free translation)。②

---

① ［英］亚历山大·弗雷泽·泰特勒.论翻译的原则［M］.北京:外语教学与研究出版社,2007.

② 卡特福德.穆雷,译.翻译的语言学理论［M］.北京:旅游教育出版社,1991.

（1）异化与归化

异化就是用原文语言的形式，用充满异国风格的语言来翻译，保留了原文的异国风味，故意打破目的语常规，主张直译原文的语言形式，保留构成原语言的文化因子。归化就是不考虑原文的内容和形式，用读者熟悉的语言和形式来翻译，尽可能地达到原文的意义和功能。因此，归化主张以地道的译文表达形式和相应的文化因子进行翻译。异化强调的是源语的真实性，而归化强调的是译语的可理解性。归化和异化在翻译的过程中是统一的。何时用归化的策略、何时用异化的策略需要根据语言翻译的目的而定。①

（2）直译、意译与音译

直译即用外语直接代替中文，也可称之为逐字翻译。直译是一种典型的异化方法。在确保译文的信息准确的情况下，可以采用直译。在遗产解说的跨文化交际翻译中，有很多以地名，人名命名的事件或者是建筑，大部分情况下采取直译的方法不会产生文化冲突。在保证译文规范正确的情况下，遗产解说翻译中采取直译，虽然不可避免的造成了文化缺失，但是，译文达到了跨文化交际的基本目的，即了解遗产的内容和风格。

意译指为了追求译文和原文在表达意思上的等值，不局限于个别字，词的意思，遗产解说中涉及很多具有特定文化内涵的词，如果依然采取直译，会使译文晦涩难懂，所呈现的译文也会让访客不知所云。同时，中国文化博大而精深，在遗产解说中常常引用典故，内涵丰富。在中西两种文化存在巨大差异时，意译则能使文章通俗易懂，当然有时则不可避免要丧失原语中存在的某些文化信息。

音译简言之，就是要用外来语将目的语中发音相似的文字翻译过来。而用于译音的文字除了保留书写形式和原语音之外，原意则不再存在。方梦之（2004）解释说："音译也称转写，即用一种文字符号（如拉了字母）来表示另一文字系统的文字符号（如汉字）的过程或结果。"通常情况下，纯音译和半音半意译是音译的主要两种方式。遗产解说中包含有大量的地名以及遗产景点，而这些词在外语中大都没有对应的概念词，所以用音译的办法来进行翻译就显得很有必要。

（3）类比与增补

类比，为使遗产信息在国际访客中产生反响，可采用以国际访客熟悉的人物或者事件来类比需要介绍的人或事。这种"以此比彼"的方法拉近国际访客

---

① 伍巧芳. 浅谈文化迁移下的翻译策略及方法[J]. 科教文汇(上旬刊),2007
(2):151.

与中国文化的距离,使他们产生亲切感,更好地了解解说所要传达的信息,激发他们的旅游兴趣。所以,在可以找到合适的对比物的前提下,译者可把中文资料中有关的内容转化为国际访客熟悉的同类内容。

增补是通过添加相关知识和背景资料从而让国际访客更好理解。特别是对有关中国特有历史文化的内容,通过增加字、词、句,对原文作进一步解释,弥补访客的文化空缺。在译文中,针对一些地名、人名、朝代名,以及中国一些传统文化特有的名词等,根据字面意思再略加注释,则让人易于理解,并加深印象,增加乐趣。①

(4)语义翻译和交际翻译

英国著名翻译理论家纽马克(Newmark)在他的专著《翻译问题探讨》(*Approaches to Translation*)中提出的语义翻译和交际翻译理论。他认为:所有的翻译其实一定程度上是交际性和语义性共存的,必须将语义翻译和交际翻译视为一个整体。交际翻译是"试图对译文读者产生一种尽可能接近原文对读者所产生的效果";语义翻译是"试图在目的语的语义和句法结构允许的范围内传达原著的确切意义"。"交际翻译"和"语义翻译"之间的差别从理论上来说是很大的,其主要体现在对译语的表达方式上。语义翻译要求译文接近原文的形式,在结构和词序安排上力求贴近原文;交际翻译则注重接受者的理解和反应,即信息传递的效果,要求译者重新组织语言结构,以使译文地道、流畅。语义翻译是为了表达原作者的思维过程,力求保持原作的语言特点和独特的表达方式,发挥语言的表达功能。它首先必须忠实于原作者,注意传达原文的语义内容,译作应在译语的语义和句法结构允许的情况下,尽可能准确、贴切地再现原作的上下文意义,传达原文准确的语境意义。在文学作品翻译中,语义翻译同交际翻译相比更占主导地位,由此产生的译作也像原作一样具有永恒的艺术价值。"交际翻译"的关键在于传递信息,让读者去思考,去感受,去行动,注重读者的理解和反应。②

而受到功能主义派学者罗曼·雅各布森(Roman Jacobson)的文本分类理论和卡尔·布勒(Karl Buhler)的语言功能理论的启发,纽马克提出了文本的三大功能:表达功能、信息功能和呼唤功能。纽马克认为语义翻译理论可以指导表达性文本的翻译,而交际翻译理论则对信息和呼唤性文本具有指导意义。所以,译者在决定采用语义翻译还是交际翻译时,应考虑原文的文体特征,这样才能尽量保留源文本作者的意图和表达。同时,译者必须注意,一个

---

①　李颖. 跨文化交际下导游词的翻译[D]. 武汉:华中师范大学,2015.

②　纽马克. 翻译问题探讨[M]. 上海:上海外语教育出版社,2001.

文本并非只能有一种功能,可能是以某一个功能为主,并同时具备其他一种或两种功能。

(5)动态对等翻译理论

动态对等是美国语言学家奈达提出的,动态对等是原文的读者对原文的反应与译文的读者对译文的反应应保持动态的一致,以此作为译文翻译的优劣标准。动态对等要求译文的语义、风格和原文的语义、风格尽可能达到对等。对此谭载喜也表示,翻译者应该着眼于原文的意义和精神,而不是拘泥于原文的语言结构。[①] 但经过长期的翻译实践之后,20 世纪 80 年代奈达将"动态对等"改为"功能对等",为了避免有的译者望文生义,过度地实现动态对等而破坏原文的语言表达方式(图 3-1)。但是"对等"的核心理念没有改变,所以学界还是把动态对等和功能对等视一体。

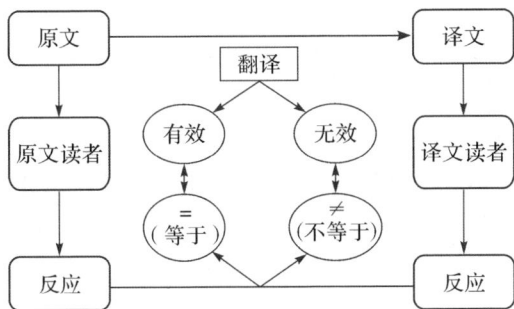

图 3-1　动态平衡模型图

2. 跨文化传播

传播是不同信息的交流、沟通与共享的过程,不仅仅是信息传播者的单向信息输出过程,也并非是接受者被动的接收信息的过程,而是信息在双方之间双向的流通过程。跨文化传播,既指来自不同文化背景的社会成员之间的交往与信息传播活动,也涉及各种文化要素在全球社会中迁移、扩散、变动的过程,及其对不同群体、文化、国家乃至人类共同体的影响。跨文化传播学是把文化和传播作为其研究对象,并将文化领域与传播领域的研究成果结合起来的一门综合性学科。跨文化传播(cross-cultural communication)是爱德华·霍尔(Edward Hall)首先提出的,在 1950 年左右形成了跨文化传播学的研究

---

① 谭载喜. 中西译论的相似性[J]. 中国翻译,1999(6):26-29.

体系,而美国也有不少的经典著作现世,如拉里和理查德(Larry & Richard)的《跨文化传播读本》、哈默斯(Harms,1973)的《跨文化传播学》、约翰和费斯(John & Fathi)的《跨文化传播学入门》等等。我国在 20 世纪 80 年代开始涉及跨文化传播学的研究领域,主要研究不同文化背景之下人们跨文化交流的技巧、运用新媒体技术克服跨文化传播的障碍和跨文化背景下如何进行文化输出。与跨文化传播相似,在两类人之间文化观念和符号系统的区别明显到会引起交流障碍的社会交际,称之为跨文化交际。无论是跨文化传播,还是跨文化交际,其实质上都是指在跨文化翻译的基础上,克服跨文化之间的障碍,实现跨文化的信息交流。因而要想突破文化之间的障碍,就需要找到产生文化隔阂的因素。对此,跨文化传播的研究体系当中,提出了民族中心主义、刻板印象、偏见和歧视这三个可能产生文化隔阂,阻碍跨文化传播的因素。

(1)民族中心主义

文化具有民族中心主义(ethnocentrism)倾向,每种文化都试图用自身的文化价值尺度去观察、衡量和评判其他的文化,尤其是在产生文化冲突的时候,每一种文化都不由自主地习惯将自身的文化价值抬高,彰显自身文化的优越性,凝聚文化群体的信念,就如同将自身的文化比作太阳系中的太阳,是整个太阳系的中心,其他文化为行星一般。民族中心主义是由于人们要认识环境、认识事物,由相似的环境而形成统一的认识工具,慢慢地形成一个区域性的、民族性的文化,形成一个独立的文化群体。民族中心主义容易被政治利用,产生偏激的思想,对其他文化进行贬低甚至是互相排斥,拒绝文化上的交流,从而阻碍了跨文化交流。而相信自身文化的优越之处,提升民族文化的认同感,形成文化自信是有利于传递积极的文化信息,促进跨文化信息交流的。因此既要做到形成文化自信,又要消解民族中心主义是构建大运河跨文化传播的解说体系必须攻克的难题之一。对此,中国古代的"万物并育而不相害,道并行而不相悖""和而不同"的和谐思想提供了思路,承认文化的多元性,避免以绝对化的西方话语体系或者中华文化体系进行传播,而站在全人类的高度进行对大运河文化遗产带的解说体系构建。

(2)刻板印象

刻板印象(stereotypes)是指我们对其他文化的信息只进行粗略的归纳就形成了概念性的认识,而这种概念性的认识会逐渐固化,形成固定的成见。该词最早引用是在沃尔特·李普曼(Walter Lippman)的《舆论》(*Public Opinion*)一书中,专指那些事实上不正确的、非理性的、刻板固执的态度。刻板印象的形成会阻碍信息交流的全面性认识,只抓住片面的信息,不对其他文化进行详细的梳理和归纳,而是选择有主观偏好的,自我为中心的,粗暴且消极的归类。刻板印象有时往往因为片面而夸张或者虚假,就如同随着中华民族文化的复兴而西方政界因权力关系的不稳定性和不确定性产生了焦虑,便鼓吹"中国威胁论",将中华民族妖魔化。因此,构建大运河文化遗产带的解说体系需要打破外来访客对中国原本的刻板印象,重新展现中国新时代全方位的文化魅力。

(3)偏见和歧视

偏见(prejudice)是因为片面的刻板印象而做出的缺乏理性的价值判断,对其他文化产生否定性的态度;歧视(discrimination)是基于偏见所产生的否定态度而做出对其他文化的否定性行为。偏见与歧视是民族中心主义倾向和刻板印象的具体表现。之所以会产生偏见与歧视,是因为某一种文化要在众多文化当中获得支配地位并保持其正统性,而产生的态度和行为。人种歧视、民族歧视、性别歧视、地区歧视等等歧视行为充斥着我们的人类社会,引发不同文化群体的文化冲突,阻碍着不同文化之间的交流。为此,跨文化视角下的遗产解说应当摒弃成见,平等地对待不同文化的多样性,尊重不同文化的独特之处。这一点不仅是遗产解说的管理者自身应当做到,而且遗产解说的管理者也要帮助解说受众培养出这样的意识。

3. 文化记忆

"文化记忆"是促进跨文化交流体验,提高跨文化交流理解的文化传播方式之一,其理论有利于深化我们对跨文化交流的实践。从 20 世纪 70 年代开始,德国学者杨·阿斯曼开始关于记忆的研究,并在继承前人记忆研究的社会和文化传统基础上,逐步创立了文化记忆理论。"文化记忆是集体记忆的一种,为群体所共有,并为之传达集体或文化身份认同,它关注传统、文化的传承与传播等,作为一种外化的记忆形式,文化记忆主要通过文本、图片、物件、场所、仪式、习俗等呈现"①。过去二十多年中,文化记忆研究不断拓展,已成为最热门的跨学科学术领域之一,涉及遗产学、文化学、旅游学、人文地理学、文学和人类学等众多学科。

在人文地理学的研究领域中,从空间建构与地方命名的角度出发,科斯格

---

① [德]杨·阿斯曼. 金寿福,等译. 文化记忆[M]. 北京:北京大学出版社,2015.

罗夫(Cosgrove)①、哈维(Harvey)②等学者提出了社会记忆参与空间景观形成的建构作用,段义孚则更加强调语言对地方的命名作用并提出恋地情结(Topophilia)③;从纪念仪式与场所角度切入,霍尔舍和奥尔德曼(Hoelscher & Alderman)④等学者进行对由文化记忆形成并支撑的纪念性场所和纪念仪式的社会性分析。而在国内,更多是从空间、符号和感知认同等角度进行探讨,朱竑⑤、李彦辉⑥等学者探讨文化记忆对空间建构、文化符号和感知认同的影响和作用。钱莉莉、张捷等则综述了文化记忆的上位概念"集体记忆",并从记忆主题、过程和载体三方面构建了地理学视角下文化记忆的研究框架。⑦

　　在旅游学的研究领域中:文化记忆被当作一个自变量,学者们关注文化记忆的参与,会给旅游带来什么样的影响与变化。记忆在旅游体验中不仅仅是一种叙述的消费,也体现了观光者本人是如何解读过去。从遗产到旅游产品的转变正是记忆的文化空间运作结果,其中文本和叙述起到重要作用;另外不同的投资者有选取不同记忆叙述的权力,旅游空间中常常会出现多种叙述信息并存的状况(Roberts & Stone)⑧,金等人(Kim et al.)则从量性研究的方法上贡献了记忆对旅游的影响研究的理论框架,带有记忆性的旅游体验可以获

① Cosgrove,D. Social Formation and Symbolic Landscape,2d ed. Madison:University of Wisconsin Press.1998.

② Harvey D. Spaces of Hope[M]. Edinburgh:Edinburgh University Press.2000.

③ [美]段义孚. 志丞,刘苏,译. 恋地情结[M]. 北京:商务印书馆,2018.

④ Hoelscher S and Alderman D H. Memory and place:Geographies of a critical relationship[J]. Social & Cultural Geography,2004,5(3):347-355.

⑤ 朱竑,周军,王彬.城市演进视角下的地名文化景观——以广州市荔湾区为例[J].地理研究,2009,28(3):829-837.

⑥ 李彦辉,朱竑.地方传奇、集体记忆与国家认同——以黄埔军校旧址及其参观者为中心的研究[J].人文地理,2013,28(6):17-21.

⑦ 钱莉莉,张捷,郑春晖,刘培学,张家榕,张宏磊.地理学视角下的集体记忆研究综述[J].人文地理,2015,30(6):7-12.

⑧ Roberts C and Stone P R. Dark Tourism and Dark Heritage:Emergent Themes,Issues and Consequences // Convery I,Corsane G and Davis P (eds.). Displaced Heritage:Responses to Disaster,Trauma,and Loss [C]. Woodbridge,Suffolk:The Boydell Press,2014.

第三章
跨文化视角下遗产解说　47

得更高更有效的满意度①。樊友猛、谢彦君则根据文化记忆的相关理论，建立起乡村遗产的"文化记忆—展示—凝视"模型，提出乡村文化记忆载体化②；孙九霞、周一则从遗产旅游地居民的地方认同入手，探究"碉乡"的符号、记忆与空间之间的关系③。而在文化学和文化遗产研究领域中，沃森和沃特顿（Watson & Waterton）从文化话语切入，强调文化记忆在遗产生成、保护和应用过程中的重要作用。带着对文化多样性的观照重新审视集体参与到权力关系从而对文化遗产的影响，集体参与和记忆可以贡献更多的社会融入感（social inclusion）、公众参与（civic engagement）及本土表征（indigenous representation）④。吴宗杰等人利用地方志、民族志以及经典文本对曲阜和衢州等地的文化记忆进行本土话语关照下的古今对话和再书写⑤。刘慧梅和姚源源则对以上诸多视角的研究进行了综述，指出关于文化记忆的研究是一个意义凝聚、生成并解构的循环阐释过程，需特别重点关注文化记忆的教育、促进个体幸福感和社区融合功能等研究议题⑥。

　　遗产解说媒介正是文化记忆的载体。这些载体要应用得好，才可以激活国内访客的文化记忆。对于国际访客，没有相同的文化记忆，对于这些解说媒介的呈现是陌生的，是无法立刻产生共情的。所以国际访客依靠翻译的各种策略，比如增译来传递，或者运用新媒体技术采用动画演绎或者实景演绎等方法帮助国际访客理解我国人民的文化记忆。因此，在文化遗产解说的跨文化交流过程当中，需要重视文化记忆激发集体情感共鸣的作用，通过遗产解说媒介等文化记忆的载体进行情景再现，激活国内访客的文化记忆，并同时克服跨

　　① Kim K, Hallab Z and Kim J N. The Moderating Effect of Travel Experience in a Destination on the Relationship Between the Destination Image and the Intention to Revisit[J]. Journal of Hospitality Marketing & Management. 2012 (5): 486-505.

　　② 樊友猛,谢彦君.记忆、展示与凝视：乡村文化遗产保护与旅游发展协同研究[J].旅游科学,2015,29(1):11-24,87.

　　③ 孙九霞,周一.遗产旅游地居民的地方认同——"碉乡"符号、记忆与空间[J].地理研究,2015,34(12):2381-2394.

　　④ Watson S and Waterton E. Heritage and Community Engagement[J]. International Journal of Heritage Studies. 2010, 16(1-2): 1-3.

　　⑤ 吴宗杰.话语与文化遗产的本土意义建构[J].浙江大学学报（人文社会科学版）,2012,42(5):28-40.

　　⑥ 刘慧梅,姚源源.书写、场域与认同：我国近二十年文化记忆研究综述[J].浙江大学学报（人文社会科学版）,2018,48(4):185-203.

文化交流的障碍,让国际访客了解我国人民的文化记忆,从而实现跨文化交流,实现跨文化遗产解说。针对大运河文化遗产解说系统的现状而言,目前运河边的老工厂改造成了展示刀剑剪、伞、扇子等传统手工业技艺的博物馆,虽然重视了对非物质文化遗产的手工业品的传承与保护,但是却忽视了老工人、老居民等老一辈人们对老工厂的文化记忆,没有将老工厂的民国时期、新中国成立时期和改革开放时期的文化记忆很好保留下来,缺乏近现代的文化记忆展示,而直接跨越到古代传统手工艺的文化记忆的呈现,产生了文化记忆的断层。正如同程振翼提出的理论所说,文化记忆有利于突破物质和非物质遗产的二元标准,形成由集体的文化记忆构成的公共遗产①。所以,大运河文化遗产解说系统的跨文化交流当中,应注重培养民众的文化记忆,挖掘不同文化群众的共同的时代记忆,重视文化记忆载体呈现方式和展示内容的连续性。

第三节　跨文化遗产解说的策略和实践

由于受到不同国家地域、社会发展和宗教的影响,不同文化所特有的意识形态、价值观、思维方式和风俗习惯往往大不相同。中国传统文化是中华民族几千年历史凝聚而成的,以儒、释、道为主要思想基础,有很多文化遗产、风俗习惯等是中国文化所独有,和西方以信仰上帝为中心的价值体系有本质的不同。如何把最具中国特色的文化遗产通过解说方式有效地传播给国际访客,弘扬中华优秀文化,是遗产地开发者、管理者和遗产解说翻译工作者所面临的艰巨任务。下文将基于跨文化视角阐释遗产解说的策略。

1. 跨文化遗产解说策略

(1)制定针对国际访客的多语种解说规划

中国大部分历史文化遗产旅游不太重视其地理、历史文化含义的整理和展示,文化遗产和解说研究脱节,国内遗产地多语种解说普遍缺乏且多为简单的外语解说翻译。国外遗产解说规划已经细化到与访客国家、个性特点、消费动机、学习和认知心理等密切相关的程度,而我国还在给不同语言和文化背景

---

①　程振翼. 文化遗产与记忆理论:对文化遗产研究的方法论思考[J]. 广西社会科学,2014(2):39-43.

的访客提供同样的解说内容,差距不言而喻。因此,国内文化遗产解说规划必须制定出针对国际访客的多语种解说规划,以满足国际访客对中国文化遗产了解的需求。

(2)优化跨文化遗产解说翻译

由于不同文化之间文化符号的所指不同,遗产解说内容在社会文化与思维层面上与国外不同,国际访客在信息接收过程中会遭遇理解困境,对遗产解说内容产生排斥感。解说的跨文化传播是一种跨文化交际过程,作为一种文化传播活动遗产管理者应该依据跨文化解说的特点来调整解说内容的翻译策略,应该注重文化内涵的对等移植而不仅仅是简单的语言信息转换。在跨文化遗产解说翻译中,归化、异化这两种翻译策略辩证互补,相辅相成。一方面,在翻译遗产解说中有关政治、经济、军事、政策等重大问题时,应考虑国际访客与我国访客的思维习惯、表达方式及心理接受程度等的差异,采取归化翻译策略,这样可使外国受众认同所宣传的材料。另一方面,为了将中国文化推向世界,在翻译遗产解说中国特色词汇及文化时,更适合使用异化策略,这样可以让世界人民更加全面地了解中国。汉斯·威密尔(Hans Vermeer)认为,翻译的目的不外乎两种:"一、文化传真,尽量保存原语言中的异域色彩;二、可读性,尽量为读者清除阅读过程中的语言文化障碍。"异化翻译策略正好可以保存源语中的异域色彩,归化翻译策略则可减少外国受众的阅读障碍,增加译文的可读性。从文化内容及翻译目的角度来看,翻译的主要目的是进行文化传播,而传播的内容又是异域文化,所以旅游外宣翻译应以异化翻译策略为主,归化翻译策略为辅,译者需尽量寻找目的语中与源语意义相同的词汇,如果不存在,就适当注释,向译文读者靠拢。当具有中国特色的词汇所传递的信息已被外国受众广泛接受时,可以向原文作者靠拢,突出中国特色。①

(3)提升跨文化遗产解说服务

跨文化遗产解说主要分成向导式解说服务和自导式解说服务这两类。向导式解说服务主要是通过外语向导对国际访客进行直接的、积极的信息传达。外语向导与访客可以互相进行有效的沟通,访客提出的各种各样的问题能够被向导所回答,并且为访客的自身需求及其遇到的各种实际情况提供专属服务。因此,必须提升导游人员的综合素质,保障导游人员遗产解说的准确性和可靠性,实现面向国际访客的跨文化定制服务。自导式解说服务就是利用标准公共信息图形符号、学习素材、语音等设施、设备比如导游图、解说手册、门票、牌示、室内展览、音响设备等,给访客提供被动的、静态的导游信息服务,无

---

① 边鑫. 跨文化视域下的旅游外宣翻译[D].哈尔滨:哈尔滨工业大学,2013.

法及时解答和回应访客的各项疑问与需求。因为自导式解说展示信息的空间有局限性,所以其解说内容要求是精挑细选的精华,并且解说内容更具有较强的科学性与权威性。其次由于自导式解说无法与导游互动,所以需要利用高新智能科技更新解说设施,加强自导式解说创意化、个性化和多元化发展,从而增强解说的体验性和趣味性。

对于遗产解说牌示设施,解说内容可以尽量简化,减少体量,但是可以在牌示旁设计面向国际访客的二维码;在语音导览器的设计上,可以加入更多语种的解说内容,解说的内容可以加入更多的人物与历史故事,增加访客的游览趣味;在多媒体应用软件上,遗产管理方应该面向不同国家的访客,设计不同语种习惯的移动界面,对应用软件提供的内容提供多语种服务。另外多语种的设计更要求遗产地管理部门招收培训多语种的翻译人员,组成多语种翻译团队,更专业地为不同国家的访客提供优质的解说服务。

2. 跨文化遗产解说实践

(1)活态的遗产解说:杭州运河手工艺活态展示馆

杭州运河手工艺活态展示馆(以下简称手工艺活态展示馆)是杭州工艺美术博物馆的特别分馆,与杭州中国刀剪剑博物馆、杭州中国扇博物馆、杭州中国伞博物馆共同构成了完整的杭州工艺美术博物馆群落。该馆是在国家文保单位"通益公纱厂2、3号老厂房"的基础上进行改建成的,馆内保留了原汁原味的民国年间建筑风格,吸引了包括国家、省、市级工艺美术大师和非遗传承人40余位入驻,集中展示传承如竹编、刺绣等二十余项非物质文化遗产工艺。手工艺活态展示馆曾于2012年被联合国教科文组织授予中国"工艺与民间艺术之都"十大传承基地,以弘扬中国手工传统文化,传承和发展手工技艺为宗旨。该馆定位于集非遗解说展示、技艺传承、手工体验、文化体验交流、休闲旅游于一体,紧打"传统、文化、手工、体验"四大特色,以"人与制作"为核心的活态展示,主要有历史风貌展示区、手工制作展示区、手工休闲体验区、手工艺品集中销售区、休闲茶饮区五大部分组成①。手工艺活态展示馆作为对博物馆基本陈列静态展示的活态补充,其遗产解说方式也具有活态展示的特点:将非遗传承人和工艺美术大师作为解说媒介系统的解说人员,通过手工制作、现场教学等活态展示,让中外访客等解说受众在亲手制作过程当中了解、学习和体验整个非物质文化遗产,增加了跨文化交流的互动,增强了遗产解说过程的趣

---

① 方胜. 非物质文化遗产的活态保护研究[D].杭州:浙江大学,2014.

味性和解说受众的体验感。

1）非遗教学进校园

2015年8月，手工艺活态展示馆被列入杭州市委第六批杭州市青少年学生第二课堂活动基地。手工艺活态展示馆非常重视发挥中小学生第二课堂的作用，针对中小学生，推出适合的遗产体验项目，如青少年创意剪纸大赛、手工夏令营、节假日非遗主题活动、"流动博物馆"进学校等，把手工艺体验和遗产解说带入课堂，带入假期，并与一些学校进行常态化合作，开展扎染、剪纸等展览和专题活动，让青少年走近传统手工艺，对文化遗产有情感的共鸣。例如2018年3月27日，由杭州手工艺活态展示馆和杭州市保俶塔实验学校共同主办的"感悟非遗·永存匠心"非遗手工技艺进校园活动在杭州市保俶塔实验学校正式启动。来自保俶塔实验学校的近400名师生齐聚一堂，在非遗传承人的解说讲述中，共同走近非遗，感受传统文化的魅力。[①] 即便是在同一教育文化背景之下，青少年文化群体相较于成年人的文化群体，具有接受新鲜事物能力和动手能力强，但基础知识不全面的特点。因此，手工艺活态展示馆针对中小学生进行非遗技艺教学进校园的解说活动和科普教学，有利于非遗的保护、利用和传承（图3-2）。

2）活态展示跨文化

杭州运河手工艺活态展示馆一直坚持推进大运河文化遗产的跨文化解说、展示和交流，为国内外访客提供了内涵丰富而生动的参观、体验、学习等文化遗产交流平台，积极保护和传承中华优秀的手工艺文化，努力将运河文化遗产保护好、传承好、利用好。在手工艺活态展示馆内设有专门的工艺体验区和单独的手工教室，在每个工艺类展示项目前都配套有相关的体验，访客可体验几十种手工制作，包括抄纸晒纸、伞面扇面绘画、剪纸、刺绣、陶茗等传统手工（图3-3）。如2016年9月4日，在G20期间，土耳其总统夫人阿米娜·埃尔多安一行来到京杭大运河南段，走进手工艺活态展示馆，参观体验运河文化和中国传统手工艺，并在手工艺活态展示馆中亲自体验团扇绘画制作，感受到了中国传统工艺美术魅力。总统夫人及女儿对手工艺活态展示馆中的手工艺品爱不释手，最终买下了蛋雕、剪纸、风筝、皮具、竹编包、印染围巾、扇子等非物质文化遗产工艺品（图3-4）。[②] 相对于传统的游览、听讲解的解说方式，活态展

---

① 传承在行动 手工艺活态馆携"非遗"进校园[EB/OL]. https://zj.qq.com/a/20180328/010564.htm.

② 土耳其总统夫人逛运河[EB/OL]. https://hzdaily.hangzhou.com.cn/hzrb/html/2016-09/05/content_2354745.htm.

图 3-2　杭州运河手工艺活态展示馆
（图片来源：https://dp.pconline.com.cn/dphoto/list_3648340.html）

图 3-3　小学生第二课堂遗产体验活动
（图片来源：https://dp.pconline.com.cn/dphoto/list_3648340.html）

示更能实现跨文化交流。传统的游览是以访客自我为主的视角来过滤、接收解说信息的，这就会带有民族中心主义（ethnocentrism）倾向，对其他文化保留着刻板印象,从而还会带有偏见和歧视,对跨文化遗产解说产生潜在的抗拒心理,无法真正地接收解说信息。而在活态展示中,访客的视角不再是以一个旁观者的姿态隔着距离观看,而是作为一个学徒或者体验者亲自参加到非遗工艺的学习和制作过程当中,打破了文化之间的隔阂。手工艺活态展示馆正是通过与访客的现场交流和互动,组织遗产解说教育和培训活动,进一步增强访客参与体验的积极性,使非物质文化遗产在参与和体验中得到确认、尊重和弘扬。

图 3-4 土耳其总统夫人阿米娜·埃尔多安一行参观手工艺活态展示馆

(图片来源:https://hzdaily.hangzhou.com.cn/hzrb/html/2016-09/05/content_2354745.htm)

(2)文化传播的共情演绎:《遇见大运河》

《遇见大运河》作为中国首部文化遗产传播剧,既充分展现了大运河的历史风貌,而且强烈地表达了对真实、完整的文化遗产现实命运的思考和判断。它不仅是一次宏大的文化遗产传播行动,更是对中国大运河文化遗产价值的一次综合提取、展现与全新表达。

自 2014 年 5 月至 2016 年 12 月,《遇见大运河》剧组已走过大运河沿线六省两市(江苏、安徽、浙江、河南、山东、河北、天津、北京),演出总计 96 场。并在国家艺术基金扶持下,于 2017 年 6 月正式开启国际巡演既"世界运河遇见之旅"。截至 2019 年 11 月已经成功出访美国、法国、埃及、巴拿马、新加坡等十多个国家和地区,足迹遍布三大洲,遇见了法国米迪运河、埃及苏伊士运河、希腊科林斯运河、美国伊利运河等十多条世界著名运河,世界巡演 165 场,行程 20 万余千米,遇见 20 万余名观众。《遇见大运河》的世界巡演受到了联合国教科文组织、中国驻法大使馆以及当地市政府等官方的高度重视,演出以高超的艺术水准、丰富的传播交流活动和强势媒体传播,在各地引起强烈反响和积极评价,推进了大运河文化遗产的跨文化交流和宣传。而《遇见大运河》也从最初的"助力大运河申遗",到"促进中国大运河沿线城市的文化交流",到如今"促进国家间的文化交流",它以运河文化为依托,搭建起东西方交流沟通的桥梁,展开一场跨越时空、跨越古今的文化对话,让世界各国人民感受到真实独特的中华文化,看到有着世界情怀、打造人类命运共同体的中国。作为大运河遗产跨文化交流宣传的优秀实践,《遇见大运河》有两方面值得文化遗产解说借鉴:一是运用文化记忆的共情;二是运用舞台语言的演绎。

　　1)运用文化记忆的共情

　　《遇见大运河》全剧贯穿两条主线,一条是寻踪大运河历史文明脚步的现代人;一条是以"开凿、繁荣、遗忘、又见运河"为脉络的千年文化遗产。剧中男主角即是一位探寻千年历史的现代人,他代表着现在的我们;女主角则是千年的那一滴水,她代表着运河历史。这一滴水让全世界的眼睛,见证了京杭大运河两岸经济、政治、文化的兴衰枯荣。在呈现"开凿、繁荣、遗忘、又见运河"的同时,男女主角的相知、相爱、相离,则生动展示了人与自然、当今社会与文化遗产保护之间的相互依存。[①] 从《遇见大运河》的两条主线,我们能看到京杭大运河历史积淀的厚重与时代变化的沧桑,也能感受到在千年运河这样宏伟史诗背景下个人情爱中的人文温度。跨文化传播需要找到不同文化当中的共同点,以此才能产生共情。而《遇见大运河》抓住了不同文化当中的"历史变迁"和"爱情悲剧"这两个共同记忆。爱情的悲剧是人类文化当中最能产生共情的主题,莎翁的罗密欧与朱丽叶、希腊的维纳斯和阿都奈斯、中国梁祝等等,在不同的文化群体当中都有着自己文化专属的凄美的爱情故事,《遇见大运河》的男女主角相知、相爱、相离的故事也因此能激发观众们文化记忆当中对凄美爱情的回忆,产生共情。而历史的变迁是所有文明必须经历的,即便历史具体的变化不同,但整体过程却是大同小异。所有运河的历史总离不开万夫开凿再到两岸繁荣再到逐渐被代替而没落而又因其文化遗产而再度繁荣的过程,期间两岸居民百姓的生活写照能够与拥有共同文化记忆的访客产生共鸣。比如纤夫拉船、渔翁摆渡等场景的展现,埃及观众能够想起尼罗河旁胡夫金字塔的建造,法国观众能唤起乡间船夫载满葡萄的记忆等等。不同的服饰、不同的肤色、不同的文化背景却拥有能彼此共情的共同文化记忆,而运用好文化记忆的呈现,将有利于文化遗产解说的跨文化传播(图3-5)。

---

　　①　任日莹.《遇见大运河》:一部没有句号的史诗[J].杭州(周刊),2017,18:20-23.

图 3-5 《遇见大运河》法国巡演剧照

（图片来源：http://art.ifeng.com/2017/0630/3351517.shtml）

2)运用舞台语言的演绎

《遇见大运河》从创作之初起，就不只是一场场简单的演出，而是充满使命感的文化遗产传播行动，是对大运河文化遗产的跨文化解说和交际。在《遇见大运河》的世界巡演中，每到一座城市，都会将当地特色的物质文化、人文风情的元素与剧情巧妙融合，形成一次大运河跨文化交流创新，使每一次遇见都是新的故事、新的开始，让《遇见大运河》成为一部没有句号的史诗。正如《遇见大运河》世界巡演总导演崔巍所说的，"讲的是中国的故事，但大运河是世界共同的语言。走进不同的城市，与当地人心相通、文化相通是这个项目最有特色的地方，走进不同城市的运河去采风，让演员从舞台走到生活，把生活还原到舞台，也能让这些城市感受到中国的发展，杭州的发展"。① 因此，《遇见大运河》不仅运用了舞蹈和音乐这样世界共通的舞台语言，而且还借助了灯光特效、动画展示等现代技术的呈现，打破语言不同的文化限制，让不同文化群体都能够通过这一视听盛宴享受跨文化的信息传播（图 3-6）。此外，《遇见大运河》为了更好地将中国的运河故事讲好给西方文化背景的观众听，还聘请了曾为《加勒比海盗》《珍珠港》等影片作曲的好莱坞作曲家克劳斯·巴德尔特，用西方文化的视野去解读中国的民族文化，形成一个东西方文化交融的旋律。不同国家或地区的语言和文字不同，将会成为跨文化传播的障碍，即便翻译也无法完整准确地表达其意思，但通过音乐、舞蹈、动画等舞台语言，将故事演绎

———————

① 张磊."世界运河之旅"的文化传播势能——"一带一路"上的《遇见大运河》报道背后的故事[J].传媒评论，2019，8：57-58.

出来,能让观众越过"言传"而直接"意会",实现跨文化的信息传播。所以,跨文化的大运河文化遗产解说可以灵活运用舞蹈、音乐、灯光、动画等世界共通语言的解说方式。

图 3-6　美国伊利港市政府运河集团负责人在运河长卷上签名
(图片来源:https://baijiahao.baidu.com/s? id=1616916742454868690&wfr=spider&for=pc)

第四章　大运河文化带遗产解说现状

　　大运河文化遗产解说对文化遗产保护、传承和利用具有重要意义,在我国文化传承、文化复兴和中西文化交流中起巨大作用。前面三章让我们了解了什么是文化遗产解说,解说的基本要素和原则、解说规划及跨文化视角下的遗产解说。根据这些解说要求,大运河文化带的文化遗产解说现状如何? 基于杭州国际化发展战略和大运河文化国际传播的要求,跨文化视角下的大运河文化遗产解说现状又如何?

　　我们从博物馆群、历史文化街区和文物保护点三个方面对大运河文化遗产的解说进行了调查,调查时间从 2018 年夏天持续到 2019 年夏天。博物馆群由杭州工艺美术博物馆、中国刀剪剑博物馆、中国扇博物馆、中国伞博物馆、手工艺活态馆、中国京杭大运河博物馆组成,是中国目前最大的博物馆集群。分别以工艺美术、刀剪剑、伞、扇和活态非物质文化遗产展示为主题,结合运河历史文化与工业遗存保护,是集收藏、研究、展示、教育、宣传、娱乐、购物和文化创意等功能为一体的专业化博物馆。历史文化街区主要有桥西历史街区、小河直街、大兜路历史文化街区以及沿运河的一些历史街道。文物保护点主要有卖鱼桥、左侯亭、忠亭、张大仙庙和中心集施茶材会公所旧址等 15 个。由于关于大运河文化遗产解说的一些成功之处,已在第三章讨论,因此本章的现状分析主要聚焦大运河文化带遗产解说的不足和问题。

第一节　大运河文化带遗产解说内容现状

1. 解说内容缺乏宏大叙事和日常生活之间的平衡

京杭大运河作为世界最长的人工运河,而且直到现在仍在发挥航运功能的运河,在我国的政治、经济和社会发展起到无与伦比的作用。和长城一样,运河是我国璀璨文化遗产的象征,因此我们在运河解说情感设定基本都是关于运河在中国的历史地位,发挥的巨大作用等宏大叙事。但是在沃德和威尔金森(Ward & Wilkinson)所提出的"CREATES"原则中提到的第二个解说原则是关联性(relevance),即建立遗产和访客或普通人的联系非常重要①。建立与普通人和访客联系的方式有很多,其中一种就是展示和解说普通人的日常生活。

在便利的陆路交通产生之前,杭州的货物运输主要依赖运河。自民国以来,运河沿岸积聚了众多大型工厂,比如杭一棉、红雷丝织厂、大河造船厂、浙江麻纺厂、杭丝联,一到下班时间,桥西真是人山人海,拱宸桥上人来人往。大量工人在运河旁边的工厂上班,居住和生活在附近。这些工厂、宿舍和原来的生活区,给这些工人留下了难以磨灭的记忆。这里有他们的青春、他们的奋斗和他们的喜怒哀乐!这些记忆已经成为运河文化遗产的一个重要部分。他们的日常生活和情感也是国内外访客非常乐意了解并且能比较好理解的运河记忆,也是能与他们生活建立联系的部分。

但是目前这些主题都没有反映出来。这些工厂改造成博物馆之后,成了手工艺、刀剪剑、伞和工艺美术博物馆。一方面,这些博物馆是做得非常不错;但另一方面,这些厂房本来就承载着这些工人们的文化记忆。这些记忆也是运河文化遗产的宝贵部分。我们已经对这些工厂的工人做了走访,积累了他们一些宝贵记忆,鉴于本书篇幅,不在此探讨。

关于与"关联性"解说原则相关,促使解说受众产生文化记忆的例子,笔者曾有过一次切身感悟。2016 年 6 月,笔者参加了在加拿大蒙特利尔举办的第

---

① Ward C and Wilkinson A. Conducting Meaningful Interpretation：A Field Guide for Success[M]. Colorado：Fulcrum Publishing，2006：31-49.

三届思辨文化遗产大会。在大会期间,会议主办方安排了一位历史系教授作为向导,带领我们参观了蒙特利尔的"中国"运河(Lachine Canal)。中国运河位于魁北克省蒙特利尔西南部,全长 14.5 千米,连接了蒙特利尔旧港和圣路易斯河。1689 年正值康熙二十八年,清初的中国是世界头号经济大国,被西方人看作是"天堂"。在蒙特利尔的法国皮毛商人开通了一条从蒙特利尔老港到蒙特利尔岛西南的直通水运航路。据说当时很多欧洲的探险家渴望找到抵达中国的海运通路,所以就为运河起了这个名字,希望能获得一些好兆头。中国运河于 20 世纪 60 年代停止航运,因为随着海路的通畅和货物水运量的减少,运河的交通运输功能使命结束了。到 2002 年,它被改造为广受欢迎的休闲游憩区,运河沿岸的厂房被改建成漂亮的办公楼和高档住宅,环境非常优美。

我们每人领到一个语音导览器,我们一边沿着运河慢慢行走,一边仔细聆听里面的讲解。在一些重要节点,教授则停下来对着旁边的建筑再给我们讲解和强调。印象特别深刻的是,教授指着其中一幢五六层高的老红砖建筑的一扇窗说,这就是我们听到的那位用法语讲述她父亲每天去工厂上班、她就在窗口看着她爸爸经过运河的那扇窗。这位女士用法语讲述了这些细节,非常形象生动,让我仿佛看见一位小女孩从窗口探出脑袋,目送她爸爸经过运河去上班的栩栩如生的画面。参观运河的很多信息都已渐渐遗忘,但是这个画面却一直清晰留在我脑海。这是因为她的真人语言,勾勒了一副动人的日常生活场景,这与我们的生活容易产生关联(relevance)。

由此可见,国际上对如何展示和解说运河文化遗产已经有了很好的探索。原来生活和工作在这里的工人们的故事,关于那些工厂的故事,都是特别值得展示和解说的大运河文化遗产。

2. 解说主题与运河文化相关性不够

根据沃德和威尔金森提出的"CREATES"解说原则,解说信息必须"相关(connect)、关联(relevant)、愉悦(enjoyable)、恰当(appropriate)、有主题(thematic)、参与(engaging)以及有清晰的逻辑关系(structured)"[1]。其中首当其冲的就是相关原则,意味着解说信息必须直接和遗产传承的意义和目的相关。我们在调研过程中,发现解说内容和信息存在不符合相关原则现象。

---

① Ward C and Wilkinson A. Conducting Meaningful Interpretation:A Field Guide for Success[M]. Colorado:Fulcrum Publishing,2006:31-49.

下面以桥西历史文化街区和西塘河台湾美食街为例进行说明：

(1)桥西历史街区手工活态馆前的生活市集

桥西历史街区手工活态馆前的生活市集主打"运河匠心"，但售卖的商品类似年货、地方特产、小玩具，以及诸如棉花糖和冰糖葫芦之类的一些非常普遍没有特色的景点小吃(图4-1和图4-2)。只有一个画糖人的摊子可以与"运河匠心"的主题比较匹配，是一位老大爷现场根据顾客需要的图案制作糖人(图4-3)。售卖的商品是一种以实物形式呈现运河文化特色的展示，所以最好绝大部分商品都与运河文化主题相关，才能保持运河文化特色，让访客有独特的文化购物体验，否则会出现任何一个文化遗产景点所售商品千篇一律，失去了运河文化独特性。当然，这也要求有一流的文创企业，能根据运河文化特色设计出多样化、特色化、品种丰富的特色商品。同时，主管部门也要加强引导，尽量让商户经营运河文化特色商品。

图4-1　售卖冰糖葫芦和棉花糖的摊位

图4-2　售卖各类小吃炒货的摊位

(2)杭州西塘河台湾美食街

沿着杭州市登云路往北，一直到与和睦路的交叉口，有一座和睦桥。走到桥底下，会看到连战手书的"杭州西塘河台湾美食街"几个大字，接着就会看到一排餐饮店铺，我们发现大部分店铺都门可罗雀，很多甚至铁将军把门，根本没有开放。虽然笔者在杭州生活了二十多年，但还是第一次来到这条美食街，对于此处街道定位和命名为"台湾美食街"感到不是很理解。首先，台湾美食与运河文化的关联度不高，出现在运河景区内很突兀；其次，美食街内实际经营的店铺大都为本地餐饮并非台湾小吃，且店家也并非台湾人，显然名不副实；最后，墙壁上的台湾地图和台湾小吃的图片营造"台湾"的氛围，十分单薄(图4-4)。还有大量的介绍台湾地区民族分布情况的图片，但又未进一步说明不同民族的美食，所以与美食的主题关联性也不大。

图 4-3　制作糖人的摊位

图 4-4　台湾小吃壁画

　　原来西塘河沿岸是破烂不堪的棚户区,河水又脏又臭,沿河的土马路"和睦路"坑坑洼洼,晴天尘土飞扬、雨天积水不断。2005 年,这条路被列入杭州市"背街小巷"改造项目,铺上了渗水的沥青材料;给棚户区的居民修缮了房屋,破旧面貌有了很大改观。2010 年又被列入"西塘河台湾美食街改造"项目,面貌进一步提升。这条美食街是由杭州市、拱墅区两级政府重点打造的商业特色街项目,也是迄今为止杭州唯一的独具台湾风味的美食街。刚开业时,这条美食街还热闹了几个月,但是半年之后就门可罗雀。原来的定位确实是以台湾美食为主题特色,重点引进原汁原味的台湾知名餐饮、美食、小吃、咖啡、茶饮以及酒类、茶叶、水果、糕点、工艺品等台湾名特优产品,分为台湾商品区、台湾美食区、精品会馆区和休闲路吧等,但在实际运行过程中,不知道是招商不到位,还是别的原因,却有一些是杭州本地美食,比如"千岛湖鱼头",所以姑且不论原来定位为台湾美食街是否合适,实际运营过程中部分餐饮店铺没有符合原来的定位。

和睦路一带也是杭州京杭大运河文化带的核心地段。比如,位于杭州市拱墅区和睦路555号的华丰纸业办公室楼,是建于民国的两层砖木结构,于2018年12月被杭州市人民政府列入杭州市第七批历史建筑。和睦路商店主题定位应尽量与大运河文化遗产"相关"。大部分政府管理部门甚至访客本身,都没有意识到这些店铺也是文化遗产一种特殊解说和展示手段,在传递大运河文化遗产价值方面也起重要作用。其实,访客通过了解、消费和欣赏这些店铺提供的商品形式与大运河文化遗产发生联系,而这种联系方式给访客提供了鲜活直观的体验。正是这种休闲体验让他们更好理解大运河文化遗产,从而实现大运河文化遗产的保护、传承和利用。

(3)解说主题多样性有待提升

在京杭大运河博物馆内,对运河沿岸的文学艺术、音乐戏曲和中外文化交流进行了详细解说,解说主题明确,但仍可以对"包容性"和"开放性"等主题加以拓展深化,并同时增加一些相关主题,让运河文化带的主题更加丰富生动。

大运河的最大特点就是"动",包括人类的"动",商品、思想、知识和价值的"动",文化的"动"。大运河"动"的特点体现在文化上就是它的包容性。首先,大运河沟通了燕文化区、赵文化区、齐鲁文化区和吴越文化区,由于各个区域地理环境的不同造成自然条件的差异,生活习俗的不同带来文化背景的各异,军事上的封建割据形成不同的政治体制,这都形成各个区域的文化差异。大运河贯通以后,运河区域的社会、经济得到不断发展,这不仅为运河区域文化事业的发展提供了雄厚的物质基础,而且也促进了南北文化的大交流,使各种文化相互接触、整合,从而形成了大运河文化的包容性。

大运河文化的包容性还表现在多元宗教文化的和谐共存。杭州享有"东南佛国"之誉,曾经高僧云集,佛学兴盛。道教文化也在杭州有重要影响,下文提到的张大仙庙就是运河居民道教信仰的一个具体表现。杭州的佛教、道教始于4世纪的东晋,13世纪初南宋时,杭州城内外寺院计496所。杭州在10世纪被誉为"东南佛国"。13世纪中期的元代,伊斯兰教在杭州形成规模,还有喇嘛教、景教、犹太教等。17—19世纪明末和清代时期,天主教和新教进入杭州。大运河曾经是传教士进出杭州的主要通道,在传教士著作中,有大量关于运河的记载(详见第五章)。外来宗教在传入我国传入杭州的过程中,也曾遭遇一些挑战和冲突,但最后它们留存至今,与佛教道教和谐并存。而且多种宗教和谐共存也不断谱写新篇章。2015年杭州在运河边建筑的清真寺,成为我国宗教团结和谐的对外窗口。运河在多元宗教交融过程中扮演重要角色，因此在运河文化遗产解说中，运河文化的包容性指国内南北文化，也指国内外文化，包括宗教文化的交融和包容。

同时，运河沿岸的城市有很多都是对外文化输出的重要据点，尤其是京城和运河南部城市。从唐到清前期各代，朝鲜、日本以及东南亚、南亚诸国甚至是欧洲的客商、文化使者，经过运河沿岸城市到达当时的京城。这些人一方面带来自己的文化，传播在运河流域，同时也将中国的文化，尤其是运河沿线的文化带回本国。特别是在元朝以后，由于北京一直是强盛、统一封建王朝的首都，大运河成为东南亚诸国以及朝鲜、日本朝贡的首选路径。贡使们往来于运河之上，见证了帝国曾有的辉煌和大运河的繁华，更是促进了相互文化交流。

对于我国宗教和谐共存优良传统及运河在文化交流和宗教文化交流过程中所起的重要作用，外国包括"一带一路"沿线国家的很多年轻一代青年都对此缺乏了解。我们应不断挖掘和激活这些文化记忆，要让国内外民众熟悉和了解，尤其要在"一带一路"沿线国进行宣传和传播，因此多元文化和多元宗教和谐共存应成为运河文化遗产解说的一个重要主题。

第二节　大运河文化带遗产解说媒介现状

解说媒介主要分为向导型和自导型两大类，前者主要是指解说员、导游等，后者主要包含公共服务设施、旅游宣传册、标识标牌、电子解说媒体和手工艺人现场展示解说等。与国际上有些解说案例相比（详见第六章），大运河文化遗产解说媒介还有很大提升空间，主要表现如下：

1. 解说媒介杂乱与滞后

（1）微信导览功能不完善

在我们课题开始阶段即 2018 年下半年，除京杭大运河博物馆拥有较完善的微信语音双语讲解服务外，其他四个博物馆的微信导览服务功能还不够完善。例如，微信公众号搜索"杭州工艺美术博物馆（hangzacm）"，可看到工艺美术博物馆、扇博物馆、伞博物馆、刀剪剑博物馆的讲解。其讲解语言全部是中文，且只有部分展品有语音讲解。但在我们课题收尾阶段的 2019 年 7 月，我们再次检索这些博物馆的微信公众号,发现已有很大改善,均有英文解说,并且有些地方还增加了 VR 全景导览。内容和功能也越来越丰富,但是里面的绝大多数内容还只有中文,包括展品的说明和介绍。为了促进运河文化带旅游国际化,需要对所有解说信息提供英文翻译。

此外,除手工艺活态展示馆外,其他五个博物馆入口处均陈列有微信导览指示牌,但指示牌只有中文介绍,所以不懂汉字的国际访客可能会不知所云(图 4-5 和图 4-6)。

图 4-5　京杭大运河博物馆内自导解说二维码　　图 4-6　工艺美术博物馆内自导解说二维码

(2)语音导览设施缺乏

目前的语音导览设备只局限在几个博物馆内部,尚无能令访客边沿运河河岸步行边收听的语音导览设备。如果访客步行到拱宸桥、桥西历史文化街区、小河直街、御码头、卖鱼桥等景点,或来到大兜路时,能一路慢行一路聆听里面的多语种讲解,一定可以更好地体验大运河文化遗产。

即使有语言导览设备的几个博物馆,语言导览器也存在很多问题。我们发现除手工艺活态展示馆外,其余五个博物馆均配备语音讲解机,可通过证件(身份证、学生证)或押金免费借阅,但据博物馆工作人员介绍,讲解机的使用率并不高。讲解机于 2009 年推出,只有中文和英文解说,按键不够灵敏,冬季耗电快,可操作性不强。解说范围只限于馆内部分展品,解说语气不够生动,语气生硬,类似机器人讲解。

(3)公共服务设施未发挥其应有的功能

公共服务设施分为访客中心和一般性服务设施。访客中心是遗产解说的首要场所,一般性服务设施包括公厕、售卖亭和休憩设施等。

如小河直街的游客服务中心里的旅游手册货架被摆放在阴暗的角落,很多旅游手册缺失也没有及时增补,墙上粘贴的"游船路线费用公示""景区讲解收费标准"均无英文介绍版本(图 4-7 至图 4-9)。

图 4-7　小河直街游客服务中心

图 4-8　游船路线费用公示

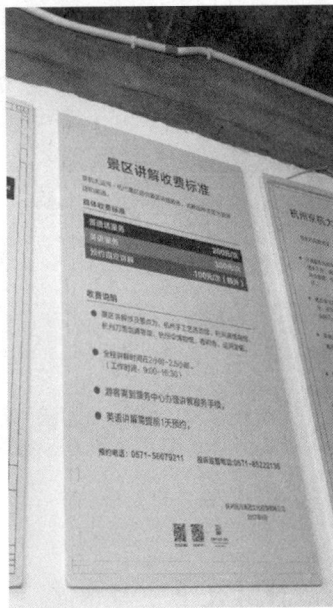

图 4-9　景区讲解收费标准

（4）指示牌不够醒目

较多指示牌被树木草丛、电瓶车、垃圾桶、当地居民晾晒的被褥衣物等障碍物遮蔽，不易察觉；有些木质或者石刻的指示牌存在脱落和字迹不清的问题；有些指示牌上的文字字体过小，间距过窄，难以阅读（图 4-10 至图 4-14）。

图 4-10　西兴过塘桥码头解说牌

图 4-11　吉祥寺弄入口指示牌

图 4-12　小河直街入口处指示牌

图 4-13　手工艺活态博物馆解说牌

2. 多语种解说单一与不足

习近平总书记在许多重要场合多次提到要提升国家文化软实力，塑造文化自信。这就必须要增加中国优秀文化的输出,翻译在这一环节中有着无可比拟的重要性。运河文化带有大量解说材料和信息只有中文版本。

例如桥西人家的穿堂走进去是民居和小吃摊,主要是一家老弄堂馄饨店和葱包烩儿,特别是葱包烩儿的招牌上还写着"杭州市非物质文化遗产"的大黑字样,以及较为详细的简介,介绍制作方法和历史渊源,但并没有任何其他语言的介绍(图4-14)。"拱宸桥与文化名人"的系列故事(包括墙上的浮雕)(图4-15和图4-16),张大仙庙、张小泉剪刀、运河金石博物馆、凤山水城门遗址的"六部桥"等等都缺乏其他语种的解说版本。

图 4-14　葱包烩儿介绍

此外,我们询问了桥西历史街区老开心茶馆的工作人员,她表示大多数国际访客都会选择自带向导,而来此参观的国际团很少,绝大部分是散客,茶馆也不会提供双语向导。我们同时询问了京杭大运河博物馆的工作人员,他们表示博物馆会提供双语导游服务但是需要提前预约,而且相应的官网上没有类似预约渠道的通知,只能到现场和工作人员联系或者拨打电话。双语导游或多语种导游服务非常缺乏。

由此可见,大运河文化带的解说媒介系统无论是在解说牌等提供的自导解说,还是在导游提供的向导解说上,都还有很大提升空间。

图 4-15　桥西街区浮雕

图 4-16　桥西街区铜板介绍

3. 盲文解说匮乏

杭州正努力成为一座国际化大都市,尤其是 2016 年举办 G20 会议之后,杭州国际化发展战略加快了步伐。如果要真正成为一座国际化城市,所有公共场所包括本书研究的运河文化都需提供中英双语或多语种的指示牌及其他解说媒介。除此以外,衡量一座城市的文明程度和人性化程度是看城市对残疾人是否友好。

根据 2010 年第六次全国人口普查我国总人口数,及 2006 年第二次全国残疾人抽样调查我国残疾人占总人口数的比例,推算 2010 年末我国残疾人总人数 8502 万人。① 根据第二次全国残疾人抽样调查情况和杭州市 2006 年常住人口数为 751.3 万的比例统计,杭州市有残疾人 47.7826 万人。② 这部分残疾人中又有一定比例的盲人。为了能让这个特殊群体也感受到大运河文化遗产,我们需在各博物馆、历史文化街区和文保点增设能提供基本的盲文指示牌和盲文解说系统。

第三节　跨文化视角下的文化遗产解说现状

1. 翻译的语音表达不准确

通过对比文化遗产解说各种媒介的中英文本,我们发现译文中英语问题较为普遍,译本存在拼写错误、大小写错误、名称译名不统一、不规范、语法错误、选词不当等问题。而且部分译文逻辑关系混乱,译者甚至对原文本信息理解错误,导致译本表达错误信息。译文中如果有低级错误、有语病,就会影响国际访客对于景点的印象。只有让国际访客体验高质量的解说,才能拥有良好的游览体验,促使他们自发地了解和欣赏运河文化为代表的中国历史与文化。

---

① 数据来源:中国残疾人联合会官网 http://www.cdpf.org.cn/sjzx/cjrgk/201206/t20120626_387581.shtml。

② 数据来源:杭州市残疾人服务网 http://hzcl.org.cn。

（1）拼写错误

手工艺活态博物馆中"WiFi 覆盖"的英文变成"WIFI Courage"，应为"WiFi Coverage"；"大兜路历史街区"翻译成"DADOU HERITAGE"，"Heritage"被错拼成"Hermitage"。此类是最低级的英文拼写问题，应极力避免（图 4-17 和图 4-18）。

图 4-17　手工艺活态博物馆中"WIFI 覆盖"标识

图 4-18　大兜路历史街区标识

（2）同一地名的翻译不统一

比如，"大兜路历史街区"的翻译至少有三种不同的版本。其一"DADOU HERITAGE"（图4-18），其二是"Dadou Road Historic Block"（图4-19），其三是"DaDou Road Historical and Cultural District"（图4-20），可以统一为"Dadou Heritage Street"。

图4-19　大兜路历史街区景点指示牌　　　图4-20　大兜路历史文化街区说明牌

（3）英语表达不地道

警示语标语和指示语标语也是解说内容的一部分。这些标语的翻译经常存在不地道英语的情况。比如，小心路滑被翻译成"Careful, slippery"。Careful是表示做某件事情的时候要认真仔细。中文"小心""当心"实际上是提醒访客要谨慎，要注意不要发生危险的情况，以确保安全，而不是办事情要认真细致，其对应的英文表达有"Caution, Danger, Mind, Watch Out"等。比如小心玻璃（Caution：Glass Door/ Glass Wall）、小心触电（有电危险）（Danger! Electric Shock 或 Danger! High Voltage）、小心火灾（Caution：Fire Hazard）、小心夹手（Mind Your Hands）、小心脚下/小心台阶/当心踏空（Mind Your Steps/Watch Your Steps）。因此，小心路滑的地道表达应该是"Caution：Wet Floor/Slippery Floor"。又如，"导览图"被翻译为"Guide Map"，其实，用到导览图的情况一般有两种，一种是一个景区或空间的整体地图。这个时候就直接用"Map"，如果用"Guide Map"就是画蛇添足了。另外一种情况就是一个楼层的平面图，这时用"Floor Plan /Floor Map"。同样，"总平图"被翻译成"Comprehensive Map"。比较恰当的翻译是"General Plan/ General Layout"。

（4）理解错误

以"通益公纱厂"的翻译为例，杭州通益公纱厂旧址译为"Tongyi Public Cotton Mill"（图 4-21），在扇博物馆景点说明牌译为"Tongyigong Spinnery"，在通益公纱厂石墙刻字记录译为"Tongyi Gongsha Factory Ruins"。

图 4-21　杭州通益公纱厂旧址解说牌

译本不统一将让人误以为这些是不同地方，关键是名称的理解还存在很大差别，译者在翻译"通益公纱厂"这个地名时，并未认真考虑是"通益公"纱厂,还是"通益"公纱厂。《杭州运河文化之旅》一书也认为这是"一家名叫'通益'的纱厂"[1],但经笔者考证,纱厂的名字是"通益公"。陈定山著的《春申旧闻》第128页有一篇题为"小小豆腐干与三友实业社"的文章,里面就把"通益公"的名字清晰列出(图4-22)。[2]

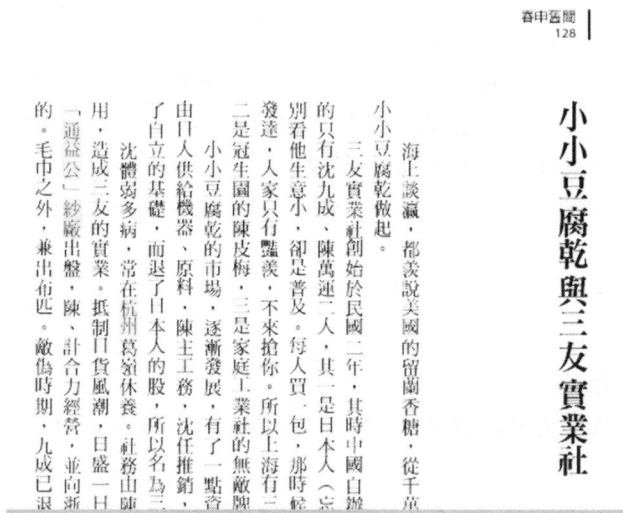

图 4-22　小小豆腐干与三友实业社
(图片来源:陈定山.春申旧闻[M].台北:晨光月刊社,1954:128.)

而下面案例中对"风情"的错误理解,则更为翻译大忌,详见分析:

案例一:

原文:使团成员不仅对沿运河城市作了描述,而且画了许多反映沿岸风情的绘画。

原译文:The mission members not only described the cities along the Grand Canal but also painted a lot to reflect the amorous feelings along the bank.

分析:"amorous"意为"色情的、表示性爱的",而此处的"风情"指运河沿岸城市的风土人情,用"amorous"来表示显然是犯了翻译大忌,会让外国游客对中国运河文化产生误解。风情应为"local customs and practices"。

①　周新华,蔡乃武,等.杭州运河文化之旅[M].杭州:浙江人民美术出版社,
2017:83.

②　陈定山.春申旧闻[M].台北:晨光月刊社,1954:128.

（5）语法错误

在纪念韩世忠的说明牌上，他的英文名按拼音拼写应为"Han Shizhong"，但景物说明牌上写的是"Hang Shizhong"，姓氏拼音有误。在同一块解说牌上，把他夫人梁红玉的性别错误翻译成表示男性属格代词"his"，而不是女性属格代词"her"。

原文：梁红玉亲自擂鼓助威

译文：Liang Hongyu beat the drum in person to inspire his soldiers.

分析：以上例子中，粗心的译者将用男性代称"his"来指代梁红玉，使得英语译本读者误会宋朝著名抗金女英雄梁红玉为男子，扭曲了原意。在中国古代历史上，女性当将军的例子本来就很少，因此人们都会格外敬佩这些巾帼不让须眉的女子。

案例二：

原文：沙龙区

原译文：Sharon Zone

分析：这属于明显的误译。"沙龙"在英文中有规定的译法，即"salon"。

案例三：

原文：1996年改建，桥长11.7米，宽约40米。

原译文：It was renovated in 1996, about 11.7m long and 40m wide.

分析：卖鱼桥现有的唯一译文文本存在语法错误。从语段层面来看，汉语重形合（hypotaxis），英语重意合（parataxis），因此在翻译过程中必须要注意汉语中隐藏的主语，并在英语译本中必须加入主语，以体现原文本中的逻辑关系。

以上例子中，原文主语仅出现一次，但是要讲的是两件事，译文后半段的信息缺乏主语，出现语法错误。应改为：Renovated in 1996, it is about 11.7m long and 40m wide.

案例四：

原文：运河作为沟通南北的交通动脉，每天都有难以计数的货物和客商经过。

原译文：As the main traffic route between the north and the south, there were incredible amount of goods and merchants passing through the canal.

分析：该译文缺少主语，而there be句型不能充当主语，所以后半句不妨改译为"the Grand Canal welcomed incredible amount of goods and merchants"。

案例五：

原文：使团的使命因种种原因没能完成。

原译文：The mission had been failed due to various reasons.

分析：fail 在英文中并无被动态，所以应用主动语态，即 The mission failed due to various reasons.

案例六：

原文：有关水利书籍一组

原译文：A set of books related to water conservation

分析：water conservation 是节水的意思，水利对应的英文应是"hydraulic engineering"。

语言层次的翻译问题不容小觑，一个细微的错误也会造成交流障碍，而且会给人一种不严谨的印象，不利于传播运河文化，不利于中外文化交流。

2. 历史文化信息缺乏

(1)朝代、人名等专有名词

作为具有五千年历史的文明古国，中国历史悠久，出现了众多朝代和皇帝。一般认为有 24 个朝代和 83 个王朝，共有 559 个帝王，包括 397 个"帝"和 162 个"王"。当出现这些朝代和帝王名称时，一个最基本的跨文化翻译策略是，在朝代和帝王名字翻译后要加上括号注明这些朝代的起始时间，帝王的出生和去世时间。在提到某个皇帝国号的第几年时，先要翻译年号的英文，然后要在括号里补充具体的公元年份。其他的重要人物名字也需要在括号注明出生年月。请看下面案例：

案例七：

原文：郑和下西洋后，有更多国家与明朝建立了友好关系。

原译文：After Zheng He's travelling to the west, there were more countries establishing friendly relationships with Ming government.

分析：郑和(1371—1433 年)，回族，本姓马，世称"三保太监"(又作"三宝太监")，云南昆阳州(今云南省昆明市晋宁区昆阳街道)人。中国明朝太监，航海家、外交家。郑和下西洋是明代永乐、宣德年间的一场海上远航活动，首次航行始于永乐三年(1405 年)，末次航行结束于宣德八年(1433 年)，共计七次。由于使团正使由郑和担任，且船队航行至婆罗洲以西洋面(即明代所谓"西洋")，故名。郑和下西洋开辟了"海上丝绸之路"，打通了中国的对外贸易大门，加深了中国与世界各国的友谊。在翻译时，应对郑和下西洋的史实进行概述,遵照交际翻译方法和功能对等翻译原则,具体采用增译策略,增加郑和的出生和去世年份、太监身份及航海家、外交家等后来对他的评价信息、明朝的年代,七次下西洋的时间跨度等信息。不妨译为 More countries established friendly relationships with Ming Government (1368—1644) after the seven ocean expeditions 1405 until 1433, headed by Zheng He,1371—1433, a Chinese mariner, explorer, diplomat, fleet admiral and court eunuch during China's early Ming Dynasty.

案例八:

原文:鉴真东渡

原译文:Jianzhen Crossing the Sea to Japan

建议译文:Jianzhen Crossing the Sea to Japan(Jianzhen,688—763, a Chinese monk who helped to promote Buddhism in Japan. During the eleven years from 743 to 754, Jianzhen attempted to visit Japan for six times and finally succeeded at the sixth time.)

分析:鉴真(688—763 年),唐朝僧人,俗姓淳于,广陵江阳(今江苏扬州)人,律宗南山宗传人,也是日本佛教南山律宗的开山祖师,著名医学家。曾担任扬州大明寺主持,应日本留学僧请求先后六次东渡,最后第六次才成功到达日本,在日本弘传佛法。鉴真第六次东渡的路线经过大运河,可以说大运河为中日文化的交流与传播提供了重要的渠道。因为这是大运河博物馆的解说,所以在翻译这一历史事件时,应利用意译的翻译原则,对鉴真本人及其东渡的史实进行简要介绍,在忠实描述历史事件的基础上突出大运河与该历史事件的联系。

(2)地名翻译不符合规范

根据 2016 年制定的《杭州西湖风景名胜区汉英导览标识系统译写规范》(第 14 至 15 页),中文地名翻译成英文,可以采取两种方式。一个是在空间非常小的导向标识牌或导览牌的标题,建议使用专名用拼音+通名用翻译的方法。另一个是在空间更宽裕的导览牌里面,可以在以上翻译之后的括号加注。比如,宝石山的导向标识或在标题中就翻译为"Baoshi Hill",在导览牌内容介绍中,可以在后面用括号标注(Precious Hill)。大运河文化遗产带的一些地名翻译,没有采用以上建议,在导览牌内容介绍里面没有标注这些地名的解释,结果导致要么无法很好理解地名,要么丧失重要文化信息。比如在卖鱼桥中英文解说板(图 4-23)中翻译为"Maiyu Bridge"是符合规范的,但是在导览图里文字介绍提到,"横跨余杭塘河,原名为归锦桥,此桥及附近是渔民集中卖鱼之地,故改名为卖鱼桥。"译文为:Originally named Guijin Bridge, the bridge crosses over Yuhangtang River in the area where fisherman used to sell their fish, hence the new name Maiyu Bridge.

暂且不讨论这句译文的语法，我们注意到导览牌提到因为是卖鱼之地(sell fish)，所以改为卖鱼桥，但是卖鱼桥只用了中文拼音(Maiyu)，如果不在后面用括号加注，西方读者是无法理解"Maiyu"与"sell fish"之间的关系。

所以这句导览建议修改为：Crossing over the Yuhangtang River and originally named Guijin Bridge, Maiyu Bridge (Selling Fish Bridge) got this name because it was the place where fisherman used to sell fish.

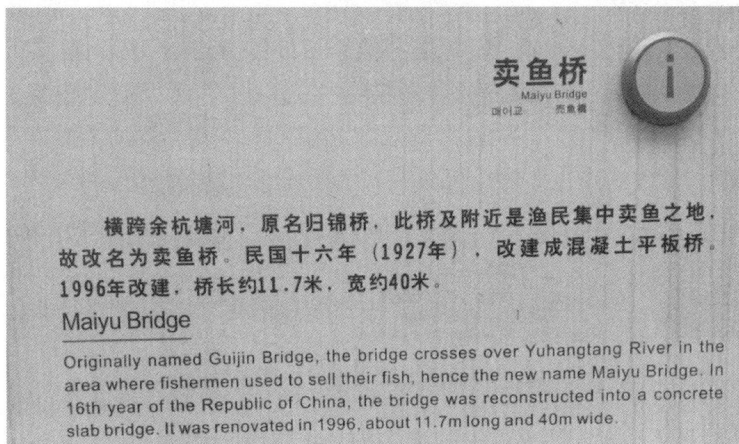

图 4-23　卖鱼桥中英文解说板

又比如，在桥西历史街区的解说牌里，桥西就直接翻译成"Qiaoxi"，本来按照翻译《杭州西湖风景名胜区汉英导览标识系统译写规范》，这样翻译是合适的，但是因为在解说内容里面有文字"桥西历史街区位于拱宸桥西岸而得名"。这就意味着，把这个名字翻译成英文时，需要把它实际含义"桥的西面"(West of the Gongchen Bridge)对应起来，否则就逻辑不通顺，读者也不能真正理解桥名称的含义。这个解说牌(图 4-24)没有做任何说明，只是翻译为"Qiaoxi Historic Block is so named as it is located on the western bank of Gongchen Bridge"。我们可以改为："Qiaoxi historic district is thus named as it is located at the west side of the Gongchen Bridge"(Qiao means "Bridge"，Xi means "West")。

左侯亭的解说包括多语的景物说明牌和利用壁画重现庇民侯的一些情景。左侯亭中的"侯"是指什么呢？从中文解说中，对中国文化背景熟悉的读者可以从文中了解到，宋徽宗封左光裕为"庇民侯"，即便原文没有多作解释，

图 4-24 桥西历史文化街区中英文解说板

也可以从上下文推断出左侯亭的"侯"指的是侯爵。然而,英语译本对于这个中国文化色彩浓厚的侯爵称谓采取的译法不一致。景点译名中直接把景点名称"左侯亭"按照音译的方法译为"Zuohou Pavilion",在翻译"庇民侯"时却采用了意译的方法译成了"the People Protecting Marquis"。因此,国际访客无法把庇民侯和左光裕联想在一起,也不能理解"Zuohou"的意思,甚至可能会把这个词当成一个名字。建议在译文中采取增译法,补充左侯亭的命名背景,或是把左侯亭的意思体现出来,如"Zuohou Pavilion(Marquis Zuo Pavillion)"。

(3)解说内容缺乏相关文化背景,不足以激活文化记忆

杭州运河文化带的文保点包括卖鱼桥码头、左侯亭、忠亭、拱宸桥、御码头、张大仙庙、富义仓、高家花园、通益公纱厂旧址(现为扇博物馆)、洋关、国家厂丝仓库(现为杭州运河契弗利酒店)、中心集施茶材会公所旧址(现为老开心茶馆)、桥西土特产仓库(现为刀剪剑博物馆)、财神庙、大河造船厂(现为运河天地)等。

文保点现有的游览标识系统有导览图、标识指引牌、景物说明牌、科技解说(二维码扫描相关内容)。这些解说除了存在以上出现的一些问题之外,还存在两个有待提升的问题。一是部分文保点现有解说体系对于国内访客而言

已经趋向完善,但对国际访客却尚有很大的进步空间。几乎所有文保点都配备了多语种景点说明牌,但是在翻译过程中并未考虑外国读者与中国读者的文化差异,译本多存在文化信息缺失问题,比如缺乏对文化名人、历史事件的介绍,或是没有进一步解释地名,只采用译音,难以激发访客的兴趣。二是部分文保点的现有解说体系无论是针对国内外的访客都需要再加以完善。现有的解说媒介受限,多以文字为主,大篇幅的介绍或显得枯燥乏味,不一定适合所有访客。再者,有的文保点甚至不具备其历史背景的解说,可见其背后的文化记忆正被逐渐淡忘。下面以卖鱼桥、左侯亭、忠亭、张大仙庙和中心集施茶材会公所旧址五个文保点为例,说明这些文保点所蕴含的历史文化信息和文化记忆。

1)卖鱼桥

卖鱼桥的历史之久远,可以追溯到元、明时期,但始建年份不详且原始桥型无文字记载。根据历史记载,卖鱼桥的位置在江涨桥西南的湖墅南路与湖墅北路连接处,横跨余杭塘河。早在南宋时期大运河就有码头,这一带有繁华兴盛的集市,并一直延续到明代。明代之后,这座桥被称为归锦桥、通市桥。清光绪《湖墅小志》写到,因为此桥附近是渔民集中卖鱼的地方,所以称它为卖鱼桥。明末清初,此地曾有上百家大小渔行,是个热闹的鱼市;民国时期,江涨桥附近的大兜路上有大小渔行二十多家。一直到20世纪70年代,卖鱼桥仍是拱墅区最热闹的地方之一。现在卖鱼桥是湖墅南路的一部分,完全没有了桥的形状,仅剩下一个地名。①

《杭州运河集市》中提到,"卖鱼桥"这个带着鱼市色彩的地名,就是湖墅历史上水产品市场的缩影。② 然而可惜的是,我们从现有的解说内容发现,这段和大运河息息相关的文化记忆,正在逐渐被淡忘。卖鱼桥现有一批以"渔"为主题的雕塑,通过场景化小品重现了当年卖鱼情景,"再现昔日渔夫捕鱼、搬运鲜鱼、讨价还价等生活场景,回复蟹火渔灯辉映岸这道胜景",可谓非常生动有趣。③ 但是除了这个场景雕塑,说故事的媒介仅剩下二维码扫描相关的图文,必须捕捉草丛中不太显眼的二维码,扫码才能打开阅读。对于不擅长使用科技、对环境观察不够仔细的访客,这个解说极其容易被忽略。

二维码扫描相关图文是讲述故事最完整的解说媒介。它运用科技唤起了当地人们的文化记忆,让人们想起这座距离江涨桥只有六米的桥,并在地图上

① 王心喜.杭州运河集市[M].杭州:杭州出版社,2013:43-44,70.

② 王心喜.杭州运河集市[M].杭州:杭州出版社,2013:43.

③ 王心喜.杭州运河集市[M].杭州:杭州出版社,2013:44.

标出卖鱼桥以前的位置。然后我们发现,其内容与《杭州运河集市》提到的有些许不同——"在南宋时期称这座桥为归锦桥,最迟在明代,已称卖鱼桥"。卖鱼桥究竟是在明代前还是明代后被称为归锦桥,需要进一步考证。1953年、1966年先后两次重建,1996年湖墅路整治拓宽,桥面与路面连成一体。①

卖鱼桥有个很有趣的传说,扫描二维码打开的图文中就有提到,传说有一位忠厚老实的小伙子在河边摆摊卖鱼,因为鱼行老板批发给他的鱼掺杂了死鱼,所以生意惨淡,门可罗雀。有一天,来了一位身穿破烂衣裳的烂脚佬,每个人都嫌弃他,只有小伙子把身上仅有的钱给他医病。原来,这个烂脚佬就是铁拐李。作为回报,他送了小伙子一片可以把死鱼变活鱼的叶子。此后,小伙子生意兴隆,而这座小桥也就成为卖鱼桥。② 铁拐李是中国民间传说及道教中的八仙之首,如果向国际访客介绍卖鱼桥时能够讲述这种有点神奇、带有道教色彩的民间传说,访客们不仅不会觉得枯燥,还能对中国文化多一份认识。

此外,还有一些文化记忆是几个雕塑无法传达的,比如一些鱼市上的一些风俗习惯:

> "根据《杭俗遗风》记载,卖鱼桥码头边的冰鲜鱼行雇人敲锣,大锣挑在肩上,另一头挂一盏大灯笼,写有'冰鲜鱼行'字号。如果有一条渔船抵达,便敲锣两下,两条渔船到站则敲三下,通知各行贩去贩卖。每当锣一响,人们便知道有多少渔船到站。这种广告形式简洁生动,既传达了信息,又便于人们接受。"

听到这个故事的人,或许会问为什么要敲锣打广告?通过给访客讲故事,可以激发他们的好奇心,更主动想要了解这个地方背后的文化。敲锣是中国古时候的一个惯用动作,但在鱼市上敲锣的原因有两个,"一是一些走街串巷的小商贩,需要整日不停地吆喝,为减少嗓音的疲劳而改用响器;二是某些特殊的经营行业,由于人们的传统习惯、民间禁忌及价值观的制约而采用响器。"③如果可以在现有解说中加入这些元素,不仅能让国际访客看到这个景点蕴含的文化,同时也可以更多地了解中国的民间文化,有利于构建运河文化记忆。

---

① 参见相关微信二维码信息。
② 参见相关微信二维码信息。
③ 王心喜. 杭州运河集市[M].杭州:杭州出版社,2013:146.

卖鱼桥"是运河南端业态变迁的标志"①,这一带曾是运河南端水陆贸易中转站和重要集散地,现在卖鱼桥码头是运河水上巴士、漕舫船的停靠码头。它有着很多让访客感兴趣的传说和故事,现有解说仅停留在文字层面,对国际访客还有语言限制,且内容不够丰富。如果可以用其他媒介进行跨文化解说,更能让国际访客了解当地文化,认识大运河承载的千年文化。

2)左侯亭

左侯亭景物说明牌说明了此亭是为了纪念北宋左光裕而建,介绍了左光裕的背景,也简略以"生平博施济众"概括了左光裕的善举。左侯亭的解说仅有两种,其中仅有景物说明牌提供文字解说,缺乏故事背景的访客可能没办法看懂壁画内容(图 4-25)。

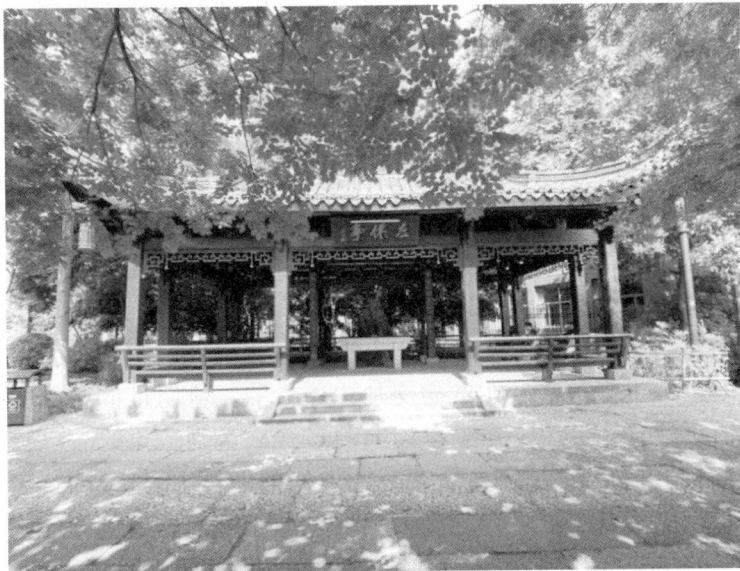

图 4-25　左侯亭

首先,关于这位左氏大善人的名字,景点说明牌上写的是左光裕,然而《杭州街巷》《杭州运河宗教文化掠影》等书籍记载的是左世裕。《杭州日报》2015年刊登的朱世泰老人的文章,说景点说明牌上的"左光裕"是错的,强烈建议改回"左世裕",但在我们调研时仍未改过来。

其次,建立亭子纪念善人,让后人都记得他的贡献,这是中华文化的一种体现,更是传播中华美德的一种方式,应在解说中有所突出。他是安徽桐城

---

① 参见相关微信二维码信息。

人,因家中排行第八,故又称左八郎。他的善商形象和左候祭祀现象是释、道、儒三种文化的融合体现。① 既然是纪念他的善举,就应该让到此游览的国内外访客知道他做的善事——修桥、送米、建寺、赈灾、救人等等。他遵从祖训,不嫌贫爱富,牺牲小我,完成大我……这些传统美德都是中华文化精髓,应该让国内人们学习,国际访客也可通过游览景点对中国文化更有了解。而现有的景点说明牌篇幅有限,左善人的善举不论是在汉语文本(博施济众)还是英语文本("gave alms",意为施舍)都只能用三言两语来概括,这是远远不够的。要叙说完整的故事,可以选择恰当语音导览等媒介,更加详细解说左世裕的善举。

　　左善人出身于米商世家。他继承了家里的米业生意,商号"诚济",即诚信经营,以商济世。北宋徽宗大观年间(1107—1110 年),他来到杭州,在米市巷开始经营米业。劳志鹏在《杭州街巷》写道,左善人遵循祖辈的经营原则,对买劣米的贫寒市民半买半送,对鳏寡孤独、老弱病残分文不收,人称"左善人"。② 他做了许多慈善活动,比如出资修桥,当地人为了表示谢意称之为"左家桥",同时也出钱建立接待寺,随后接待寺成为湖墅首刹。③ 两宋之际,杭州遭遇宣和年间(1119—1125 年)的方腊起义和建炎(1127—1130 年)初年的金兵进杭州,灾荒不断,许多不法粮商趁机囤粮,唯独左世裕与妻子王氏倾尽米店赈灾。相传当他们散尽毕生积蓄救灾时,来了位孕妇和她三四岁的孩子。左氏夫妇把留给自己食用的粮食给了她们母子,夫妻二人含笑饿死。也有人说左善人是贡献出自己大半生积蓄后在贫病交加中去世的。他们过世后,老百姓十分悲痛,送葬仪式出席者无数,几乎以国葬的形式来送别。他的故事传遍全国,宋徽宗听闻后追封其为"庇民侯",下令建左八郎祠祭祀。这座庙,称左侯庙,又名左八郎祠,民间称为左侯菩萨庙、左神庙,地点在今天古新河西侧的里万佛桥之东(浅水湾花园东北角)。左侯庙经历了南宋、元、明、清、民国,一直到新中国成立初都是香火鼎盛,但在极"左"思想猖獗的年代被毁。当年,许多受过光裕恩惠的人逢年过节都会来左侯庙祭奠,香火因此十分旺盛。为了方便人们来此凭吊休憩,附近老百姓又集资建了左侯亭。后来左侯亭被毁,运河整治过程中在河边绿化带的步行道旁又重建了左侯亭。而左善人兴建的左家桥则还在,虽然已经改建成钢骨水泥桥,但它也成为片区的名称继续使用。④

---

① 黄公元.杭州运河宗教文化掠影[M].杭州:杭州出版社,2013:116-118.
② 陈建一,主编.《杭州街巷》[M].杭州:杭州出版社,2005:226-228.
③ 黄公元.杭州运河宗教文化掠影[M].杭州:杭州出版社,2013:116-118.
④ 黄公元.杭州运河宗教文化掠影[M].杭州:杭州出版社,2013:116-118.

左善人家传的诚济米店虽然不断易主,但招牌不变,直到民国时仍叫诚济米店,新中国成立后改为左家桥粮站,现为拱墅区公证处。①

左侯亭除了展现运河文化中的美德,在构建运河文化记忆过程中也起着很大的作用。左侯亭的历史背景可以追溯到北宋时期,当时杭州运河一带是米市兴盛之地,而左善人也是那时来到杭州经营米业的。很多人说起"米市巷"便知道和米市有关,但更多人不知道原来运河、左侯亭也与米市息息相关。虽然现今杭州运河周围已经再无米市,但这段文化记忆不应因此被遗忘,左侯亭又有足够空间来拓展解说内容,因此关于左侯亭的解说媒介、解说内容都应好好规划。

3)张大仙庙

张大仙庙现有解说包括一个多语景物说明牌、一个汉语景物说明牌以及石刻的《张大仙道行碑》《黄帝阴符经》《黄帝内经·四气调神大论篇》《重建张大仙庙记》。

张大仙名字的翻译缺乏文化诠释。译文中,"张大仙庙"按照音译的方法被译为"Zhang Daxian Temple",英语译本中也只是贴紧原文直译,并无多加解释"Zhang Daxian"中的"Daxian"带有的意思。"大仙"是道教文化中对于道士的一个称呼,具有这方面文化背景的国内访客不需多加解释便知道张大仙指的是张氏道士,但是如果译成"Zhang Daxian"而不加以解释,国际访客可能会把张大仙当成姓张名大仙的人,可见此译文存在误导读者的可能性。

张大仙庙是众多文保点中解说内容最全面的一个,涵盖了张大仙的简介、建庙目的、庙宇基本信息、张大仙的传奇故事等等。遗憾的是,张大仙庙仅有一个简洁的多语文字解说,其他资料丰富的碑文都是中文书写,不懂汉语的国际访客无从了解张大仙庙的故事,因此应该着重改善这方面设施,增设英语文本,并利用各种媒介进行补充解说。

《张大仙道行碑》中讲述了张大仙是清同治十一年到杭州,常住于此。他过着道士生活,擅长医病。某一天,县令病了找他看病被拒,一怒之下着人拘捕他,却发现张大仙已经气绝,便无奈放弃。谁知,次日张大仙又活过来了,从此人们都视他为先圣。最终他为了救一位落水妇人溺毙而亡,当地人筹资把他安葬在桥东的住处,墓顶放了座雄鹰雕塑,并设了一座亭子,里面放了张大仙的雕像。

虽然《张大仙道行碑》已经大致介绍了故事背景,碑文文风中规中矩,讲述的都是一些事实,少了一些具有传奇色彩的小故事。张大仙之所以被称为传

---

① 陈建一,主编.《杭州街巷》[M].杭州:杭州出版社,2005:226-228.

奇道士,除了他死而复活,据清朝陆士谔写的小说《十尾龟》中第十回《张胜贵妙术起沉疴,郑紫阳微言箴恶俗》记载,他的绰号是"痴道人",为人看病不需要切脉开方子,只需听病人讲述症状,就信手找点东西拿给病人吃,比如清水、香灰、树枝、青草、树叶等等。神奇的是,病人吃了他给的东西往往就痊愈了。① 此外,道行碑中所述,人们在他的坟墓上置放了雄鹰雕塑,有个传言说张大仙是为了救老鹰落水的,而另一个说法则是《杭州运河宗教文化掠影》里提到的,当张大仙跳下水救妇人时,"据说此时有一只雄鹰突然飞来,叼住他的头发奋力曳起,其面色犹如活人,实已奄化仙逝矣"。② 关于张大仙的逝世,还有另外一种说法。传说他发愿要修拱宸桥,募集了两三千钱,雇佣匠人,动工修建。哪知这座桥工程浩大,才修了一点,钱已经用完了。张胜贵无计可施便投河自尽,人们救起他时已经气绝身亡。大家把他的尸体装在缸里,葬在桥下,人称仙人墓。人们感念他身前的恩德修了张大仙庙。③ 如果能提供语音导览器,可以考虑从以上内容中挑选适当故事,做成多语种解说内容。

4)中心集施茶材会公所旧址(现为老开心茶馆)

中心集施茶材会公所已经改建成老开心茶馆,与旧址相关的解说仅有多语的景物说明牌,其中中文和英文文字见下图(图4-26)。

中文原文:老开心茶馆前身为"中心集施茶材会公所",始建于1942年,由拱宸桥畔的跳脚工人嘉耀发起成立,是目前杭州市唯一保存最完整的茶商会旧址,公所不以其名义经营盈利事业,总建筑面积360平方米,已列入杭州市历史保护建筑。

英文译文:The Laokaixin tea house was formerly known as "Central Tea Materials Club" which was founded in 1942 by Jia Yao, a main worker of Gongchen Bridge. It is the most complete preserved tea merchants association and also the only site in Hangzhou. The club didn't operate by its meaning. It has a total construction area of 360 square meters which has been included in the historic building in Hangzhou.

---

① 周新华,蔡乃武,等. 杭州运河文化之旅[M]. 杭州:浙江人民美术出版社,2017:177.

② 黄公元. 杭州运河宗教文化掠影[M]. 杭州:杭州出版社,2013:113.

③ 周新华,蔡乃武,等. 杭州运河文化之旅[M]. 杭州:浙江人民美术出版社,2017:77.

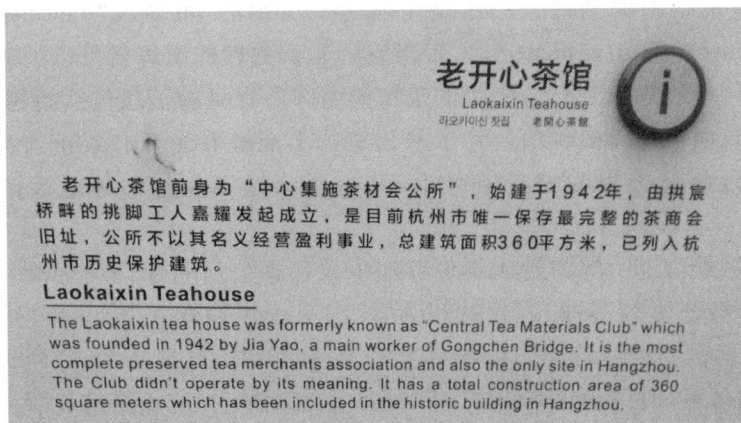

图 4-26　老开心茶馆中英文牌

以上英文译文中存在诸多错误,首先是"茶馆"的翻译应保持一致,要么统一使用"Teahouse",要么统一使用"Tea house"。其次是把中心集施茶材会公所译为"Central Tea Materials Club",其中"材"指的应该是棺材,译者把材译为"materials",明显是把它误以为是材料的意思。施棺材是中心集施茶材会公所的主要善事之一,此处翻译错误不仅曲解了原义,在翻译过程中更失去了其背后的文化意义。

再次,施茶材这主要善事,在译文中仅表达了"中心集""茶材""会公所"的意思,缺少了"施舍、布施"这层面的重要意义。所以,我们把施茶材译为"tea and coffin donation"。

第三,"Club"是一群人因兴趣而聚集在一起,有俱乐部的意思;"association"是一群人为了特定目标而聚集在一起,更偏向于协会的意思。新加坡有福建会馆,此处的会馆也是译为"association",因此建议把会公所译为"association",把中心集施茶材会公所译为"The Central Tea and Coffin Donation Association"。

第四,会公所的创始者是"拱宸桥畔的挑脚工人",英语翻译成"a main worker of Gongchen Bridge"(拱宸桥的主要员工),可见译文极不符合原文的意思。原文中挑脚工人指的就是挑夫,应该译为"porter"。

第五,把"公所不以其名义经营营利事业"翻译为"The Club didn't operate by its meaning"中文原文的意思就是公所是不会打着"中心集施茶材会公所"的旗号来赚钱的,但是英语却译为"didn't operate by its meaning"(不以其意义运营),让读者感到不明所以。中英有别,翻译时如果一味贴近原文,便容易出现中式英语,甚至写出扭曲原意的译文。所谓"公所不以其名义经营营利事业"，指的就是这个公所是个非营利组织的，可译成"The association was a non-profit organization"，带出它的非营利性的意思就可以了。

第六，中心集施茶材会公所的景物说明牌所提供的信息包括始建年份、成立人、建筑面积与历史价值。除了从建筑物上能够看老开心茶馆前身是会公所以外，与会公所相关的介绍甚少，其主要慈善事业与精神也逐渐被人们遗忘。

最后，景物说明牌的始建年份存在争议。据公所石库门门楣刻字，"中心集施茶材会公所"右侧的落款时间为"民国甲子年仲春立"（1924 年 3 月）（图 4-27），然而景物说明牌中写的始建年份是 1942 年，足足晚了 18 年。根据下文提到的故事，时间应该是 1924 年，而不是 1942 年。应该是解说牌的时间信息错误。

图 4-27 门楣右侧刻有"民国甲子年仲春立"字样

杭州是茶叶产地和集散地，拱宸桥在中日甲午战争后成为商埠口岸，茶叶贸易兴盛，成为中心集所在。会公所东北、东南围墙角上各有一块"拱埠中心集界"字样的界碑，足以见得该所是当年的中心集。唐宋时期杭州已有同业行会，直到元明清更是蓬勃发展。这些同业行会最初成为商帮、庄客、公所，后来改成会馆、同业公所。这座公会所是拱埠管理"施茶材"的民间行善积德的慈善组织，不以会公所名义经营营利事业，主人和会员一起分担运营经费，行善以施舍茶水与棺材为主。①

根据杭州市理事建筑保护管理中心的网站记录，中心集施茶材会公所最初"主要由拱宸桥一个挑脚工人王嘉耀发起成立"②，而景点说明牌上写的是"由拱宸桥畔的挑脚工人嘉耀发起成立"，不知何故省略了创办人的姓氏。再者，景点说明牌没有介绍会公所的由来。实际上，其背后有着一段感人的过去。王嘉耀是一位运河挑脚夫，一个大热天，他挑着重担走在路上时，路边一个好心人送了一碗凉茶给他，让他十分感动。从那之后，每年的夏天，王嘉耀就在自家路边摆个小桌，向路人施茶。1924 年，由王嘉耀发起，邻里乡亲们一

---

① 仲向平.杭州运河历史建筑[M].杭州:杭州出版社,2013:56.

② 杭州历史建筑微信公众平台[EB/OL]. 中心集施茶材会公所旧址. http://z1.singdo.org/libao/house_disp.php? house_id=32.

齐出钱资助,在现址吉祥寺弄租了一间房子,建成了杭州首个"中心集施茶材会公所"。后来,钱某等多位人士捐地捐钱,公所渐渐成为当地人们集资扶贫的一个机构。王嘉耀也不去当挑脚工了,他一边打理所里的日常事务,一边在会公所旁边开棺材铺。[①]

但仲向平(2012)还提到了另外两种说法。一个是道士发起的,另外一个是落入火坑的妓女修建的。后一种说法也得到了旁边老居民周仁琴老师的印证。关于公所的来历,20世纪90年代的时候她曾经采访过附近的居民,得知民国时期拱宸桥地界有很多妓女,被迫从业者居多,也有很多信佛之人,希望来世可以不再堕落风尘,但她们担心去寺庙里拜佛会受人歧视,因此众人一起选择这个地方集中捐款建了一个庙,可以拜佛,也可以施舍茶水与棺材给穷人,行善积德,寻求心灵上的慰藉。之所以称为公所,是表明这是妓女做慈善事业的一个同业公所,因为她们的真实职业不适宜公开,所以民间往往不知道建立公所之人的真实身份。

不管是哪种说法,中心集施茶材会公所记录民国时期杭州运河人家的社会生活,体现中华民族的慈善文化的一个文化遗产点。因此,我们必须挖掘中心集施茶材会公所的记忆,讲述它的故事,才能构建完整而丰富的杭州运河记忆。老开心茶馆继承了中心集施茶材会公所的茶文化,是一家集茶文化与曲艺文化为一体的茶馆。然而作为拱墅区非物质文化遗产传承人之家,老开心茶馆不应为了发扬小热昏、杭州小调、独脚戏、杭州评话等杭州曲艺文化,便遗忘了会公所的施茶和施材文化。

---

① 钟黎明.一碗凉茶造就首个"施茶公所"[N].今日早报,2007-03-09.

第五章　大运河文化遗产评价和遗产解说
——国际访客视角

根据《中华人民共和国文化和旅游部 2019 年文化和旅游发展统计公报》①,2019 年国内旅游市场和出境旅游市场稳步增长,入境旅游市场基础更加牢固。全年国内旅游人数 60.06 亿人次,比上年同期增长 8.4%;入境旅游人数 1.4531 亿人次,比上年同期增长 2.9%。

为充分考虑到国际访客需求,扩大入境旅游市场,本章从国际访客视角,深入探讨其对大运河文化带文化遗产资源和解说的评价和意见,以求得出对大运河文化带遗产解说系统构建的合理性与建设性建议。

第一节　大运河文化遗产国际访客评价的
调查方法和数据来源

为了解国际访客对于大运河文化带文化遗产资源以及解说情况,本章节采用了内容分析法和焦点访谈法。内容分析法的数据主要来源于 TripAdvisor 的国际访客点评、YouTube 网站等。焦点访谈主要包括课题组举办的两次运河主题座谈会。

---

① 《中华人民共和国文化和旅游部 2019 年文化和旅游发展统计公报》[EB/OL]. http://www.gov.cn/shuju/2020-06/22/content_5520984.htm。

1. TripAdvisor 的国际访客点评

TripAdvisor 是全球最大最受欢迎的旅游社区,也是全球第一的旅游评论网站。旅行者的真实评论是 TripAdvisor 最大的特点,它拥有大量关于旅游目的地、景点、景区的用户生成信息(user-generatedcontents,UGC),以及住宿和其他旅游相关信息,每月能有 2.6 亿活跃用户,月均独立访问量达 4.15亿,产生 1.5 亿条评论,并且数量还在不断增加①。TripAdvisor 上的点评,不仅对访客的出行安排具有积极的作用,对系统了解访客的行为、偏好、体验等也起到了积极作用。不少学者支持并采用 TripAdvisor 上访客自发的点评作为研究访客体验的信息来源②。

以 http://www.tripadvisor.com/为研究平台,以 Grand Canal Hangzhou(京杭大运河杭州段)、Xihu Culture Square(西湖文化广场)、Da Dou Lu Bu Xing Jie(大兜路步行街)、Xiao He Zhi Jie(小河直街)、The Grand Canal Museum(京杭大运河博物馆)、China Knives and Scissors and Swords Museum(刀、剪、剑博物馆)、China Fan Museum(扇博物馆)、China Umbrella Museum(伞博物馆)、Hangzhou Arts and Crafts Museum(工艺美术博物馆)、Workmanship Demonstration Pavilion(手工艺活态馆)、Tangqi Ancient Town(塘栖古镇)等为关键词,搜得国际访客关于大运河文化带旅游的点评 216 条(截至 2021 年 6 月 30 日)。这些点评覆盖英语、日语、德语、西班牙语、中文等多种语言。本研究重点考察国际访客的英语点评,共获取 80 条评论,这些国际访客的自发点评构成本研究的数据来源,具体信息以表格形式展现如下(表 5-1):

表 5-1　大运河杭州段重要节点的国际访客点评信息

重要节点	评论数	总体得分
京杭大运河杭州段	110(37)*	4.5
西湖文化广场	11(3)	4.0

① Trip Advisor. About Trip Advisor[EB/OL]. http://www.tripadvisor.com/PressCenter-c6-About_Us.html,2014-03-07.

② Lu W and Stepchenkova S. Ecotourism Experiences Reported Online:Classification of Satisfaction Attributes[J]. Tourism Management,2012,33(3):702-712.

续表

重要节点	评论数	总体得分
大兜路步行街	10(4)	4.0
小河直街	14(6)	4.5
京杭大运河博物馆	12(8)	4.0
刀、剪、剑博物馆	4(2)	4.5
扇博物馆	15(11)	4.0
伞博物馆	12(8)	4.0
工艺美术博物馆	5(4)	4.0
手工艺活态馆	5(4)	4.5
塘栖古镇	18(5)	4.0

＊括号内数字表示英文点评的数量

（数据来源：http://www.tripadvisor.com）

2. YouTube 网站大运河文化带相关视频及其评论

我们以 Grand Canal Hangzhou 为搜索关键词在 YouTube 网站进行搜索，并查看相关视频评论，其中主要的检索结果如下：

（1）China's Grand Canal in foreigners' eyes

（https://www.youtube.com/watch? v＝Xr35Y0nKbzM）

（2）China's Grand Canal（https://www.youtube.com/watch? v＝teM9UL8G__A）

（3）Hangzhou：Welcome to the Grand Canal

（https://www.youtube.com/watch? v＝4Csle8XFD00）

（4）Hangzhou：the southern tip of the Grand Canal

（https://www.youtube.com/watch? v＝AFoplgHgiZI）

（5）Hangzhou：Grand Canal（https://www.youtube.com/watch? v＝MwzCQMr98BA）

其中多为中国媒体拍摄的关于运河宣传以及其历史文化背景介绍的相关视频，搜索结果中外国人拍摄的运河相关视频较少。但在视频下面有不少国际访客的点评，这些点评也是我们探讨和分析的数据来源。

3.《外国人眼中的运河》

《外国人眼中的运河》由张环宙和沈旭炜合著,主要讲述了古代外国人如何看待杭州和大运河。书中具体内容分为四章:第一章题为大运河与古代中外交流,分别从文化和贸易这两个角度简要分析了大运河在古代中外交流中所起到的作用;第二章题为大运河最南端,即杭州,讲述了运河极大地促进了运河城市的发展,也增进了外国人对杭州的了解;第三章题为外国人眼中的运河及杭州,从十多位来华外国传教士所留存下的书稿中深入探究古时的杭州和运河;第四章题为古运新颜:以世界遗产的名义回归世界,讨论了运河与世界的联系以及运河与杭州的发展近况。

本章节以《外国人眼中的运河》的第三章为主要素材,探索西方人尤其是传教士眼中的大运河。

4. 微信公众号:京杭大运河杭州景区

该公众号主要推送运河沿线景区、水上巴士以及活态馆相关信息,以及为访客提供预约服务,定期分享景区活动以及访客反馈。比如,知名旅游博主乔丹·泰勒(Jordan Taylor)2019 年曾来到杭州手工艺活态馆参观,该公众号对此进行了详细报道。

5. 主题座谈会

2017 年 6 月 16 日,结合首届大运河遗产保护宣传周,来自吉尔吉斯斯坦、塔吉克斯坦、匈牙利、捷克、秘鲁、柬埔寨、缅甸、东帝汶、印度尼西亚、坦桑尼亚等 13 个国家的 17 位"一带一路"高级官员考察了大运河杭州段的主城区景区景点、桥西历史街区博物馆群、大运河照片展,并在杭州手工活态工艺美术馆内开展了座谈会。

2019 年 4 月 17 日,来自新加坡、法国等国家的留学生一同乘船游览运河,体验运河沿线景区并在之后举办了主题座谈会。座谈会围绕运河遗产解说,探讨了两大主题,一是大运河参观体验分享,二是大运河沿线景区的解说情况以及完善的建议与评价。

第二节　现代国际访客对大运河文化遗产评价

　　访客对旅游地的认识始于感知,访客感知是旅游地获取竞争优势、进而吸引访客的重要基础①,调查和认识访客感知是旅游地提高竞争力的重要工作②。一个旅游地被看作是产品和服务的组合,访客的旅游地感知是访客对旅游地产品和服务组合的质量和价值特征的体验评价③。访客对产品和服务的良好感知将会提高访客的忠诚度和未来的到访率、对价格增长有更多的容忍度,还能不断改善旅游地的声誉和口碑④。

　　本节主要以 http://www.tripadvisor.com/为主要研究平台,分析现代国际访客对大运河杭州段重要节点的评价。从评价来看,不管他们来自何方,出自何种动机,他们对大运河杭州段重要节点的历史底蕴、文化内涵及各节点体现的建筑风貌和百姓生活等无不留下深刻的印象。

1. 现代国际访客对大运河文化遗产的评价分析

(1)京杭大运河杭州段整体评价

　　京杭大运河杭州段整体作为杭州最具特色的景点之一,其被国际访客评价的次数远超过大运河杭州段其他重要节点。截止至 2021 年 6 月 30 日,京杭大运河杭州段在 www.tripadvisor.com 网站累计获得 105 条评价,其中英文评价 32 条。从评价内容可以看出,国际访客提及最多的游览时间在夜晚,

---

① Woodruff R B. Customer Value: The Next Source for Competitive Advantage[J]. Journal of the Academy of Marketing Science, 1997, 25 (2): 139-153.

② Pechlaner H, Smeral E and Matzier K. Customer Value Management as a Determinant of the Competitive Position of Tourism Destinations [J]. Tourism Review, 2002, 57(4): 15-22.

③ Murphy P, Pritchard M P and Smith B. The Destination Product and Its Impact on Traveler Perceptions[J]. Tourism Management, 2000, 21(1): 43-52.

④ Baker D A and Crompton J L. Quality, Satisfaction and Behavioral Intentions[J]. Annals of Tourism Research, 2000, 27(3): 785-804.

提及最多的游览景观依次为大运河、拱宸桥、桥西博物馆群、运河沿岸古建筑；访客感知大多是积极的，称京杭大运河杭州段是一个很有历史底蕴和文化内涵的地方，行走其间可以感受沿岸百姓最真实自然的生活，免费开放的博物馆设有空调，更是访客炎炎夏日观光的好去处，访客们将此地看作杭州旅游的必去之处。相关的经典评论有①：

原文：We had a peaceful navigation till Gongchenqiao no more than 25 minutes. In that area you can find not only old Chinese houses also Restaurants，Tea shops and some interesting museums，Fan museum，umbrella and sword and scissors museum，entrance free. Also the Grand Canal of China museum. It worthwhile to pay a visit. Still local people living in the old houses. A lot of gentrification.

译文：我们坐船顺利抵达拱宸桥，整趟行程不超过 25 分钟。在桥西历史街区，你不仅可以找到中国的老式房子，还可以看到许多餐厅、茶馆和一些有趣的博物馆，例如，扇博物馆、伞博物馆和刀剪剑博物馆以及大运河博物馆，所有博物馆都免费开放，值得参观。当地人还住在老房子里，但住宅都十分高级美观。

原文：The Hangzhou Grand Canal is a UNESCO World Heritage Site. The Grand Canal originated from Hangzhou. **People know Hangzhou West Lake very well but learn few about the over one thousand years old canal. West Lake's beauty is elegant and graceful while the Grand Canal's beauty is quietly brilliant.** Cargo ships still voyage. Lights still light. Life is in boom on both sides of the Grand Canal. Taking a canal boat to appreciate the time-honored Grand Canal especially in night really makes you sign with emotion that one thousand years is just a moment.

译文：京杭大运河已被列入联合国教科文组织的世界遗产名录。大运河起源于杭州（因为杭州是大运河终点）。**人们都知道杭州西湖，但很少有人知道这一千多年历史的运河。西湖的美，典雅且大方，而大运河的美，娴静且辉煌。**河上的货船仍在工作。华灯依然闪亮。大运河两岸的生活红红火火。夜游运河，看着这历史悠久的大运河，你会不禁感叹那千年一瞬。

---

① 以下英文评论均从 TripAdvisor 网站用户评论中直接摘录，为保持原貌，对于语法和拼写等不做更改，特此说明。

原文:The area around Gongchen Bridge is good for walking, dining, people-watching,... Considering the age of the canal, it's impressive to see it still being used for commerce. The adjacent museum is a must for grasping the scope of the endeavor. Hangzhou can be beastly when hot (even in early October), so take plenty of water. Hangzhou has excellent bus service, so it's easy to get here.

译文:拱宸桥附近很适合散步,吃饭,看看人……考虑到运河的年代,看到它仍然被用于商业令人印象深刻。周围的博物馆是必须要去看的。杭州夏天很热,即使是十月初,所以记得多喝水。杭州的巴士交通很方便,所以很容易来这里。

以上国际访客对运河、运河历史街区、运河博物馆群、餐厅、茶馆和居民的老房子等物质文化遗产印象深刻、有极高的评价,虽然错误地把杭州当作运河的起点。

尤其值得我们关注的是,这些国际访客们注意到了西湖是大家熟悉的旅游景点,了解运河的访客却不多(原话:**人们都知道杭州西湖,但很少有人知道这一千多年历史的运河**)。这种情况与杭州市政府、文化旅游部门以及运河管理部门的认知完全一样,也是各部门正努力解决的问题,都希望把运河打造成与西湖一样齐名的国际旅游目的地。原杭州市委王国平书记在2010年就提出发展运河分三步走的战略:"还河于民,申请世界文化遗产,打造世界级旅游目的地"。目前距离第三个目标还有较大差距。

国际访客甚至进一步指出了运河与西湖的区别,**运河娴静辉煌,西湖典雅大方**。运河的特征是静静地流淌,但掩不住流传千年的灿烂历史和光芒。它低调、内敛、厚重、朴实、辉煌,这可成为运河文化宣传和文化遗产解说的主题。

(2)西湖文化广场整体评价

西湖文化广场一带是杭州最热闹繁华的中心区域,是杭州市人流最密集的地带,成为访客来杭州的又一必去景点。从具体评论内容来看,国际访客对西湖文化广场周围便利的交通、美味的饮食以及广场上丰富的活动赞叹不已,对周边的博物馆参观也颇有兴趣。相关的经典评论有:

原文:The museums are worth visiting if you like to know about Hangzhou and Zhejiang History. The Cultural Square has a metro station underneath for easy access plus buses and taxi's are plentiful close by. Before and after meals on the last two nights there were groups of people exercising, jogging, walking their pets-just having fun. The most impressive of all was last night at about 7. 30pm there were two groups of ladies dancing — one group of about ten doing a traditional fan dance and the other group of about thirty were doing a dance that I hadn't seen before — it was mesmerizing. My friend and I enjoyed our walk amongst the various activities.

译文:如果您想了解杭州和浙江的历史,博物馆绝对值得参观。文化广场设有地铁站及公交和出租车停靠点,交通便利。饭后,人们会在广场上锻炼身体、慢跑和遛狗,怡然自乐。令我印象深刻的是昨天晚上七点半左右,有两群女士在广场上跳舞,一组约十人,她们在跳传统的扇子舞,另外一组约三十人,她们在跳的舞我从未看过。实在太迷人了。我的朋友和我都喜欢在广场上散步,欣赏这些丰富多彩的活动。

原文:It is a shopping and exhibition hub. West Lake Cultural Square is home to Zhejiang Nature Museum, Zhejiang Provincial Museum and Zhejiang Science and Technology Museum. Hangzhou Tower and InTIME are nearby where are nice shopping places. The famous restaurant Grandma's Kitchen is right in Hangzhou Tower. Besides, West Lake Cultural Square is not far from the Wulinmen Wharf, from where you can take boats to cruise down the Beijing-Hangzhou Grand Canal to Gongchen Bridge, head southward to the Qiantang River or else.

译文:西湖文化广场是一个购物和展览中心,浙江自然博物馆、浙江省博物馆和浙江省科技馆均位于此地。广场附近的杭州大厦和银泰都是不错的购物场所。著名的外婆家就位于杭州大厦内。此外,西湖文化广场距离武林门码头不远,你可在码头乘坐游船游览京杭大运河,欣赏拱宸桥,最后向南抵达钱塘江。

对于西湖文化广场的印象,除了它是运河边的文化广场,地理位置好,交通便利,旁边有博物馆、科技馆、杭州大厦和银泰等高端购物场所,以及知名餐厅外婆家之外,最吸引国际访客的其实是运河周边居民的日常休闲生活。这些懂得生活哲学的、散发东方文化魅力的居民们在广场上锻炼身体、慢跑和遛狗,怡然自乐。那些广场上的舞蹈,比如传统的扇子舞,和一些叫不上名字的舞蹈,让西方访客深深陶醉。我们常说,"最美的风景是人"。是的,我们运河周边居民的日常生活,尤其是他们的日常休闲活动,是运河文化不可分割的部分,与运河博物馆等其他景点一样,是吸引国际访客的重要人文资源。因此,**运河居民的日常生活和日常休闲活动应该成为对外宣传和文化遗产解说的重要部分。**

(3)大兜路步行街和小河直街整体评价

大兜路步行街的多元文化和而不同,小河直街原生态生活街区与新历史街区相互协调,成为各自吸引国际访客游览的最大特色。两个历史街区内有众多工艺品可供访客选购,访客更有机会品香看茶道,体味中国人的传统生活方式,追溯运河边生活的历史。此外,一些访客反映两地目前还没有大量观光游客,适合闲逛和拍照,夜景也很美。当地人更是友好,游览氛围较好。相关的经典评论有:

原文:Hunt for delicacies in Dadou Road, once a prosperous street. Step into the sight of swords and ceramics, appreciate artistic celadon, listen to explanation, sit and taste a cup of cool tea if get tired. If you catch up with incense lore and tea ceremony performances at 13:30, you will gain more.

译文:大兜路上美食遍地,这曾是一条繁荣的街道。其间,剑和陶瓷随处可见,你还可欣赏精巧的青瓷,聆听店员的讲解,逛累了,还可坐下来喝一杯凉茶。如果你在13:30时赶到此处,也许还能碰上品香和茶道表演,你定将有更多的收获。

原文:This is a very nice place for you to feel close to the past of Hangzhou city and the melowness of the city's romantic legacy. Nice to walk down through this nice spot and enjoy the nice ambiance. Recommended.

译文:这是一个非常好的地方,让您感受杭州的过去,体味城市的浪漫遗产。沿着街道散步,感受美好的氛围。值得推荐。

原文:There's a variety of ceramics, arts, crafts and foods available. The Chefle Hotel, bar and cafe all look fine except they have limited serving times. It's not my favorite area but it's peaceful and relaxing. The temple complex is lovely and there aren't many tourists in the area. You can get here by water bus which is novel.

译文:这里有各种各样的陶瓷,艺术品,工艺品和食品。运河契弗利酒店,酒吧和咖啡厅看起来都很好,唯一的缺点就是服务时长有限。这不是我最喜欢的地方,但它是令人宁静和放松的。寺庙群很可爱,该地区的游客不多。你可以通过水上巴士到达这里，这种交通方式非常新奇。

大兜路路名可追溯至明代。明清时期，大兜路区域增设集市，建立官办粮仓，成为杭州城北重要的集市、贸易、仓储中心。民国时期刊物《杭州通》中曾记载："大兜乃湖墅之一小地名也，亦为拱埠往来城内之要口。"现在的大兜路历史街区包括曾是通过运河进入杭州的第一座和离开杭州的最后一座寺庙"香积寺"、由建于清代光绪年间（1880年）的天下第一粮仓"富义仓"改建而成的文化创意园和古迹遗产。还有素食名店"妙醍湖"和沿着运河的特色美食一条街，和专攻龙泉青瓷和刀剑研发的创意公司剑瓷视界艺术馆。这些遗产在融入文化创意之后，传承、保护和利用融为一体，焕发新的魅力。这里既有佛教文化、工业遗产文化又有龙泉剑和龙泉青瓷文化、美食文化（包括素食文化）等等。这些遗产点都是对国际访客解说的重点内容，也是访客的关注点和兴趣点，但显然访客对这里的很多历史文化还不够了解。目前对这个历史文化街区的解说有待大力提升。

原文：Xiao He ZhiJie or Xiaohe Historical Street is located at the intersection of Grand Canal，Xiaohe River and Yuhang Tang River，flanked by ancient Chinese style residences，which is a miniature of general people's living environment in the late Qing Dynasty and the early Republic of China. So if you want to trace the history and culture of Grand Canal waterside life scape，just visit it.

译文：小河直街或者说小河直街历史街区位于京杭大运河、小河和余杭塘河三河交汇处，两旁是中国古代风格的住宅，也是清末和民国初年百姓生活环境的缩影。因此，如果你想追溯大运河临水生活景观，那就去看看吧。

原文：This place is not visited by tourists too much. And all of our family consider it as a most fascinating place in the city. It is a quarter around Hangzhou Grand Canal where you can find authentic community of people who takes care of their historic houses. And they keep their doors open so you can look inside and eventually chat with owners. Additionally，this place attracts local artists-probably because it is really inspiring. It has it's "genius loci" and once you will visit it，you will like to return again. While visiting you can learn a lot of local history，merchandising and culture.

　　译文：这个地方的观光游客还不多。我们全家都认为它是杭州最迷人的地方。小河直街位于杭州大运河旁边，你可在此看到最真实的百姓生活，该区域房屋历史悠久，但都保存良好。人们敞开大门生活，所以你也可看到屋里的景致，甚至还能和房主聊聊天。此外，这个地方吸引了众多当地艺术家，可能是因为它真能启发灵感吧。这里具有独特的"场所精神"，会使你恋恋不舍，再三拜访。游览期间，你可以了解很多当地的历史、商品和文化。

　　小河直街历史文化街区以小河直街为中心，沿运河、小河分布的民居和航运设施整体风貌和空间特征仍基本保存，小河直街是清末和民国初年百姓生活环境的缩影。政府在对小河直街改造之后，有很大一部分原居民重新搬回原处居住，因此，街区有原居民，有他们的原真生活形态，展现了运河人家的普通生活，这是国际访客最愿意体验的地方。其实，原杭州市旅委对此也是非常理解，所以从 2004 年开始就陆续向国际访客开放了 120 个国际访客访问点项目，包括菜市场等公共服务、工业旅游、乡村生活、社会生活、社会政治及市民生活六大类。因此，小河直街的文化遗产解说应特别聚焦在国内外访客可体验"运河人家原真生活"，可以学习宋城的"给我一天，还你千年"口号，设计"游小河直街，体验运河生活"等口号。

　　（4）大运河博物馆群整体评价

　　拱宸桥周围包括京杭大运河博物馆、刀剪剑博物馆、扇博物馆、伞博物馆、工艺美术博物馆和手工艺活态馆在内的博物馆群以其优质的基础设施、良好的服务、丰富且有特色的展示、解说和体验内容吸引了众多国际访客。截止至 2021 年 6 月 30 日，各博物馆在 www.tripadvisor.com 网站累计获得 53 条评价，其中英文评价 47 条。从具体的评论内容来看，访客对于各博物馆总体非常满意，无论是旧工厂基础上建成的博物馆本身，还是馆内丰富的陈列，抑或是馆内的纪念品商店，特别是博物馆免费开放和全天空调，无不让西方访客赞叹。相关的经典评论有：

　　原文：It represents the history and cultures of fans. Really interesting. Besides，the museum reused the plant of a cotton mill dates back to decades ago，which make it more interesting place to visit.

　　译文：扇博物馆展示了扇子的历史和文化。十分有趣。此外，博物馆由几十年前的旧杭一棉厂改造而成，这使得博物馆更有意思。

　　原文：The museum is well laid out. While not much is in English， the pictures, drawings, dioramas and models tell the history which is fairly easy to follow. Having visited Grand Canal water villages in Suzhou, Shanghai and Wuzhen this museum this has given me a much broader perception of Chinese engineering, ingenuity and the ability to get things done. The best thing is there is no admission fee.

译文:博物馆陈列良好。虽然并没有很多英文解说,但是图片、绘画、实景模型等都诉说着历史,我们很容易理解。我之前参观过苏州、上海和乌镇这几个运河边的城市,但大运河博物馆为我展示了更丰富的中国智慧和中国创造。当然,最棒的是博物馆是免费开放的。

原文:Interesting exhibits, air-conditioned, free admission. Admission is free and the museum is air-conditioned (a nice place to spend 1-2 hours on a hot summer day).

译文:有趣的陈列,全天空调,免费参观。博物馆免费开放且全天空调(是炎炎夏日花一两个小时参观的好去处)。

原文:The handicrafts area had several craftspeople and their "wares" and you could pay a small fee for the kids to make a craft. One of my boys did egg-painting, another did indigo tie-dye, and the third did seal carving. The craftspeople were very patient and seemed to enjoy engaging with my kids. It was a fun activity to do to have the kids engage with local people, too.

译文:手工艺区有几个工匠和他们的"手工品",你可以支付一小笔费用让孩子们制作手工艺品。我的一个男孩做了蛋画,另一个做了靛蓝扎染,第三个做了篆刻。工匠非常耐心,似乎喜欢与我的孩子们互动,这是让孩子们与当地人接触的有趣的活动。

此外,各博物馆有鲜明的主题,例如扇子、伞、刀、剪、剑以及大运河,访客可以学到很多知识,其中工艺美术馆也有许多体验项目,有利于了解中国文化,很适合带孩子去体验,具有教育意义。相关的经典评论有:

原文:Knives and Swords have been part of the history of China. Furthermore, the greatness of Emperors and Generals in the tumultuous history of China has been always characterized by their swords and they way they were forged. This museum is very interesting.

译文:刀和剑已成为中国历史的一部分。此外,在中国动荡的历史中,凸显皇帝和将军伟大的一个方式就是通过他们的剑以及这些剑的锻造方式。这个博物馆非常有趣。

原文:The umbrella is an important accessory for Chinese and plays an important decor in Chinese lifestyle. This museum introduces a nice historical walk around this item and I believe my family enjoyed the visit a lot.

译文:伞是中国人的重要配饰,在中国人的生活方式中起着重要的作用。这个博物馆带我们漫游了中国伞文化的历史,我的家人很享受这次参观。

原文:The 1st floor of the museum houses a hall for temporary exhibitions (there was nothing going on when I was there). The 2nd floor houses a number of masters studios, where craft-making masters demonstrate their skills. You can learn umbrella-making, fan-making, pottery, silk-weaving, wood-carving, etc. The 3rd floor houses the permanent exhibition "Hangzhou Arts and Crafts Materials", showcasing the history and techniques in 6 areas-sculpture, ceramic, embroidery, weaving, metal arts and crafts, and other folk arts and crafts. The 4th floor houses a children activity centre with classrooms and seminar rooms for craft-making lessons (pre-registration required).

译文:博物馆一楼是临时展厅(我参观时并没有展览)。二楼设有一些大师的工作室,工艺师们在此展示他们的技艺。你可以在此学习制作伞、扇、陶器,丝织品,木雕等。三楼则是长期展厅,用雕塑、陶瓷、织绣、编织、金属、民间六大版块将杭州的工艺美术娓娓道来。四楼设有一个儿童活动中心,内有教室和研讨室,作为工艺课场所(需要预注册)。

（5）手工艺活态馆外国访客体验评价

杭州手工艺活态馆于2011年建成,是一家集非遗手工体验、民间技艺表演为一体的"非遗"文化体验馆。在2012年,被联合国教科文组织授予"工艺与民间艺术之都";2018年获联合国教科文组织特别表彰并颁发荣誉证书,以表扬手工艺活态馆对中国文化的国际影响力,及其为中国大运河文化带建设所做的贡献。

来自美国的知名的海外旅游达人乔丹·泰勒在2019年7月6日在馆内讲解员的带领下,参观了活态馆,体验了一系列极具中国文化底蕴的非遗技艺项目以及民间技艺(图5-1)。她参观了微型风筝、传统织布机以及杭州西湖绸伞的制作过程,并亲自体验了油纸伞的绘制。她开玩笑道,和杭州的风筝相比,美国的风筝真是无趣。

图 5-1　美国旅游达人乔丹·泰勒参观杭州手工艺活态馆

(图片来源:https://weibo.com/2156987692/HCvUd8ySg? type = comment&sudaref = www.baidu.com#_rnd1625575125120)

来自新加坡的留学生在参观活态馆时也分享了他的感想:"我真的很喜欢活态馆的艺术性和文化性的结合。如果你想要参加雨伞绘画并且欣赏这些好看的工艺品,这会是非常有趣和引人入胜的体验"。

活态馆展现了中国传统手工艺文化和传统技艺的精髓,在传承中华文化和促进中外文化交流中起到了重要作用,在 G20 期间接待世界政要的夫人和中外记者、接待荷兰的前首相夫妇参观体验等等。

杭州运河博物馆群因为重新利用工业遗产、展品丰富多彩、展现形式生动形象,尤其是手工艺人现场展示和提供现场学习机会等原因成为国际访客热爱及乐意推荐的参观景点。这些国际访客大多数热爱历史文化(history buff)、艺术和建筑(art and architecture lover)、喜欢像本地人一样(like a local)体验杭州。杭州运河博物馆的各种历史文化和手工艺术品的生动展示带来的文化体验性,是游览西湖无法带来的感受,这也是运河博物馆群及运河文化带最吸引国际访客的亮点和特色之一,甚至可以说是吸引国际访客的"武林秘籍"。

(6)塘栖古镇整体评价

塘栖古镇是大运河边上的一个古镇,也是观光旅游的热门景点。就国际访客而言,古镇很适合家庭游玩,是周末闲逛的好去处。有的访客很喜欢古镇幽静的环境以及悠久的历史,认为这是杭州旅游的必到之处,但也有访客认为古镇不具有突出的特色并且知名度低。相关的经典评论有:

原文:Tangqi Ancient Town is a typical Jiangnan (regions south of Yangtze River) water town, resembles a small Wuzhen. White walls, black tiles, flagstones walkway, old stone arch bridges, food streets... A nice place to stroll at weekends.

译文:塘栖古镇是典型的江南(长江以南地区)水镇,类似于乌镇。白墙黑瓦、石板走道、老石拱桥、美食街道……是个周末散步的好地方。

原文:A must see in that area. Nice place to visit... The place is almost unknown to the westerners. Ancient city from the Tang Dynasty, a museum for the local history, old wooden mansions, nice little shops all around, silk town with extremely affordable silk, and much more.

译文:该地区的必游景点。是一个非常好的游玩地……这个地方几乎不为西方人所知。唐朝古城,当地历史博物馆,古老的木制宅邸,周围美丽的小商店,丝绸之城,丝绸价格非常实惠。

塘栖位于杭州市北部,距离杭州市区中心约20千米。京杭大运河穿镇而过,使其成为苏、沪、嘉、湖的水路要津,历朝历代以来,塘栖均为水上门户。塘栖始建于北宋,自元代商贾云集,蔚成大镇,明清时富甲一方,贵为“江南十大名镇”之首。光绪《唐栖志》中有着这样的记载:“迨元以后,河开矣,桥筑矣,市聚矣。”①塘栖,文化深厚,文人辈出,书香传世;文物遗产众多,广济长桥、郭璞古井、乾隆御碑、栖溪讲舍碑、太史第弄、水南庙……乾隆七下江南中三次曾到塘栖居住。塘栖镇上横跨运河的广济桥与杭州市区的拱宸桥一同列为世界文化遗产文保点。然而,于国际访客而言,塘栖确实是鲜为人知;即便国内访客也深感陌生。但是,笔者的一位朋友曾分享她第一次随她男朋友(如今的爱人)来塘栖的故事。漫步在岁月打磨过的石板街巷上,落日余晖中缓缓走过广济桥,她刹那间就爱上了这个小镇,从此更加深爱那位带她回到小镇的人……

---

① 王同.唐栖志[M].杭州:浙江摄影出版社,2006.

原来小镇的魅力是可以激发爱，包括最美的爱情。如果让我重新书写塘栖古镇的故事，重新编写塘栖的遗产解说，我一定要把这位朋友的故事放进去啊。

2. 现代国际访客对大运河文化带的体验分析——基于 Leximancer 分析法①

前面我们呈现了国际访客对运河文化带资源和文化遗产解说的具体点评，接下来我们将通过数据统计分析软件，以数字化和图表形式更加直观地呈现一些关键信息，这样我们可以更好地总结和把握国际访客对运河及运河文化解说的评价。

本章节使用计算机辅助方式进行数据分析。我们使用 Leximancer（4.0版）探索国际访客在京杭大运河杭州段重要节点的体验，重点关注其对访客行为的感知。Leximancer 是一款由澳大利亚昆士兰大学的计算机专家、心理学家、语言学家和用户共同合作开发的语义分析的可视化软件。本质上，Leximancer 利用定量的方法来分析定性的数据，它可以用于分析大量的文字文本并将分析数据以可视性较强的图表展示出来②。

Leximancer 分析过程中会同时进行概念分析（concept analysis）和相关性分析（relational analysis）。Leximancer 使用了特殊的机器运行算法来揭示文本中所使用的主要观点以及它们之间的关系③。Leximancer 算法所生成的"观点"经过专家的验证，具有很强的有效性④。Leximancer 分析最终以观点图（concept map）的形式呈现。观点图包含 3 个层次的信息："单词"（word）"观点"（concept）以及"主题"（theme）。通过检测一个单词（word）出现以及它与其他单词共同出现（co-occurrence）的频率可生成一个频率矩阵，以此为基

① 此小节参考了本人参与的吴茂英副教授课题的部分内容，课题名称为"大运河杭州段打造国际旅游目的地战略研究"。

② Smith A E and Humphreys M S. Evaluation of Unsupervised Semantic Mapping of Natural Language with Leximancer Concept Mapping［J］. Behavior Research Methods，2006，38（2）：262-279.

③ Leiximancer. Leximancermanual version 4［EB/OL］. http://www. leximancer. com/，2014-03-27.

④ Campbell C，Pitt L，Parent M and Berthon P. Understanding Consumer Conversations Around Ads in a Web 2.0 World［J］. Journal of Advertising Research. 2011，40（1）：87-102.

础 Leximancer 可以根据其本身的算法生成相关的观点(concept)。在这个过程中,Leximancer 会生成一个主题词表(thesaurus),即与每个观点相关的单词列表。

(1)Leximancer 会比较每个观点的词表,进而可以看出每个观点之间的相关性。而在最终生成的概念图中,两个观点之间距离越近,说明观点之间的相关性越高,越远,则相关性越低①。

(2)相关性较高而在图中距离较近的几个观点就会包含在同一个主题(theme)的范围之内。在最终的概念图中表现为一个一个的圆圈中包含很多的概念点。而每一个主题都是由最强的观点来命名的②。

Leximancer 分析的结果以观点图的形式呈现(图 5-2)。在图中,灰色的小点代表观点(concept),彩色的圈圈代表主题(theme)。圈圈的大小并不代表这些主题热点的重要性,相反,圈圈的颜色反映热点的重要性,越是暖色,越重要。Leximancer 观点图支持追溯每个观点(concept)与主题(theme)在原文本中的位置,方便我们准确找到支持图表的文本,进而对文本进行更深入地研究。

通过对国际访客在线评论的收集与甄选,合计 52 条评论与访客在京杭大运河杭州段的旅游休闲体验相关。就客源市场而言,有 25 名访客来自亚洲,6名访客来自北美洲,5 名访客来自欧洲,9 名访客来自大洋洲,3 名访客来自非洲,南美洲,4 条评论没有明确指明客源市场。

运用 Leximancer 软件对在线评论的文本内容进行分析,在对相关概念进行过滤合并后,共生成 24 个核心观点,5 个主题(表 5-2)。表 5-2 列举了相关系数超过 10％的核心观点。相关系数与观点的重要性成正比。其中"博物馆"("museum")是国际访客在线评论中最重要的观点,其相关系数被赋值为100％,其他观点以此为基准,进行相对计算。国际访客的在线评论提炼出的热点主题,由高到低的排序为"博物馆"("museum")"大运河"("Grand Canal")"遗产"("Heritage")"扇子"("fans")"历史"("history")"水"

---

① Campbell C, Pitt L, Parent M and Berthon P. Understanding Consumer Conversations Around Ads in a Web 2.0 World[J]. Journal of Advertising Research. 2011, 40(1):87-102. Steimel S. Mapping a History of Applied Communication Research: Themes and Concepts in the Journal of Applied Communication Research [J]. Review of Communication, 2014, 14(1):19-30.

② Pearce P L and Wu M-Y. Soft Infrastructure at Tourism Sites: Identifying Key Issues for Asian Tourism from Case Studies[J]. Tourism Recreation Research, 2015, 40(1):120-132.

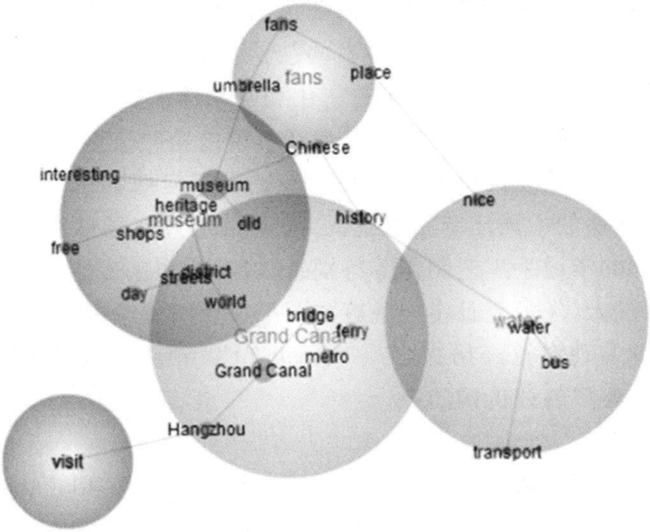

图 5-2　Leximancer 分析的结果与观点图

（"water"）"桥梁"（"bridge"）"渡船"（"ferry"）等。

表 5-2　国际访客自发评论中核心观点（相关系数＞10%）

核心观点	相关系数	核心观点	相关系数
"博物馆"（"museum"）	100%	"渡船"（"ferry"）	21%
"大运河"（"Grand Canal"）	81%	"中国的"（"Chinese"）	21%
"遗产"（"heritage"）	51%	"美妙的"（"nice"）	21%
"扇子"（"fans"）	36%	"地铁"（"metro"）	19%
"历史"（"history"）	34%	"免费的"（"free"）	19%
"杭州"（"Hangzhou"）	30%	"世界"（"world"）	18%
"参观"（"visit"）	30%	"伞"（"umbrella"）	18%
"桥梁"（"bridge"）	27%	"公交"（"bus"）	18%
"古旧的"（"old"）	27%	"一天"（"day"）	15%
"水"（"water"）	27%	"商店"（"shops"）	15%
"场地"（"place"）	27%	"交通"（"transport"）	15%
"区域"（"district"）	25%	"街道"（"streets"）	10%
"有趣的"（"interesting"）	22%		

（数据来源：http://www.tripadvisor.com）

博物馆所在圆圈是所有观点中最暖色的(图5-2),也就是最重要的观点。这点与前面国际访客的点评分析得出的结论完全一致。笔者在前面也提出,某种意义上说,游览博物馆群带来的文化和互动体验是运河文化带对国际访客的最大吸引力。这也是文化带文化遗产解说内容的重点之一。这些数据表明运河杭州段沿途最受国际访客青睐的节点是运河博物馆群,访客对这些丰富多彩、色彩斑斓的中国传统手工艺品,对手工艺人现场展示手工制作,以及访客可以体验和学习手工艺制作等特别感兴趣,认为这是他们最难忘的行程。同时,免门票进入,炎炎夏日中配备有空调等特点印象深刻。而且他们对于自己在博物馆的参观游览经历大多有"excellent""interesting""worthwhile"等正面的评价。典型的评价例如:

原文:The museums are worth visiting if you like to know about Hangzhou and Zhejiang History.

译文:如果你想了解杭州和浙江的历史,这里的博物馆是非常值得参观的。

原文:Really interesting. Besides,the museum reused the plant of a cotton mill dates back to decades ago,which make it more interesting place to visit.

译文:非常有趣! 博物馆重新利用了很多年前废弃的纺织工厂,这让它成为一个非常有趣的,值得一看的地方。

原文:All these museums have free admission and air-conditioning, and are good places to visit on a rainy day or a hot summer day.

译文:所有的博物馆都是免费开放而且有空调,这使得它们成为酷暑或雨天的绝佳去处。

此外,运河博物馆成为国际访客了解京杭大运河的一个重要窗口。而对于刀剪剑博物馆呈现出的独特地方文化,工艺美术馆美轮美奂的传统手工艺,精巧绝伦的艺术品,国际访客赞不绝口。其中最让他们感到兴趣盎然的是参观扇博物馆和手工艺活态展览馆,正如第三个主题"扇子"("fans")所概括的,典型的评价例如:

原文:Excellent museum covering the history of this important canal.

译文:这里的博物馆是如此出色,它覆盖了这条重要运河的历史。

原文：This museum in Hangzhou（the southern terminus of the canal）showcases the history，technical details and culture of the Grand Canal.

译文：这个坐落在大运河南端的博物馆展示了这里的历史，以及大运河的技术细节和文化。

原文：This museum is one of the several museums in the Gongchen Bridge district along the Grand Canal. It showcases the history and culture of fans around the world，especially in China，and is currently the only museum specializing on fans in China.

译文：这是大运河沿岸，拱宸桥一带众多博物馆中的一个，它展现了全世界扇子的文化，尤其是在中国的一部分，而且目前是中国唯一专门展出扇子及其文化的博物馆。

第三节　古代国际"访客"眼中的大运河

在全球化的今天，不同国家之间的人民交流非常频繁。正如前文所示，来运河参观浏览的各国访客也越来越多，不少访客还在 TripAdvisor 等网站上描写了浏览大运河的经历，并对运河的旅游解说提出了建议。在了解当代国际访客观点的同时，我们不妨把日光聚焦到几百年前西方来运河的一批特殊"访客"身上。那时候，普通人是无法跋涉千山万水、远渡重洋来运河旅游的。只有外国使节、探险家和传教士，他们才能有机会目睹大运河几百年前的模样。我们姑且称他们为特殊"访客"。他们通过写日记、游记和其他著作，记录了他们游览运河的经历和对运河生活的观察。

从元朝到清朝初年，多位旅行家和西方传教士到过杭州。中世纪西方四大旅行家中有三位到过杭州，他们是马可·波罗、鄂多立克和伊本·白图泰。西方传教士主要有罗儒望、郭居静、金尼阁、罗明坚、利类思、孟儒望、阳玛诺、艾儒略、卫匡国、殷铎泽等人。他们观察运河的视角非常全面，本文只选择与西方现代访客视角相关的几点进行分析，看看几百年前西方人眼中的运河与现代西方访客眼中的运河有何异同，看看现在的运河还保留了多少过去的文化记忆。

1. 运河是一条生活之河

运河是一条政治、军事、经济和文化交流之河,但运河更是一条生活之河。运河沿线人们的生活与运河息息相关。正如威廉·埃德加·盖尔(William Edgar Geil,1865—1925)记述的那样:"运河是被设计用来运输的,在乡间也被用作灌溉,偶尔它们也被用作其他各种用途。各种垃圾都倒在运河里面,洗衣服、清洗食物、养鱼,就连饮用水也是从这里获取。为了对当地居民公平起见,必须说明这些水总是放在铜壶里面烧开并沏成茶之后才加以饮用的。所以说,这些运河不仅提供肉食品,也提供饮料:因为在河里可以轻易地捕得鱼、蟹和小虾。从运河也可得到丰富的蔬菜供应。"

第一个打破女子不能长途旅行的英国女子毕晓普曾在杭州拍下一张照片。当时,住在运河边上的杭州居民们无论洗衣、淘米,还是刷马桶,都是在离家最近的一条运河里。运河与当地居民的生活亦是息息相关。

运河沿线居民的衣食住行都离不开运河,还有一群人则在运河上生活,他们就是运河上的船主。慕雅德(Moule Arthur Evans,1836—1918)也同样有详细的记录。"这些船是船主当房屋使用的,他们在船上做饭,生于斯、养于斯、死于斯;船上有他们的犬、猫,还养猪、鸭、鹅。"于他们而言,运河上的船就是他们的房子,就是他们的家。如今也还有少量船民生活在运河上,但是他们的生活大多不为人们所知,近年来浙江大学刘朝晖教授对大运河的船民进行了专题研究。

当今天国内外访客们游览运河、运河边的桥、社区和博物馆时,可曾想到运河在过去人们的生活中曾扮演了如此重要的角色?

2. 运河边神奇的习俗

拱宸桥是运河的标志景观,是运河列入世界文化遗产的文保点。当我们看到拱宸桥时,可能不会联想到过桥还有一些特别的习俗吧。比如,盖洛就注意到了杭州人民的特有习俗——城里有许多石桥横跨水面,围绕它们还有许多迷信:如桥下有船时,妇女不准过桥;还有在穿过某些哑桥的桥洞时,谁也不许说话等等。

运河中通行的船数不胜数,一般人难有具体数目。慕雅德介绍了运河上运送粮食的粮船数字的有趣习俗。还有粮船,"它们是派往各省把粮食运回朝廷的船,约有九千九百九十九艘。我经常打听,想知道为什么不加一艘,凑足一万之数？但我的询问始终没有结果，直到几年以后，当我进一步了解这个民族的风俗习惯，方做出对其原因有趣的推测。一万仅有两个中国字"一"和"万"，它丝毫不表示雄伟壮丽，既不表示在书写上，也不再读音上，其结果不足以用来体现皇船之多。因此他们从一万中减去一，变成一个堂皇气派的数字，更宜于迎合他们的虚荣和傲气，称之为九千九百九十九，与他们喜欢的数字"九"一致。中国人对"九"确实情有独钟，这个独特的中国文化心理被细心的慕雅德注意到了，不知道今天的国际访客是否也关注与船只数量有关的中国文化呢？

3. 杭州和运河的桥

现在从余杭到杭州段的运河边我们能数得上来的桥就有广济桥、运溪路桥、康桥路运河桥、昌运桥、上塘高架运河桥、北星桥、轻纺桥、拱宸桥、登云桥、大关桥、江涨桥、德胜快速路桥、老德胜桥、潮王桥、朝晖桥、青园桥、西湖文化广场桥、建北桥、环北立交桥、建北桥、朝晖路桥、城东桥、京江桥、新塘路桥、艮山西路桥、衍家桥、水湘村桥、凤起东路桥、卖鱼桥、粮泊桥、东新桥、溜水桥、施家桥、清湖桥、天水桥、盐桥、蒲桥等近四十座桥。据元明清时期外国旅行家和传教士记载，杭州城里有大小桥梁一万二千座。马可·波罗在《游记》中写道"人谓城中有大小桥梁一万二千座"。

鄂多立克在他的《鄂多立克东游录》中也提到："这个名字意为'天堂之城'……它四周足有百里……城开十二座大门。此城位于静水的礁石上，像威尼斯一样有运河。它有一万二千多座桥，每桥都驻有卫士，替大汗防守该城。城旁流过一条河。"①米列斯库曾记述："在这个城市（杭州），包括它的郊区，有无数高石桥……。整个这个地区的桥梁大概超过一万座。"②

加斯帕尔·达达克鲁斯也说："这些桥是城里的主要集市，出售各种各样吃的东西。有很多载满仓物的船只停在桥的西边，船主出售他们带来的东西。"③

难道杭州当时真的有一万二千座桥梁吗？对此卫匡国认为马可·波罗算

① 龚缨晏. 欧洲与杭州:相识之路[M]. 杭州:杭州出版社,2004.
② [罗]尼·斯·米列斯库. 蒋本良,柳凤运,译. 中国漫记[M]. 北京:中华书局,1998.
③ 陈学文. 外国人审视中的运河、西湖与明清杭州城市的发展[J]. 杭州师范学院学报(社会科学版),2002,(5):80-83.

错了,他在 1665 年出版的《中国新地图集》(Nevus Atlas Sinensis)中提到:"杭州城内外有数不清的高桥,但肯定没有马可·波罗所说的一万座那么多,估计他可能将那些模样酷似桥梁的牌楼也计算在内了。其实在描述中国的过程中,马可·波罗还犯了同样的错误,他误把老虎当成狮子,而实际上就像在亚洲其他地区一样,这里并没有狮子。不仅在杭州,整个浙江省内都有无数的桥梁和牌楼,如果都算在一起的话,马可·波罗所说的那个令人惊讶的数字,还有可能增加"。

4. 艺术史家眼中的扇子和伞

今天运河博物馆群中的扇子、伞博物馆、工艺美术馆和手工活态展览馆是国内外访客特别喜爱的运河文化参观点。扇子和伞不但是中国百姓日常生活用品,也是中国传统文化的经典符号和标志,集实用和浪漫为一体。对中国文化有一定了解的西方人士,就能理解扇子和伞在我国百姓心中的地位。

九十多年前的 1925 年,近代美国艺术史学者马尔智(Benjamin March)与其夫人于在杭州的新婚蜜月游中写道:"7 月 11 日,星期六。今天又是下雨天,午后我们到城里逛商店。尽管一周前我刚买了一对扇子,可现在我还想买一把心仪已久的竹扇,上面镂刻着竹叶,我想按照中国人的习惯,在扇子一面画上三潭印月图,另一面写上一首诗。我们一路逛到了扇子店,终于买到了我想要的那一把,另外也给道立买了一把新扇子,加上一些纸张。接着,我们又继续在其他店里搜寻,找到一把坚固而男性化的油纸伞,那可是杭州有名的,很久以前我就在期待,要是我最终来到这座城市,一定得买一把这样的伞。"

如果西方读者能阅读到马尔智这段话,他们应该更能理解中国的扇子文化和伞文化,能更好欣赏手撑油伞,跨过古桥,穿过石板巷的那种意境。也许在博物馆里,可以多准备一些相关主题的绘画等多形式作品,这些带有东方文化意境的艺术品,可以成为访客心仪的游览运河纪念品。

5. 丝绸之乡

杭州是丝绸之乡,运河也是丝绸之河,不但国内的丝绸运输依靠运河,与西方国家的丝绸贸易,也需要通过运河,才运送至有关口岸。运河两岸的乡镇也是蚕桑种植基地。

1735 年在巴黎开始出版的《中华帝国全志》,是当时欧洲人关于中国知识的总汇,其编辑者为法国的杜赫德(Jean Baptiste du Halde,1674—1743)。这部百科全书式的巨著反映了当时欧洲人对中国的典型看法。其中,书中是这样介绍杭州的:

"杭州是丝绸之乡,因为中国的丝绸主要产于此地。据说光城里就有6000名丝绸工匠。如果此言可信的话,那么其周围地区的工匠可达数十万之多。在杭城周围,以及附近的嘉兴府(Kya-hing-fu)和湖州府(Hu-chew-fu),每一个村庄无论它是多么小,都有人在从事丝绸行业。在杭州出产的丝绸中,有一种丝绸织有花色,被称为绫缎(Lin-tse),另一种丝绸平整而没有花色,被称为罗纺纱(Lau-fang-se),都是全中国最好的,并且供不应求。"

米列斯库在《中国漫记》中也提及了杭州运河的丝绸情况,文中比较详细地描述了浙丝生产情形:"有一个名叫浙江的中国省份,丝绸的产量大大超过全世界的产量,因为这里的蚕一年做两次茧。古老的书籍记载,早在1500年前,这个省就已经开始生产丝绸。这是确实的,因为其他国家都是从中国学会养蚕缫丝的,不但如此,铸造火炮、用指南针航海和印刷书籍等,欧洲人也是跟中国人学的。"

"这里的桑蚕是如此之多,以至织出来的丝绸和制作的绸缎衣服,不但够整个中华帝国穿,而且也够日本岛、菲律宾岛,甚至遥远的印度和欧洲国家穿,而且其质量优于中国其他省份,价格又便宜,在欧洲买一件衣服的钱,在这儿可以买十件。"①

这些外国人眼中的杭州和运河形象,在今天仍有意义。不同的是,几百年前,这些旅行家和传教士们不像今天的国际访客那样,期待有各种英文解说,因为那时候他们都是主动学习中文,主动用中文交流和写作。在不久的将来,相信也有更多的国际访客能用中文交流。那时候我们的文化遗产解说也将随之发生改变,因为他们对文化的展示或许会有更高的期待。

第四节　国际访客对京杭大运河文化带解说现状评价

解说是影响访客文化体验的一个重要环节,一个完善良好的解说系统可以促进国际访客了解当地的历史文化背景,深刻地体验中国的传统文化与知

---

① 陈学文.外国人审视中的运河、西湖与明清杭州城市的发展[J].杭州师范学院学报(社会科学版),2002(5):80-83.

识，并达到较好的文化输出效应。

　　2017年6月16日，来自吉尔吉斯斯坦、塔吉克斯坦、匈牙利、捷克、秘鲁、柬埔寨、缅甸、东帝汶、印度尼西亚、坦桑尼亚等13个国家的17位"一带一路"高级官员参加了每年一次的遗产宣传周，并考察了大运河杭州段的主城区景区景点、桥西历史街区博物馆群、大运河摄影展，并在杭州手工活态工艺美术馆内开展了座谈会（图5-3和图5-4）。

图5-3　作者（左）与主编（右）主持"一带一路"高级官员参加运河游览主题座谈会

　　2019年4月17日，国内外访客，其中包括来自新加坡、法国等国家的留学生一同乘船游览运河，体验运河沿线景区并在之后举办了主题座谈会（图5-5至图5-8）。座谈会围绕运河遗产解说，探讨了两大主题：一是大运河参观体验分享，二是大运河沿线景区的解说情况以及完善的建议与评价。

　　综合这两次座谈会的情况，以及第二节国际访客点评，我们把他们对运河文化遗产解说的评价和建议分为以下几点。①

1. 语言障碍与文化差异

　　国际访客存在语言障碍以及普遍缺乏对中国传统文化的了解，影响着他

―――――――

　　①　以下英文均为座谈会参会人员原文、原话实录，为保持原貌，对于语法和拼写等不做更改，特此说明。

图 5-4　主题座谈会合影

图 5-5　留学生参加运河游览主题座谈会

们在旅游过程中的文化体验。悠久的历史使得国际访客参观景区时需要许多的文化背景知识作为支撑。例如,来自新加坡的学生这样说:

图 5-6　"一带一路"高级官员参加大运河主题座谈会小组讨论(一)

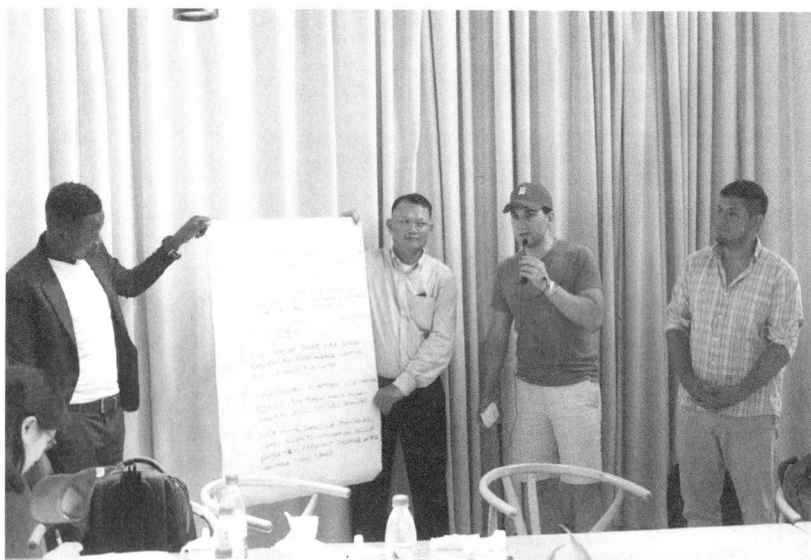

图 5-7　"一带一路"高级官员参加大运河主题座谈会小组讨论(二)

　　原文：I think one part of our tour can reveal Chinese tourism comes from lots of contextual knowledge. So let's say two thousand years of Chinese history that we are unable to appreciate. For me，I am a

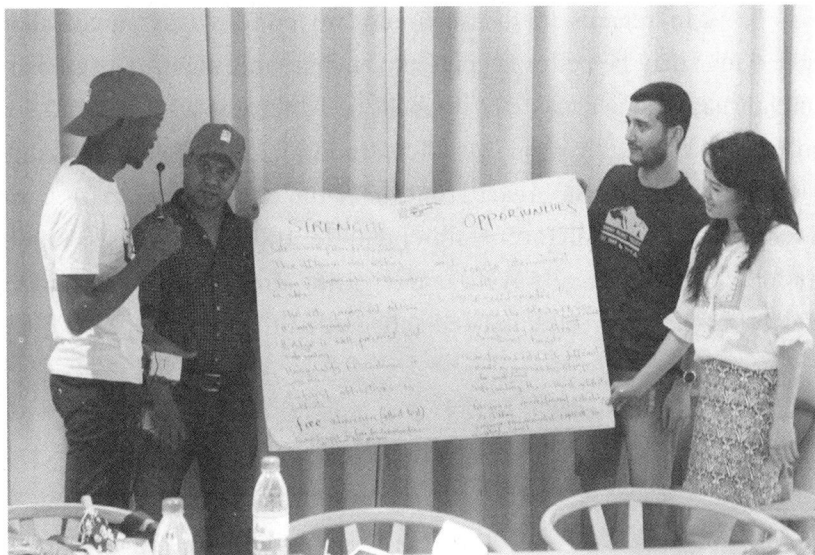

图 5-8 "一带一路"高级官员参加大运河主题座谈会小组讨论(三)

Singaporean. Singapore is only 50 years old. It's hard for me to rack around the idea of a country that exists for two thousand years and has two thousand years of history so that it's hard for me to understand already. …One thing that I think is also a problem when you see less international tourists come to China. It's not only because of the language barrier but also the barrier of really understanding the history and the culture of China.

译文:我认为来中国旅游需要大量的背景知识。可以说两千年的中国历史是我们无法欣赏的。对我来说,我是新加坡人。新加坡只有50年历史。我很难想象一个国家存在了两千年并且拥有两千年历史,因此我很难理解。……来中国旅游的国际游客比较少,我认为不仅是语言障碍,还有一个原因是存在无法真正了解中国历史和文化的障碍。

2. 多语种遗产解说的价值

国际访客偏爱自助游,更需要多语种的遗产解说。多语种遗产解说对访客体验和遗产保护至关重要,解说中的信息传递很重要,增加提高参与感与互动性的活动可以达到口头解说的效果,促进国际访客对信息内容的理解。

原文：In regards to the situation，we preferred or agreed that self-guided tour may be better keeping the circumstance tight. The circumstance and language barrier may be，it would be better just walk off and spend a bit of more time on what we understood and what we connected with each other better. But apart from that，the active participation and the interaction. Each different statement in the museum，especially the first one，worked really well at navigating around the language barrier which was helpful，and assisted self-guided tour.

译文：关于环境，我们倾向于或同意自助游可能会更好地保持和景区更紧密的联系。可能会有环境和语言障碍，最好是自己游览，花更多的时间在我们理解的东西以及那些与我们相联系的东西上。除此之外，积极参与和互动。博物馆中的每一个不同的介绍，特别是第一个介绍，可以有效地突破语言障碍，并且帮助自助游的游客们。

原文：The exhibition also should be two languages，for instance，English and Chinese. Why? because this is international world heritage site. There many people come from different places. If you like Chinese，you have to translate.

译文：展览也应该是两种语言，比如说英文和中文。为什么要这样做呢？因为这是国际世界遗产。有很多人从不同的地方来。如果你喜欢中文，你就得翻译。

原文：What a lovely way to spend an evening on a "Junk" cruise，with Chinese wooden stools and tables，and enjoying Chinese tea. Caught lovely sights of Chinese architecture along the way，and understood that it is still a very busy waterway connecting all the way to Beijing. Only negative is the commentary was all in Chinese without any English interpretation available.

译文：一边品茶，一边乘中式帆船夜游大运河，多么美妙啊！沿岸可以看到中国的老式建筑，了解到大运河如今仍是"活着"的遗产。唯一的不足之处在于景区内的中文介绍缺少英文解释。

原文：There is also a video explaining the history and development of the canal (in Mandarin).

译文：馆内提供运河历史和发展的介绍视频（但视频旁白只有中文）。

原文：Pretty interesting，but minimal English explanations.

译文：相当有趣，但缺少英文解释。

3. 不同对象的遗产解说需求选择

面对不同群体对象的不同遗产解说需求,需要制定针对性的遗产解说服务,加强对不同访客的遗产解说体验,帮助不同访客对遗产解说信息的接受、理解和沟通。

(1)更多微信扫码和语音导览

原文:The next one is to create opportunity for the tourist to scan QR Code sites. for example,to put QR code everywhere that can able to visit,and people can get more information through the QR code to access the website. And through the website,they can read more information about the culture heritage.

译文:此外,为游客创建扫描二维码的网站,比如说把二维码放在所有能够参观的地方,人们可以通过二维码进入网站获得更多的信息。而通过网站,他们可以阅读到更多关于文化传承的信息。

(2)需要专门针对小朋友和残疾人等群体的遗产解说

原文:And the last point is to create another access for the families to show this culture heritage for their children. Through this website,the children,can watch a kind of exhibition,children prepared cartoons which shows this historical heritage for especially focusing from the children ages,the young generation!

译文:而最后一点就是为家庭创造另外一个机会,为孩子展示文化传承。通过这个网站,孩子们可以观看展览或为孩子们准备的动画片,把这个历史遗产展示出来,特别要关注小孩子,关注年轻一代!

原文:And for disabled people,for example,those people who is a little bit older can't read,so they can listen the audio record. It's a kind of other kind of approach.

译文:而对于有障碍的人来说,比如说那些年纪大一点不识字的人,就可以听录音。

原文:What to improve? There are many places I'm talking, generally speaking,here because we're in other places in Hangzhou and many places don't know, do not have enough English and multi-language cartoons in the places, in the historical places. This is very easy for you because to solve the problem because you find the resources easily, and can translate the things, and even to hire more foreigners to cooperate with this thing.

译文:该怎么改进呢? 有很多地方我要讲。一般来说,在这里,杭州其他地方,或很多我们不知道的地方,没有足够的英语和多语言图片。解决这个问题是非常容易的,因为你们很容易找到资源,可以把这些材料翻译(成不同语言),甚至可以聘请更多的外国人来配合这个事情。

(3)举办更为多元的活动

原文:Also, we have to create and establish different events. Today we find that event. We have to create different and many events as possible. For instance, Olympic for grand canal, something like that. To attract and to make people attention about grand canal museum, and also safe guarding the artifacts.

译文:另外,我们要创建不同的活动。就像今天,我们要尽可能地创造不同的、更多的活动。例如,类似大运河盛会的活动,要吸引和让大家关注大运河博物馆、保护文物。

(4)加强人力资源培训

原文:...And finally, was more human resources training. We see many people that it had very good way to have to provide help, but they need more training maybe to interact more properly with, especially with foreigners, and better access to information. More information that also easy to provide for organizations or city leader has so much material, so many material resources to achieve this, and also include people from different countries in the heritage sites, and will also enrich the human resources and Information, and make it easier to tourist, especially for international tourists, to access to know all these kind of places.

译文:最后,是更多的人力资源培训。我们看到很多人有非常好的方式为游客提供帮助。但他们需要更多的培训,包括更正确的互动,特别是与外国人的互动,和更好地获得信息。需要提供更多的信息,有足够的物质资源来实现这一点,也包括来自不同国家的人在遗产地的工作人员,也将丰富人力资源和信息,并使它更方便游客,特别是国际游客了解到这些信息。

第六章　国际文化遗产解说经典案例解读

　　在文化遗产解说实践方面,有些国家和地区已经做出了较出色的实践成果,有的是形成了较为完善的遗产解说媒介系统,有的是较好地践行了文化遗产解说的重要原则,有的是根据运河规划了线性的遗产解说系统。这些成功的成果和经验能为我国的文化遗产解说尤其是大运河文化遗产带解说提供借鉴。在借鉴国际优秀案例的基础上,利用我们的技术优势和后发优势,我们可以在短时间内迅速提升我国的文化遗产解说水平。下面将按地区分别讨论一些国外优秀遗产解说案例。

第一节　亚洲地区文化遗产解说经典案例(泰国)

　　泰王国(**ราชอาณาจักรไทย**)通称泰国(**ประเทศไทย**),旧称暹罗(**สยาม**),其东临老挝和柬埔寨,南接暹罗湾和马来西亚,西靠缅甸和安达曼海,为东南亚国家联盟成员国,也是我国"一带一路"沿线国家之一。泰国堪称东南亚地区最具异国风情的国度,以佛教立国,阿瑜陀耶王朝教信仰是其文化传统的重要组成部分。该国自 13 世纪素可泰王朝(**ราชวงศ์สุโขทัย**)、大城王朝(**ราชวงศ์อยุธยา**)吞武里王朝(**ราชวงศ์ธนบุรี**)和如今的查理克王朝(**ราชวงศ์จักรี**)。每一段鼎盛王朝的历史,都与佛教的力量和影响密不可分,泰国也因此孕育了独特的建筑风格和历史文化。如今,国土面积和中国四川省面积相近的泰国已有三项文化遗产和两项自然遗产被联合国教科文组织(UNESCO)列为世界遗产。泰国独特的文化底蕴和自然风光也吸引了大量国际访客。截止至 2018 年底,根据国际旅游组织(UNWTO)统计数据,泰国入境旅游人数为 3800 万人次,排名全球第九,在亚太地区排名第二,高于日本等国家。①

国际访客的增加促使泰国着力提升其旅游服务和管理国际化水平,同时逐步完善各文化、遗产和旅游目的地的解说系统,使得对应目的地的教育功能、服务功能和使用功能得以发挥。泰国正努力构建包括居民展示、向导式解说和自导式解说在内的综合解说系统,减少访客异地游玩的障碍,以期在宣传当地特色文化的同时,给予国内外访客最佳参观体验。因此,泰国在文化遗产解说系统方面是领跑在亚洲地区前列的,尤其是在解说系统当中的解说媒介系统方面,包括丰富多样的自导式解说系统、形式多样的向导式遗产解说系统、当地居民用行动"解说"文化的居民展示。

1. 行走零障碍:丰富多样的自导式解说系统

随着自由行人数的增多和人们对旅游地文化需求的增加,自导式解说系统在访客的引导、服务和教育方面也发挥着越来越重要的作用。泰国适时逐步完善和创新自导式解说系统,使其在文化遗产旅游中能向访客清晰和直观地展示文化遗产旅游地的特征和主题,并提出观赏、游程以及解说等内容的组织安排。泰国打造包括牌示、解说手册、导游图、语音解说、多媒体放映、互联网 VR 全景等丰富多样的自导式解说系统增加了文化遗产旅游地的可进入性,从而为其文化的保存和传播助力。

(1)关注对象,以人为本的解说形式

曼谷国立博物馆(**พิพิธภัณฑสถานแห่งชาติกรุงเทพ**)是东南亚地区最大的博物馆,该场馆原为泰国皇宫二王的前宫,现对外开放,向国内外访客展出泰国特色的艺术珍品及历史文化。馆内几乎所有的藏品和指示均有泰文和英文两种语言牌示解说,且解说词也十分关注解说对象的文化背景。

案例一:泰国兰甘亨大帝碑铭解说牌示

曼谷国立博物馆主要展出泰国自史前时期至近代的艺术与考古文物,最重要的馆藏是 1292 年制作的兰甘亨大帝碑铭,被认为是泰国文字最早的书面记录,2003 年入选联合国教科文组织的"世界记忆项目"(Memory of the World Programme)名录(图 6-1)。在该碑铭的牌示解说中,除简洁、明了的标注碑铭的两种名称和发现地点外,其对于碑铭发现年代的处理充分考虑了读者的可接受性以及语言、文化和思维习惯的差异,具体表现为:

---

① UNWTO. All Countries:Inbound Tourism:Arrivals 1995-2017[C]. Tourism Statistics,2018(2).

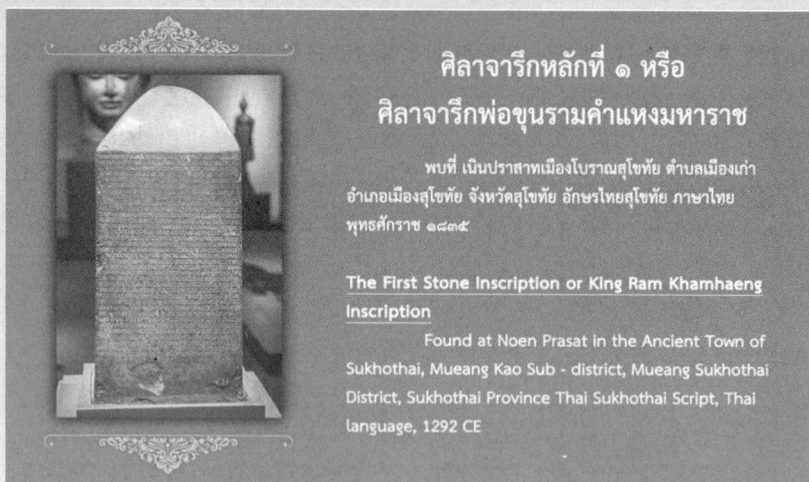

图 6-1　泰国素可泰王朝兰甘亨大帝碑铭解说牌示

（图片来源：http://www.virtualmuseum.finearts.go.th/bangkoknationalmuseums/index.php/en/）

　　泰国是一个崇尚佛教的国家，采用的是佛历纪年法，即以释迦牟尼涅槃后一年为纪元元年，比世界通用的公历早544年。因此，在泰文版的牌示解说中，有关该碑铭的发现年份用了佛历纪年的表述方法，为佛历1835年（**พุทธศักราช๑๘๓๕**）。而国际上通行的纪年体系为公元纪年法，可用C.E或A.D表示。A.D.即拉丁语"Anno Domini"（主的生年）的缩写。现代学者为了淡化其宗教色彩，确保学术的独立性以及避免非基督徒的反感而多使用公元，即C.E表示。因此，在碑文的英文翻译中，巧妙地运用了公元纪年的方法，充分考虑了读者的文化背景。

案例二：玉佛寺周围祭奠泰国九世皇专用通道牌示

　　2016年10月13日，备受泰国人民爱戴、被泰国人民视为神一般的拉玛九世普密蓬国王仙逝，这一年来泰国社会各界及国际社会都在用各种方式纪念这位伟大的君主，他的遗体2017年10月以前一直停留在大皇宫以供瞻仰，但大皇宫也因此被封锁，访客只能在玉佛寺参观。因此，在玉佛寺旁，相关管理部门也悬挂出祭奠专用的通道牌示（图6-2）。

　　其中，泰文**สำหรับผู้ที่เข้ากราบถวายบังคมพระบรมศพฯ**牌示内容为"瞻仰遗体人员专用通道"，因为所有泰国人们均知道其所瞻仰的便是泰国第九世皇帝普密蓬·阿杜德，并不需要特意注明是谁的遗体；英文牌示内容为"For person obeisance Royal remains"，即"敬拜皇家遗体人员（通道）"。这是由于包括英国在内的许多西方国家也同泰国一样实行君主立宪制,标注"皇家人员遗体"其便知晓通道用途;而中文翻译即为"祭奠九世皇灵柩专用通道",直接点出该通道是专门为祭奠泰国第九世皇帝逝世人员设置,信息表达准确、易懂。

图 6-2　玉佛寺周围祭奠泰国九世皇专用通道牌示
(图片来源:https://www.163.com/dy/article/CRN9LCG90524H6T0.html)

(2)虚实结合,以科技手段助解说

随着时代的发展,遗产地和旅游地解说的形式也随之发生改变。相较于传统的自导式解说系统,自助式的访客如今还可以通过各种媒体、电影、视频、游戏、音效、虚拟现实装置和电子屏幕等了解和感受遗产和旅游地的魅力。这种浸入式的解说形式增加了访客的感官感受和互动性,从而提升访客的参观体验。

案例三:博物馆内 4D 影厅和 360 度影厅的打造

泰国拉塔纳科辛展览馆(**นิทรรศน์รัตนโกสินทร์**)是一所讲述了整个曼谷和如今定都曼谷的查克里王朝人文历史的展馆。该展馆分为九个展区,从不同角度,运用了大量高科技技术展现了泰国的皇家文化和传统工艺,馆内几乎所有展品和解说系统均有泰文和英文两种语言,同时,该展馆还利用了仿真塑像展示,以及大量的科技手段,打造 4D 影厅和 360 度影厅,让即使语言不通的访客也能通过视觉、听觉和触觉等感官感受到泰国文化的魅力(图 6-3)。

图 6-3   拉塔纳科辛展览馆内 360 度全景影厅在播放泰国传统节庆
（图片来源：http://www.dianping.com/photos/1113621817）

2. 受众无国界：形式多样的向导式遗产解说系统

（1）生动有效的解说内容及解说方式

第一，以访客来访地文化为基础的解说方式

泰国导游或向导系统在给访客解说的过程中，时刻关注到访访客的文化背景，实现解说对象与受众之间的连接。

案例四：泰国曼谷玉佛寺玉佛像解说

玉佛寺是泰国曼谷王朝开朝时的建筑，位于泰国曼谷，其寺内供奉的玉佛由整块翠绿碧玉（翡翠）雕成，被视为泰国国宝，十分珍贵。我们在前往玉佛寺参观，寺内的志愿者导游在面对中国访客介绍时，便特意提到"1991 年泰国王室选用了一块中国青玉，并聘请北京的资深玉雕师，又督造了一尊玉佛献给王太后"，建立了访客与解说物之间的联系。玉佛有三件应季的由黄金打造的不同款式法衣。泰国的气候分为三季，即夏季（ฤดูร้อน）、雨季（ฤดูฝน）和凉季（ฤดูหนาว），每当换季的时候，泰国国王都要来玉佛寺亲自为玉佛换上新一季的法衣，以祈求风调雨顺国泰民安（见图 6-4）。寺内志愿者导游（中文）在解说时会补充有关泰国只有三季的知识点，以扫除访客的困惑。

图 6-4　曼谷寺内供奉玉佛分别在夏季、雨季和凉季穿着的金缕衣

（图片来源：Phornthip Phatana Ltd. https://visionthai. net/article/summer-season-emerald-buddha/）

第二，善于选取解说主题的意义

在向导式解说中，由于解说的对象是"人"，解说的目的不是灌输而是启发，所以解说的科学性和趣味性应结合起来，同时解说的信息应全面、连贯且通俗易懂。

案例五：拉玛五世王的雨季行宫深层次讲解

泰国拉玛五世王的雨季行宫"Phra Ram Ratchaniwet"（พระรามราชนิเวศน์），旧名"Wang Ban Puen"（วังบ้านปืน），是由德国建筑师 KarlDöhring 设计建成的，属于德国新艺术运动风格的两层式建筑。面对国际访客，行宫中有专门的英文解说人员，其解说内容具有很强的引导性，不仅提起了访客的兴趣，同时也很好地展现出该建筑与泰国之间深刻的渊源和内涵，其解说步骤及部分内容如下：

描述遗址（Describing a heritage site）"Phra Ram Ratchaniwet is commonly known as 'Wang Ban Puen' and located in Phetchaburi, approximately 120 kilometers southwest of Bangkok. The palace was built on the initiative of King Chulalongkorn（ruled 1868-1910）as his rainy season retreat. The king suffered from hay fever during the rainy seasons of Bangkok… Phra Ram Ratchaniwet"通常被称为"Wang

Ban Puen"，位于泰国曼谷西南方向约120千米的佛丕府。该宫殿是由泰国朱拉隆功国王统治期间（1868—1910）建造的雨季行宫，作为其在雨季时躲避遭受过敏性花粉热的处所……上述讲解中，解说人先将遗址地的位置和用途做简要介绍，给访客对于该地有一个大致的了解。

图6-5　国拉玛五世王的雨季行宫 Phra Ram Ratchaniwet
（图片来源：https://www.tripadvisor.cn/Attraction _ Review-g297932-d2094662-Reviews-Phra_Ram_Ratchaniwet-Phetchaburi_Phetchaburi_Province.html）

提出问题（Posing questions）"Apart from examining aesthetic and scientific values... it is essential to take into account the socio-political circumstances that coincided with this palace，especially why King Chulalongkorn selected the German architectural style. How did the king perceive the global view on 'modernisation' and apply Western architectural concepts incorporated into the traditional Siamese design? How was the Siamese and German diplomatic relations at that time? Was there any hidden agenda on foreign policy influencing the king's notions in creating this heritage site? If yes，what was it?""除了审美和科学价值……我们必须考虑到宫殿建造时所处的社会政治环境，尤其是朱拉隆功国王选择德国建筑风格的原因。当时的国王是如何理解全球对于'现代化'的看法，并决定将西方建筑概念融入传统的泰国（当时称为暹罗）建筑设计中？当时暹罗和德国的外交关系如何？是否有任何隐藏的外交政策议程影响了国王创建这个遗产地的概念？如果有，那是什么？"

上述内容给访客抛出了问题,引导访客进一步探索和思考,抓住了访客的吸引力和好奇心。

回答主要有趣的问题(Answering the main interesting questions) "With respect to the global influence of colonialism, Europe emerged as the new world order. ...Both colonial powers became a threat to Siam during the latter half of the nineteenth century... One of his diplomatic strategies was to send his children to study in various parts of Europe, notably Britain, Germany, and Russia. Subsequently, King Chulalongkorn made visits to Europe twice, in 1897 and 1907, for the sake of strengthening relations and allies with various European countries... the king made a swift change to Germany, one of the powerful nations in Europe at that time. He was especially impressed with German Kaiser Wilhelm II's sincerity, accepting unconditional agreements to Siam's request and negotiations. Furthermore, Germany had no colonisation policy in Asia... King Chulalongkorn sought to foster relations and allies with Germany. Thus, Phra Ram Ratchaniwet Palace certainly represents the cordial relationship between the Siamese king and Kaiser Wilhelm II... To the king, Western structures were symbolically used to portray the good and modernised 'image' of Siam, as unlike that of other, primitive countries in the region. Possessing various styles of architecture and international art movements demonstrated Siam's multiculturalism and strong position in foreign affairs. With his 'global views' on modernity, the king marked Siam's position in the international society as not inferior to others." "随着殖民主义在全球的影响,欧洲作为新的世界秩序而崛起……在十九世纪末期,两个殖民国家(英国和法国)都对暹罗构成了威胁……(朱拉隆功国王)他的外交策略之一是让他的孩子去欧洲各地学习,特别是英国、德国和俄罗斯。随后,朱拉隆功国王于1897年和1907年两次访问欧洲,以加强与欧洲各国的关系和盟友……国王迅速转向(投奔)当时欧洲最强大的国家——德国,且被威廉二世皇帝的诚意打动,接受了德国对暹罗的谈判和无条件协议。此外,当时德国在亚洲并没有殖民政策……朱拉隆功

> 国王希望与德国建立盟友关系，Phra Ram Ratchaniwet 行宫的建立便是表达了当时国王与德国威廉二世皇帝之间的亲密关系……与其他落后国家和地区不同的是，对于（朱拉隆功）国王来说，西方建筑被象征性地用来描绘暹罗的优秀和现代'形象'。拥有多元化的建筑风格和国际化的艺术运动证明了暹罗在国际事务中具有多元文化和强势地位。基于朱拉隆功国王现代性的"全球视角"，其认为暹罗在国际地位上并不逊于其他国家。"

根据学者蒂尔登·弗里曼（Tilden Freeman）所提出的解说的原则，解说内容因是一个完整的故事，而不应只是一个片段。上述解说内容从该建筑的背景出发，描述其时代的背景和建造的深层缘由，不仅生动有趣的解答了之前提出的疑问，同时拓展了该建筑当时及如今对于泰国的意义，使得解说的层次更为深刻。

> 明确重要或具有意义的内容（Identifying the important or meaningful idea）"Being fascinated by the Kaiser's palace in Germany, King Chulalongkorn manifested his 'global views' of civilisation and modernisation through the Jugendstil architectural style at Phra Ram Ratchanivej... As Siam was integrated into the new world order led by the 'West' during the nineteenth century..." "朱拉隆功国王着迷于德国恺撒（君主）宫殿，通过在 Phra Ram Ratchaniwet 宫殿中应用新艺术运动风格的建筑特点来体现其文明化和现代化的全球视角。暹罗融入了十九世纪由'西方'领导的社会秩序……"

上述解说词通过对该建筑意义的深入挖掘，丰富了访客的知识体系，也赋予了建筑更深刻的时代价值。①

因此，在解说主题的选取上，解说者应利用已有的信息资源与主题建立有意义的联系，选取一些具有意义的主题，以此激发访客的思考和想象力，同时使得解说更具规范性。同时，善用引导的方式，从浅入深，从访客可观视的表象逐步引入其背后的意义解说。

（2）线上开放式的智慧平台解说系统

智慧旅游视角下的旅游解说系统打破了传统意义上的人工解说模式，利用移动云计算、互联网等新技术，借助便携终端网络设备，使访客获得旅游相

① Sompong A N. Creating a Deep Heritage Interpretation: A Case Study in Thailand[J]. Tourism, 2013, 61(1): 73-80.

关信息,实现现代自助导游,完成文化遗产旅游地地图查询搜索、游览线路规划、线路选择和景点自助讲解等功能。简单地说,就是访客与景区通过现代技术实时互动,让导览处于"触摸时代"。

案例六:曼谷国立博物馆智慧导览平台

不仅曼谷国立博物馆,曼谷许多其他博物馆都拥有智慧导览平台。这些平台利用现代技术,将博物馆场景、展品扫描至智慧平台,泰国国内外的访客均可通过平台进入之中,自主选择泰、英语言讲解模式,360度无死角游览智慧平台中的博物馆展品,也可自主查看任何陈列展品的牌示信息和文本解说信息。

访客进入导览界面后,可自主选择解说语音,同时可点击鼠标指引方向进入任何一个开放的展品陈列处(图6-6)。除语音解说导览外,访客还可点击展品前的牌示查看展品的基本信息(图6-7)。相比与线下观看展览,访客智慧平台中还可以360度旋转查看(图6-8)。此外,博物馆内重要展品的信息访客可通过扫描平台界面的二维码获得,解说信息同样有泰文和英文两种语言,对于不了解两种语言的访客,也可通过翻译软件辅助理解,极大提高了泰国文化传播的受众面(图6-9和图6-10)。

图6-6　曼谷国立博物馆智慧平台导览界面

(图片来源:http://www.virtualmuseum.finearts.go.th/bangkoknationalmuseums/360/siwamok-eng.html)

图 6-7　曼谷国立博物馆中陈列的观音半身像

（图片来源：http://www.virtualmuseum.finearts.go.th/bangkoknationalmuseums/360/
siwamok-eng.html）

图 6-8　曼谷国立博物馆中佛像多角度图片

（图片来源：http://www.virtualmuseum.finearts.go.th/bangkoknationalmuseums/
index.php/en/hilight.html）

图 6-9　展品解说文本信息二维码

(图片来源：http://www.virtualmuseum.finearts.go.th/bangkoknationalmuseums/
index.php/en/hilight.html)

　　当然，除了线上智慧平台解说系统外，泰国国立博物馆中也会提供服务于访客的泰文解说及英文解说人员。除此之外，每周不同时间还安排不同语种的志愿者参与到博物馆的解说之中。例如，每周三和周四有通晓泰国艺术和历史文化以及法语、德语、日语的志愿者为访客提供解说。

3. 文化无围墙：当地居民用行动"解说"文化

　　文化遗产是超越了时空，向现代人展示地方历史文化的承载物，遗产地的一切资源形成了访客前往参观的核心吸引物，尤其包括常常被忽略的当地居民。居民与他所生活的地方相知相融，是地方文化长期演变的体现者。因此，从功能上讲，他们既是文化遗产内容的重要组成部分，又在以自己的一言一行传播着地方文化，可以说只有地方居民的文化展现才能让访客感受游憩，体验到原真性。

Kandhararatna

Gold plated bronze

73.5 cm. high with base, 23.5 cm. lap wide

ca. 25th century BE.

Kandhararatha Buddha image was a statue of a plenty. Created as the Buddha image used to pray for rainfall in the ceremonial rain (Pirunsartra) and the Royal Ploughing Ceremony for propitious to the ceremony inspire rainy season crops fertile soil fertility. Kandhararatha Buddha created by the stories in Phra Sutantaphidok Scriptures, Khuttaka denomination, Akanibat allegory as the title Mutcha Chadok allegory told tha Once the Lord Buddha hermitage at Chet Wanaram, Anathapindika millionaire's place near Sravasti City. Then caused drought and ground parched in Koson region. Bokkoranee pool which as a Buddhist consumption was evaporated until seen mire. Fish have great difficulty With the Ravens came and ate. Then Lord Buddha came for alms, therefore He had compassion. After meal, He was Wear the clothing made with the tip fabric side and brace other tip to cover his shoulder. He stood at edge of the pool ladder, Act to cleansing ablutions. The right hand beckoning rain, the left hand way towards the west and the rain fell in abundance which should be submerged in the flood everywhere with the Buddhist power.

Later time, the King in Kantararatha Town heard this story, He had veneration and ordered to created Buddha in symptoms to pour water into implied like that called rain On the year that drought, which was invited to the statue to worship rain that the rain fell as wish. Later the Buddhists statue symptoms like that and called the image that "Kantararatha Buddha" because of Kantararatha a city prototype originally.

His Majesty King Chulalongkorn, King Rama III ordered to created Kantararatha Buddha cause there was telling that in royal birth year as drought damaged crops in the fields on early year. When he was born, Immediately the rain according in the Royal Palace untill flooded as fantastic. His Majesty King Mongkut, King Rama IV, so please give him to be a ceremonial duties of rain still he was young cause he was the glory of the rain so remarked to take "Kantararatha Buddha" to Kingchulalongkorn's Royal personality Buddha images by asting a seated Buddha statue symptoms to called rain as the ancient statue

In 1910, please create "Kantararatha Buddha" in standing statue according the text with Akanibat allegory by ordered to Mr.Alfonso Tornarelli, Italian artisan to mold Rainfull Buddha statue standing posture Imitated Indian art in Kantararatha style as a Buddhist art prosper in the north of India in a land where the Greeks had occupied. There was aesthetic beauty of the Greek – Roman, upswept hair was knot without glory The body was humanely as showing muscles, Striped robe looks like a natural, standing on the lotus base at the steps of BokKoranee Pool. There were 3 floor staircase, pillars and backboard that decorate with a Mother Earth squeezed bun and Naga man (Naga incarnate) that mean to water and plenty. His right hand raised in manner beck, turn left hand at the waist filled with rainfall. The face looked lifted up above that symptoms like call the rain.

Kantararatha Buddha was an important historical and artistic traditions in the reign of King Rama V cause shown the popularity of the changing artistic ideal, a realist the virtual nature stores include prosperity for the ceremonial significance of the house permitting the abundance of the kingdom and citizens

พระพุทธรูปคันธารราฐ

คันธาระ

สำริด กะไหล่ทอง

สูงพร้อมฐาน 73.5 เซนติเมตร ฐานกว้าง 23.5 เซนติเมตร

พุทธศตวรรษที่ 25

พระพุทธรูปคันธารราฐ เป็นพระพุทธรูปอำนวยความอุดมสมบูรณ์ สร้างขึ้นเป็นพระในพระราชพิธีพิรุณศาสตร์ (พรุณศาสตร์) และงานพระราชพิธีพืชมงคล เพื่อความเป็นพระราชพิธี อำนวยให้ฝนตกต้องตามฤดูกาล พื้นดินอุดม พืชพันธุ์ธัญญาหารบริบูรณ์

พระพุทธรูปคันธารราฐ สร้างขึ้นโดยอาศัยเรื่องอันมีมาในพระสุตตันตปิฎก ขุททกนิกาย เรื่องมัจฉชาดก กล่าวว่า ครั้งพระผู้มีพระภาคทรงอาศัยสมัยสัมพุทธเจ้าเสด็จจำเซตวนารามของอนาถบิณฑิกเศรษฐี ใกล้กรุงสาวัตถี ครั้งนั้นเกิดฝนแล้ง พื้นแผ่นดินแห้งผาก จนถึงสระโบกขรณีที่เคยเป็นพุทธอุปโภคก็เหือดแห้งจนเห็นตม ปลาทั้งหลายลำบาก ด้วยฝูงกาจิกกิน ขณะนั้นพระผู้มีพระภาคเจ้าเสด็จบิณฑบาต เห็นเหตุดังนั้น กรุณา เมื่อเสด็จกลับมาท่าบาตรก็เสด็จ ก็ตรัสเรียกนายอุทกสาคูก (ผ้าชุบสรง) มาถวาย ทูลว่าน้ำในสระแห้งเสียหลายวันแล้ว พระองค์ก็ตรัสเรียกน้ำอุทกสาคูก พระอามาถวาย พระองค์ทรงรับผ้ามา ทรงนุ่งด้วยชายผ้าข้างหนึ่ง อีกข้างหนึ่งตะพัดขึ้นห่มเสด็จยืนที่บันไดขอบสระโบกขรณี แสดงอาการชำระสรงสนาน พระหัตถ์ขวากวักเรียกชำระรับน้ำฝน ทันใดนั้นมหาเมฆก็ตั้งขึ้นทางทิศประจิม และฝนก็ตกลงมาเป็นอันซึ่งควรจะชังน้ำทุกแห่ง ด้วยพุทธานุภาพ ภายหลังพระองค์แสดงในพิมพ์ธรรมอันเรื่องพระพุทธที่ทรงบันดาลให้ฝนตกลงใหญ่ ก็ทรงเลื่อมใส ตรัสสั่งให้สร้างพระพุทธดังจะสรงน้ำเป็นนัยเรียกเช่นนั้น เมื่อได้ไปนั้นแล้วก็ให้เชิญพระปฏิมานั้นมาตั้งบูชาเป็นประสงค์ ในชั้นหลังมามีพุทธศาสนิกชนสร้างพระพุทธรูปมีอาการเช่นนั้นต่อมา จึงพุทธรูปทรงสรงนานดังกล่าวว่า "พระพุทธคันธารราฐ" เพราะเหตุที่สร้างขึ้นในเมืองนั้นเป็นต้นแบบมาแต่เดิมมา

พระบาทสมเด็จพระจุลจอมเกล้าเจ้าอยู่หัว รัชกาลที่ 5 โปรดให้สร้างพระพุทธคันธารราฐ พระพุทธรูปประจำพระชนมพรรษา โดยเหตุที่กล่าวกันว่า เมื่อปีเถาะบุญยอหกอันเป็นปีต้นปีฝนแล้ง ข้าวในนาเสียหายมาก เมื่อพระประสูติ ในทันใดนั้นฝนตกหนักมาก ตามชานมหาราชวังมีน้ำท่วมถึงเข่า เป็นอัศจรรย์ พระบาทสมเด็จพระจอมเกล้าเจ้าอยู่หัว จึงพระองค์มีพระหน้าที่ประกอบการพระราชพิธีอธิษฐานฝนแต่ยังทรงพระเยาว์ ด้วยทรงเป็นสิริ จึงโปรดให้ใช้พระคันธารราฐเป็นพระประจำพระชนมพรรษาของพระองค์ โดยหล่อนั่งชอบนัย อาการทรงสรงตามแบบที่มีมาแต่โบราณ

ต่อมาเมื่อ พ.ศ. 2453 (ค.ศ. 1910) โปรดให้สร้างพระพุทธคันธารราฐยืน ตามนัยเอกนิบาต โดยโปรดให้นายอัลฟอนโซ ทอร์นาเรลลี (Alfonso Tornarelli) ช่างชาวพระพุทธรูปปฏิมายืนปางขอฝน เลียนแบบศิลปะอินเดียอย่างยืนคันธารราฐ อันเป็นพุทธทางทิศตะวันตกเฉียงเหนือของอินเดีย ในดินแดนที่ชาวกรีกเคยครอบครองเป็นไทยตามสุนทรียภาพของกรีก – โรมัน พระพักตร์เป็นแบบเทพเจ้ากรีก เกล้าเกศาเป็นมุ่นรัศมี พระวรกายแสดงกล้ามเนื้ออย่างมนุษย์ และเจ้าเป็นริ้วห่มดาลตามแบบธรรมชาติ ยืนดอกบัว เหนือชั้นบันไดขอบสระโบกขรณี ทำขึ้นบันได 3 ชั้น มีเสาและพนัก ประดับด้วยธรณีนิมุงมุ่น และรูปนาคมุนยา (นาคแปลง) มีความหมายถึงน้ำ และความอุดมพระหัตถ์ขวายก กิริยากวัก พระหัตถ์ซ้ายขวาของรับน้ำฝนตรงนั้นพระองค์ พระพั

图 6-10　泰国镀金青铜解说文本（左为英文，右为泰文）

（图片来源：http://www.virtualmuseum.finearts.go.th/bangkoknationalmuseums/index.php/en/hilight.html）

案例七：泰国运河文化——安帕瓦水上市场（ตลาดน้ำอัมพวา）

　　世界上许多古老民族在陆路运输还不发达的年代，都以水运为主，并逐渐自然形成了水上市场。安帕瓦是泰国 18 世纪以来湄南河上最大的传统水上社区。过去，该社区的商业和农业活动十分繁荣，同时也是泰国首都曼谷各类物资和商品的主要来源地。当地居民住宅大多依水而建，当地具有丰富的文化遗产，包括有形的建筑、纪念碑、壁画、手工艺品以及无形的表演、音乐、生活方式等，均反映了当地居民与水的密切关系。

　　尽管如今水路渐渐被陆路所取代,但泰国当地居民仍旧保存着利用小船装载小量货品,农产品集中交易的水上市场模式①(图6-11)。每天清晨六点,依旧有和尚划船前来布施,倘若访客想参与布施,只需要在早晨六点前,坐在运河两旁房屋边上,和尚便会划船靠近屋子(图6-12)。布施前,当地居民会告知访客布施时候的一些禁忌(例如女生不可接触和尚的身体,不可穿裙子等),让访客真正了解和感受当地的文化。因此,尽管有大量国际访客前往安帕瓦社区和安帕瓦水上市场,但当地的居民与访客仍能共享这份悠闲生活,用自身行动让当地文化延续(图6-13)。

图6-11　泰国安帕瓦水上市场

(图片来源:https://youimg1.c-ctrip.com/target/100r0b0000005amrk6EC4.jpg)

　　上述泰国安帕瓦水上市场的案例中,尽管安帕瓦社区处于不断发展之中,但仍保留了特定历史阶段的典型代表的空间结构,能够反映这个时期(特定文化)的典型特征,而且这种空间结构是灵动的,不仅包括了古建筑、文物史迹,还包括了活动的人及其所传承的文化,属于"活态遗产",这些正是该社区和运河文化的核心及价值体现。因此,原住居民就是当地活态的遗产,和访客"述说"着该地区的文化。

---

　　① Silapacharanan S. Amphawa Cultural Heritage Interpretation,Thailand[EB/OL].https://www.researchgatenet/publication/261925410,2010.

图 6-12　清晨附近和尚乘船布施

（图片来源：https：//mp. weixin. qq. com/s? src ＝ 3&timestamp ＝ 1625625364&ver ＝ 1&signature ＝ CPZ6m4jMuqF4esLymWV8UxOWqNWRB-f3FfLOEW8vbXOAhBsI254mxAHjGT8JKxMPuTOG-kdfOFH3bvaToCARe0dnnU1llT-3COBvD42eX3wBHS ＊ mPllxL2H ＊ gsfC66OHh6b8p5uJpARql YaQiOOjlw＝＝）

图 6-13　水上市场住宅和游客民宿

（图片来源：http：//m. bala. cc/lvyougonglue/8008. html）

案例八：世界文化遗产——阿瑜陀耶历史公园（อุทยานประวัติศาสตร์พระนครศรีอยุธยา）

1438年素可泰王朝灭亡后，泰国在1450年进入阿瑜陀耶王朝（也称为大城王朝）。在该王朝经历的417年时间里，其独特的历史和文明遗迹，至今仍被视为昔日辉煌的象征。该王朝的历史遗迹阿瑜陀耶历史公园（也称为大城历史公园）于1991年被联合国教科文组织列入《世界遗产名录》。有趣的是，泰国人民为庆祝大城历史公园被列为世界遗产，每年的12月13日—19日，连续七天在大城历史公园内举办"世界遗产地庆典"活动。节庆期间，所有参加节庆活动的人都必须穿着泰国传统服饰，同时有各种舞台秀、美食街、文化展以及展会。大城人民用热闹的庆典以重现当年的辉煌岁月，让访客仿佛感受到置身于大城王朝的鼎盛时期，深刻感受"阿瑜陀耶"意为"不可破灭之城"的内涵（图6-14和图6-15）。

与传统文化表演不同的是，在阿瑜陀耶举办的"世界遗产地庆典"活动地点即为昔日阿瑜陀耶王朝的王宫遗址，参与表演的人员也为当地居民，让人感受到置身于那个时期的历史王朝中，穿着当时的服饰，感受当时的文化。当地居民自身向访客述说着古老的故事。

图6-14　阿瑜陀耶"世界遗产地庆典"现场表演

（图片来源：http://amdada.com/city/tg/news.php? id＝123477）

图 6-15 阿瑜陀耶"世界遗产地庆典"参与者身着泰国传统服饰
（图片来源：http://amdada.com/city/tg/news.php？id＝123477）

第二节 大洋洲地区文化遗产解说经典案例（澳大利亚）

澳大利亚联邦（Commonwealth of Australia），是大洋洲中国土面积最大的独立国家，四面环海，位于南半球，很少与其他大洲相连，保持着独立和完整的自然环境，拥有独特的自然风光和动植物资源。同时，澳大利亚是一个多元文化的移民国家，被喻为"民族的拼盘"，除了原本的土著民族之外，自英国移民开发这一块神秘的大陆之后，先后有来自 120 个国家和地区的 140 个民族的移民来此谋生和发展。多民族的多元文化之间必定会产生跨文化的交流，而澳大利亚较好地处理了跨文化的文化冲突和文化排斥，并将多元文化保存下来，形成了世界遗产。在澳大利亚建国不到 300 年的历史中，其世界遗产共有 20 项（其中自然遗产 12 项、文化遗产 4 项、文化与自然混合遗产 4 项）数量居世界第 14 位，这样的成就难能可贵。不仅如此，澳大利亚还充分地利用文化遗产解说的原则来科学地设计遗产解说，保证了跨文化的文化遗产解说中对解说对象的保护和展示以及对解说受众的教育和服务。而澳大利亚设计遗产解说的原则是根据本文第一张所提及蒂尔登的六大原则而展开的七个遗产解说原则，本文下面对这七个原则选取了七个案例进行剖析。

（1）遗产解说原则一：解说需要和访客的个性或经验发生关联

1957 年，弗里曼·蒂尔登在其著作《解说我们的遗产》（*Interpreting Our Heritage*）中指出，解说的六大原则之一即"解说需要和访客的个性或经验发生关联"。也就是说，解说内容必须能够将解说主体与游客生活和经验联系起来。对于一个历史文化遗产而言，情景式解说的目的不仅是引发和保持访客对解说主体的兴趣，同时也能够深化访客的主观感受和引起访客共鸣。

案例一：澳大利亚堪培拉金宁德拉村(Ginninderra)铁匠铺

澳大利亚金宁德拉村铁匠铺是一个小型的现已废弃的建筑，位于澳大利亚堪培拉的市郊，建于 1860 年。在 19 世纪 60 年代至 20 世纪 40 年代年间，许许多多的铁匠在该建筑内为金宁德拉村以及周边的农场和社区提供相关服务。因此，铁匠铺在当时是十分重要的场所。在众多铁匠之中，一个名为哈里·柯伦(Harry Curran)的铁匠自 1891 从业至 1949 年退休，在长达 60 年的时间里，他都在该这建筑内开展他的铁匠铺生意。哈里不仅是澳大利亚首都领地(Australian Capital Territory, ACT)最后一名全职铁匠，也是澳大利亚年纪最大的专业铁匠。在哈里退休后，铁匠铺就再也没有被使用过。

利用传统的解说方式解说该历史遗址一般会从以下两方面入手：首先，概述金宁德拉村区域的历史；其次，介绍该历史遗产的基本情况。包括该遗产的建设、改造、和运营的时间，以及其对堪培拉早期发展的意义。这些内容在解说中固然具有重要意义，但若单纯的罗列事实信息，访客不仅会感觉乏味，也难以建立处于铁匠铺中的"我"与历史中的"他"之间的联系。

针对上述情况，澳大利亚国民信托组织(National Trust of Australia)的一名考古学家就想出了一个既简单又巧妙的解说方法，该方法同样适用于儿童和成人。这里不得不插一段有趣的小故事。考古学家在研究该历史遗迹的内部时，经过了一天劳累的工作，站在窗前一个当时铁匠主要开展工作的工作台边休息。这时，考古学家的脚无意中轻轻地滑到了工作台下泥地的凹陷处。考古学家清理掉凹陷处面上薄薄的灰尘，惊奇地发现他所处的凹陷是由于哈里铁匠在工作台上日日夜夜辛勤劳作而留下的脚印。考古学家将自己的脚置于凹陷的地方，伸手向前试图触碰工作台上方，即当时铁匠在用完工具后可以便捷地将工具存放在工作台上方的皮革套里的位置（尽管如今已经被移除）。但不得不承认，他只有在使劲向前伸展后才能够触碰到放置工具的皮革套，因此，他猜测，铁匠哈里是一个十分高大的男人。最后，从照片上证实，哈里确实是一个十分高大的男人。

　　　　访客与铁匠哈里之间"身体"上的联系,也使得解说过程充满生机。解说人员引导访客去寻找铁匠哈里留下的凹陷脚印。儿童可以伸展他们的双脚,试图从工作台的窗口张望,并从这一举动中获得乐趣。成年人也可以参与到这个有意思的活动中来,帮助他们的孩子完成这个"取工具"的动作。就这一个小小的举动,让整个遗产地变得活跃起来,使得访客很好地"再现"了工作台的作用和工作场景,又让整个参与过程充满生机。

　　在上述案例中,能够有效建立起解说主体与访客之间联系的方式之一是构建一个访客与该物理空间之间联系的场景,从而让访客体验到自身与空间里曾经居住过的人物之间产生一种关联。这样不仅能够将文化遗产的信息传递给访客,使访客形成信息认知系统,传递期望的感情和态度,达到寓教于乐的效果。同时,在这个过程中,访客与文化遗产近距离接触,可以充分调动其视觉、听觉、触觉等感官,从而达到良性互动的目的。让解说主体中的"他"与现实中的"我"产生某种联系,从而让解说达到更好的效果。

　　(2)遗产解说原则二:解说应在提供事实信息的基础上,揭示出解说主体更深层和更广泛的意义和场景

　　无论是对于物质文化遗产还是非物质文化遗产的解说,都要建立在一定的研究调查的事实信息的基础上展开。然而,遗产解说而非只是事实信息的罗列陈述。有效的解说可将访客置于过去的场景之中,利用信息建立起访客与文化遗产地或文化符号之间情感上的联系,从而增加访客对过去文化或历史场景的理解。

案例二:加里波利之战中澳新军团登陆地

　　澳新军团即澳大利亚和新西兰军团(Australian and New Zealand Army Corps,ANZAC),起初指 1915 年 4 月 25 日在土耳其加里波利半岛登陆作战的澳大利亚和新西兰陆军官兵,后泛指任何在第一次世界大战中参加战斗的澳新士兵。1915 年,澳新军团在土耳其的爱琴海湾的加里波利登岸,但由于导航错误致军团在原定地点一英里以北登陆。军队本来预期的海滩和小坡,意外地变成陡崖之底,位置十分不利。与欧洲军队不同的是,澳新军团中的战士多数是由志愿者组成,面临悬崖峭壁和敌军强大的火力点,澳新军团仍然英勇顽强,不怕牺牲,一战到底。解说人员在解说这段历史时,采用了模拟情景方法,将访客带回到了战争发生的现场:

　　　•角色扮演,创设情景在开展解说之前,讲解人员让访客将自己想象成一个年轻的澳大利亚或新西兰士兵,大家由于不同的原因加入澳

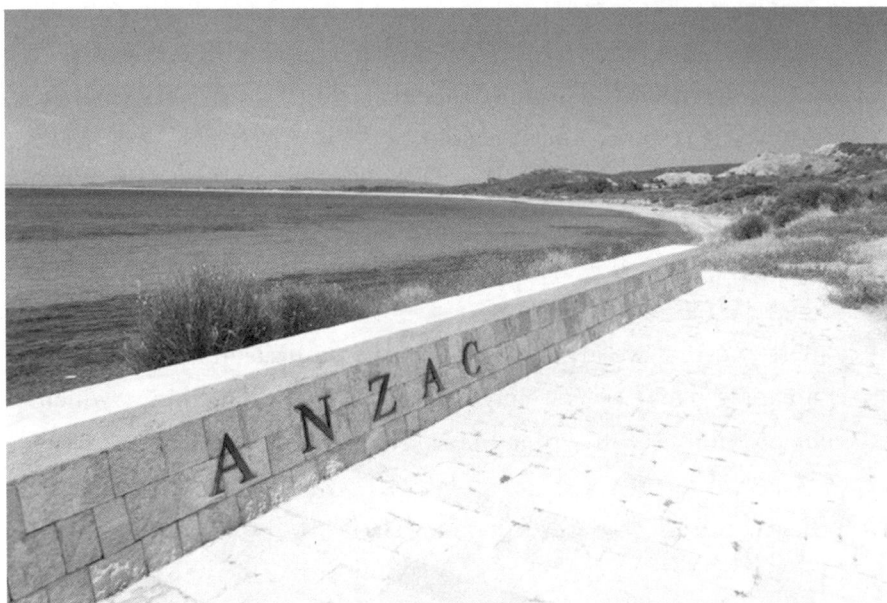

图 6-16　加里波利之战中澳新军团登陆地点
（图片来源：http://www.bxwgo.com/news/36300.html）

新军团，成为军团中的一员。"Imagine you are a young man and you are standing on the quarterdeck of a large British battleship rubbing shoulders in a crowded group of your comrades. You are aged in your early twenties, or perhaps you are a bit older or younger. You are likely to be from one of the major cities as most of your fellow comrades, but you may be from the country areas—small towns or farms... You have joined the armed forces of your country to fight in this war for many reasons-some out of a sense of patriotic duty, others out of a desire and curiosity to travel across the other side of the world, and others for a sense of adventure. ""想象一下，你是一个年轻人，你正站在一个庞大的英国战列舰的四分卫甲板上，与战友们相互拥挤着。你的年龄在二十出头，或二十岁左右。你很可能和大多数战友来自同一个城市，你也可能来自乡村地区——小城镇或农场，或来自一个较富裕的家庭……你因为多种原因选择加入了这场战斗——一些人是出于爱国，另一些人是出于前往世界另一端旅行的渴望和好奇心，也有一些人是为了感受冒险。"

　　•置身情境，情感联结随后，解说人员将"澳新军团"的成员们带入当时开展战争的地方，让其感觉自身如同正在赶赴战场的军人。"You are crowded onto the deck of this huge ship… it is very early in the morning, it is dark, and it is cold…""你与战友们挤在这艘巨大船只的甲板上……这是一个黎明前的早晨，天很黑，也很冷……细节的描写让访客仿佛感受到 1915 年 4 月 25 日那天澳新军团的军人们进入海岸时的情境，从而与历史产生情感联结。接着，澳新军团的成员们在甲板上听到了军队少将慷慨激昂的声音""It is necessary you should understand that we are to carry out a most difficult operation. There is no going back… You may get orders to do something, which, in your position, seems wrong and perhaps a mad enterprise…""我们必须清楚地认识到，这是一个十分艰难的抉择，我们没有退路……你们可能会收到做某些事情的命令，这些计划在你们看来可能是错误的，甚至有些疯狂……"这些话语让访客真切体会到了作为一名士兵的使命和精神，以及视死如归的精神。

　　•现场讲解，深入释义有了前期的铺垫，访客与解说地之间已经建立了很好的情感联结，这时候讲解人员再将访客带入与历史相关的实地遗产地中，向访客介绍该地在战争中的角色和意义，则使得访客更能体会到其中的深层内涵。

在上述案例中，相较于直接列举有关战争的数据和年份以及意义等事实信息，讲解人员在到达遗产地之前给访客营造的场景，构建了访客与遗产地之间的情感联结，从而让访客能够更好地从自身的情感出发主动形成对遗产地更深刻、更真实的理解。

（3）遗产解说原则三：解说应该以故事的形式呈现，让访客获得愉悦感，以及提高访客的兴趣。解说的故事应该能够拓宽访客的视野，从而使得访客能够以更为广阔的视角思考该解说对象

正如遗产解说定义所阐释的那样，解说是要将历史信息传递给访客。传递信息的方式有很多种，基于事实信息最终以故事呈现的解说也是其中一种形式。有效的解说可以利用视觉效果，以及与解说对象历史文化相关的艺术及音乐的形式呈现。这种方式不仅仅能够实现历史信息的有效传递，还能给处于解说情境中的访客带来极大的愉悦感，唤起访客对于解说对象中的人物和文化之间的情感联系。

案例三：纳玛吉国家公园 Yankee Hat 原住民岩石艺术遗址

Yankee Hat 原住民岩石艺术遗址位于澳大利亚北部的纳玛吉国家公园内。该公园是 21000 多年前恩古那瓦人（Ngunnawal）留下的露营地、祭祀石阵和岩画遗址。Yankee Hat 有一系列坚硬的黑色花岗岩巨石，巨石上的图画以当地动物为主，有袋鼠、野狗和乌龟，当然也包括一些抽象的数字在岩石的表面。导游在讲解该岩石艺术遗址时，旨在从考古学，原住民以及艺术三个方面阐释该遗址的意义，具体做法如下：

图 6-17　堪培拉 Yankee Hat 原住民恩古那瓦岩石艺术

（图片来源：https://www.tripadvisor.com/Attraction_Review-g255057-d258707-Reviews-Namadgi_National_Park-Canberra_Australian_Capital_Territory.html）

当地的讲解人员面向访客，以岩石艺术为幕布，在岩石艺术遗址前演奏着随身带着的一根迪吉里杜管（澳洲土著人的乐器），而访客都坐在直面岩石艺术遗址的巨大扁平石上倾听。以凹面的艺术岩石为幕布的场景就像一个天然的演奏厅，古老的迪吉里杜管萦绕在访客耳畔。

在上述案例中，人们在古老的迪吉里杜管声的熏陶下，仿佛回到了恩古那瓦居住在这里的年代，人们听着管声叙述着古老的故事，身临其境，从而获得了极为良好的体验。访客在听解说的过程中，除了接收来自视觉的信息外，还接收到从听觉传达到信息，使得故事性更为完整。

（4）遗产解说原则四：解说所呈现的主题或内容应该尽量完整，使得访客接收到的信息具有整体感

一个好的解说会使得访客在离开解说主体后脑海中仍留下完整的图像，而不只是许多重要信息的机械记忆。甚至是访客会在了解其价值的基础上主动建立与解说主体的情感，从而主动去思考该遗产应如何更好地保存。但解说人员往往也会遇到这样的困惑，即在尽可能更全面更完整地讲述整个遗产地和专门针对某个遗址更详尽的描述中难以抉择，前者显然需要花费更多的时间。而下面案例中的解说人员就用了一个巧妙的解说方式解决了这一问题。

案例四：在芒戈湖发现的澳大利亚最早的人类化石

澳大利亚最早的人类化石发现于新南威尔士西部干涸的蒙戈湖中，有一男一女两具骨骼，被称为"芒戈湖女士"和"芒戈湖男士"，定年在 42000 年前。除两具骨骼外，其实整个芒戈湖都是世界文化遗产，但访客往往在该地方停留的时间并不长，只有 1 小时左右。那么，如何才能更好更全面地展开解说呢？

解说人员从男女骨骼的特征出发，由此引出整个人们居住在芒戈湖年代的生活图景。"在 42000 年前，芒戈湖女士过世时，她的家人们都来哀悼她。她们将芒戈湖女士火化后剩下骸骨埋葬起来。而芒戈湖男士过世时则不一样，家人们并没有将他火化，而是把他的下臂和双手交叉放在他的背上埋葬起来。在用沙子将他埋葬之前，人们还将代赭石撒在了他身上。从芒戈湖男士的骨骼上看，他在年轻时候就没了牙齿下排的两颗小尖牙，他的臼齿被划伤和磨损，可能是因为吃了过硬的食物，他的骨头也向前倾，特别是在右肘，可能是由于使用澳洲土人用以发射矛箭或标枪的一种器具来发射矛箭。同时，在这片海域埋葬的还有大量的水生生物，例如，作为当时主要食物的鱼类、贝壳类和甲壳类动物；还有来自海岸和内陆的有袋动物；来自湖泊周围和林地中的陆地鸟类。"如今，芒戈湖早已干涸，"湖盆"里长着草和灌丛，但几万年前却是真正的湖。湖岸的沙丘上埋有土著人的遗骨化石、烧火的灰烬和吃剩的鱼骨和贝壳，都"讲述"着芒戈湖当时的丰富。他们的墓葬是特殊的，仪式化的，同时，体现出一种来世的精神，体现出当时的人们将这片土地视为自己的一部分。

从上述案例可以看出，尽管解说人员并没有详细解说芒戈湖地区的地质、地貌和生物类型，但其通过编织一个 42000 年前的故事，刻画了一个完全不同与今天人们生活的图景，呈现了整个遗产地完整的信息内容和主题，让访客对于那个时代的生活状态有了更为饱满的认识。

图 6-18　芒戈湖男士遗骸
（图片来源：http://www.abc.net.au）

（5）遗产解说原则五：针对儿童或青少年的解说不应是成人解说的简单版本，而应该用完全不同与成人的解说方法和思路

儿童与成人有着不同的看世界的角度。根据伦敦大学最新的一项研究表明，12 岁以下的儿童无法像成人一样把所有的感知信息结合起来感受这个世界。对于儿童而言，不仅仅是感觉、视觉和听觉与成人不同，就连他们用单眼和双眼看世界时得到的感觉也会有所不同。因此，针对儿童的解说需要有不同于成人解说的方法和思路。

案例五：波莉伍德赛德铁质帆船的典型代表——三桅帆船

波利伍德赛德（Polly Woodside）帆船是成千上万的商船之一，为十九世纪末蓬勃发展的国际贸易而建造，是浪漫时代帆船的遗迹。该船于 1885 年建于贝尔法斯特，被称为"有史以来在贝尔法斯特建造的最漂亮的酒窖"，船以威廉伍德赛德的妻子名字波利命名。为了保护澳大利亚的航海遗产，人们精心修复了波利伍德赛德帆船，并作为学生校外研学的一个重要基地。因此，维多利亚国民托管组织（National Trust of Victoria）分别针对 1～6 岁儿童和 7～8 及以上儿童开展了不同于成人的解说活动，让儿童体验到快乐的同时，不仅了解了航海时代的文化，也结合学校学习的内容，形成了知识的迁移和拓展。

图 6-19　波利伍德赛德帆船

（图片来源：https://www. visitmelbourne. com/regions/melbourne/things-to-do/
history-and-heritage/maritime-history/polly-woodside）

　　针对 1～6 岁儿童。针对低龄儿童的解说，主要以体验式学习为主，让儿童通过体验的方式习得。儿童可以通过一系列的动手的活动，体验船员们的工作和生活，例如，如何使用绞盘停靠船只①、敲响船钟、拖帆、擦洗甲板、做舵手以及像船员一样住在甲板室的铺位里。这种解说方式给予儿童一种互动式的体验，让他们作为帆船一部分的船员体验到当时船员的生活和工作状态以及内容。

　　针对 7～8 及以上儿童。相比于 1～6 岁儿童，7 岁以上儿童已经接受了小学教育，对于数学概念和技术有所了解。因此，针对该年龄段儿童的讲解，可以结合学校教育，让儿童学会在体验和参观过程中学会运用所学知识。它旨在让学生使用波利伍德赛德帆船参与数学方面的实践，并探索海上工作中的数学。该计划的重点是让学生了解三角形和几何形状、面积、周长和体积以及不同测量单位系统之间的关系。因此，前往该帆船参观的学生会被布置一个任务，即计算帆船三角形和长方形帆的面积，以及估算货舱的储存空间。

---

　　①　注：绞盘与锚机不同，锚机在船的前面，上面配套锚链和锚，而绞盘大多是在船的后两侧，主要作用是，当船靠码头而码头上没有带缆绳的人，那么船上的人就要把缆绳抛到码头上的锚桩上，用绞盘把船拉到码头边，作用是靠码头使用的。

图 6-20　儿童在体验波利伍德赛德帆船上船员生活

（图片来源：https://www.sohu.com/a/114648310_409821）

在上述案例中，针对1～6岁儿童，根据儿童的年龄特点，整个过程更注重体验和互动性。同时，针对学龄儿童，它又提供了一种有趣但实用的应用数学方法，使学生能够理解和巩固他们在课堂上学到的数学概念。因此，针对儿童的解说要根据儿童的年龄和接受程度，运用完全不同于成人的解说方式，才能真正达到育人的效果。

（6）遗产解说原则六：每个历史遗迹或遗产都有其历史独特性，解说应该让过去的历史变得鲜活，从而使得当下更有趣，未来更有意义

案例六：加里波利战斗参战士兵埋葬墓地——孤松公墓

孤松公墓是为埋葬第一次世界大战加利波利战役中孤松之战的士兵遗体而建，尽管孤松公墓和孤松纪念碑坐落在土耳其，但也是澳新军团故事中不可或缺的一部分，是澳大利亚国家灵魂中十分重要的一部分。整个解说可以从阅读参与战役的士兵的日记开始，从质朴的语言中感受战争时期的场景。

图 6-21　孤松公墓

（图片来源：https://anzacday.tours/tour/3-day-anzac-day-tour-24th-april/）

"We got to our positions about 4pm and the artillery commenced bombarding the Turkish trenches and they returned the compliment and the crash and scream of shells was deafening for a little over an hour, the smell of explosives was very strong and the suspense of waiting tried our nerves. I was nervous I can tell you and put up many a prayer for courage. I bet others did also." "我们在下午 4 点左右到达了我们的阵地，炮兵开始轰炸土耳其战壕，在长达一个多小时的时间里，炮弹的撞击和尖叫震耳欲聋。炮弹爆炸后浓烟滚滚，等待的焦虑磨炼着我们的神经。坦白说，我很紧张，我不得不为了勇气而祈祷。我打赌其他人也做了。"

"After 5pm the officers were all there with watch in hand calling 3 minutes to go, 2 minutes to go, 1 minute to go, half a minute to go and three shrill blasts of a whistle. Out scramble the boys from advanced line up through holes in the ground, the trench being a tunnel. Over the parapet to go the 2nd Battalion and we are close behind. I will never forget that picture; I was well up with the rest racing like mad, all nervousness gone now. This shrapnel falling as thick as hail, many a good man went down here although I never noticed it at the time." "下午 5 点以后，军官们手持手表倒数着，3 分钟、2 分钟、1 分钟、半分钟接着便是 3 声刺耳的哨声。战友们排成一排爬过地面上的洞穴，穿过战壕的隧道。我们紧随其后，翻过胸墙（战壕前做掩护作用）到达第二营。我永远不会忘记当时的场景；我很开心，当时的竞赛就十分疯狂，但现在所有的紧张都消失了。这个弹片像冰雹一样厚，许多人都去了这里，虽然我当时没有注意到弹片如此可怕。"

写日记的士兵在孤松战役中受伤后在医院康复,但两年后在法国被杀。在上述案例中,利用在战争发生现场的士兵日记的方式呈现历史,使得历史变得细腻而鲜活。尽管文字朴实无华,却能很好地呈现了战争时期人们的思想情感和场景,时刻牵动着访客的心弦,唤起访客的共鸣和情感。当年轻的访客读完这段记述时,也不禁为当时战士的精神所感染和赞许。这一刻,战役中的士兵与今天的这一代人仿佛有了一种微妙的联系。随着年轻一代对记述的进一步深入理解和情感联结,也使得澳新军团的故事得以在后代中进一步延续。

(7)遗产解说原则七:科技的创新和发展使得世界能够以一种新的方式向人们呈现,但科技的应用也要以人性化的设置为前提

博物馆作为当地历史文化遗产集中呈现和知识传播的重要场所,也越来越注重与科技手段的融合。如今,博物馆解说普遍借用平板、MP3、智能手机或网站等媒介或平台搭建交互式的解说系统。这种解说方式灵活度更高,访客使用便携设备自行游览,不仅可以自由控制游览的时间,对于博物馆来说,也能更快和更低成本的更新解说的内容,使其更为完善。

案例七:"开拓者"电子便携设备技术在博物馆解说中的发开和应用

西澳大利亚州国民托管组织与伊迪丝·考恩学院的研究与创新办公室合作,利用开拓者(Trailblazer)技术进一步开发电子便携设备。该联合项将根据澳大利亚国家课程,在半岛农场历史遗址地区,以天鹅河殖民地为主题搭建一个可以提供综合学习活动的平台。开拓者技术主要利用移动设备的 GPS 功能以及照相功能。

用户需要在移动装置中安装一个应用程序,该应用程序将包含了增强现实体验架构的开拓者技术服务器。该程序的开放主要面向两个群体,一个是访客,而另一个是作者。作者通过访问开拓者服务器以创建一种体验。访客通过使用提供给他们的移动智能手机或平板电脑或便携设备,可以选择他们的体验偏好,然后根据设备所建议的路线和计划行走。

游客可以拍摄他们感兴趣的景色,例如绘画或家具,并接收覆盖在图像上的其他虚拟内容。虚拟内容可以包括书面文本、图像、视频和录制的画外音,如同看起来是实际场景的一部分的 3D 物体一样立体。

该应用如果完全发展的话还有以下功能。第一,提供更多与解说对象相关的信息以及遗产地相关的历史背景。第二,提供这些信息的直接链接,以满足澳大利亚课程的需要;第三,通过 VR 技术让历史和已经消失的遗迹复原。

第三节　欧洲地区文化遗产解说经典案例（意大利、奥地利）

　　欧洲，全称欧罗巴洲（Europe）是诞生出许多在人类史上璀璨的文明，其古希腊文明、古罗马文明、中世纪文明、近代工业文明等等，使得这一地区在近现代的科学研究、文化经济、社会管理等领域上都处于全球领先的地位。在世界遗产保护方面，该地区的观念和实践也是走在世界的前列。欧洲的 41 个国家共有 367 项世界遗产（其中文化遗产多达 327 项、自然遗产 33 项、文化与自然双重遗产 7 项），该地区的世界遗产解说的案例，本章仅选取代表古罗马文明的意大利哈德良别墅与代表多瑙河文明的奥地利的维也纳阿尔贝蒂娜博物馆、维也纳音乐之家博物馆作为解说的案例分析。

1. 案例介绍

（1）意大利哈德良别墅

　　哈德良别墅（Villa Adriana）（125—134 年）是 2 世纪罗马皇帝哈德良在蒂沃利建造的别墅，被认为是罗马帝国的富裕和优雅在建筑上的集中体现，占地约 18 平方千米，为皇家花园城市。建筑物随地形起伏布置，包括浴场及附属建筑、图书馆、雕塑园、剧场、室外餐厅、厅榭和住宅。哈德良别墅融合古埃及、古希腊、古罗马的建筑风格。哈德良别墅遗迹，在 1999 年被联合国教育科学文化组织列入世界文化遗产名录。

（2）维也纳阿尔贝蒂娜博物馆

　　阿尔贝蒂娜博物馆位于维也纳历史悠久的中心区域，融合了皇室建筑风格并具有浓厚的艺术特色。其前身是宏伟的哈布斯堡宫殿，现在为享有国际地位的艺术博物馆。从 15 世纪至当代，该博物馆举办的各类展览展出了许多杰出艺术品，向人们展示了从法国印象派到近代的约 150 年艺术史上最令人兴奋的章节。阿尔贝蒂娜的绘画展品达百万幅，是世界上最大和最重要的绘画展之一，其展出了从 1400 年到现代期间丢勒、米开朗琪罗、伦勃朗、席勒和克里姆特的众多大师杰作。而在博物馆内有 20 间完全修复的贵族豪华房间，配备有珍贵的原始家具，令人回忆起哈布斯堡时代的住宅和其代表性文化，被视作欧洲最美丽的古典宫殿之一。

（3）维也纳音乐之家博物馆

坐落在维也纳的音乐之家博物馆在历史上是查尔斯大公（Archduque Charles）的皇宫。在这里，借助于现代多媒体技术的应用，访客可以聆听所有自然界的声音，追溯声音的起源，探究声音是如何产生的，又如何被人们应用并改变。也能走近诸位音乐大师，了解其生平经历和著名作品。解说与访客的个性与经验高度关联。弗里曼·蒂尔登在 1957 年提出的"遗产解说六原则"至今被奉为经典，六项原则的第一条是："解说需要与游客的个性或经验发生关联"。

2. 解说原则与案例分析

（1）解说与访客的个性与经验高度关联

与本章的第二小节的第一个解说原则一样，解说需要与访客的个性与经验产生关联，甚至是要求高度关联。在解说这一活动符合访客的文化个性与人生经验相关联的时候，解说才更好地激起访客的情感共鸣，传递解说信息，实现服务功能。

案例一：

在维也纳音乐之家博物馆介绍贝多芬的展厅内，陈列着这样一排听筒，当访客看完贝多芬的生平介绍移步到这一陈设处时，就会走近逐一聆听。听筒的高度和听筒内声音的音量都是从左到右递减。博物馆用这样的设置让访客用自己的耳朵感觉到音量的渐弱，模拟出贝多芬晚年逐渐失聪时对外界声音感知的变化。相较于仅仅告诉访客贝多芬晚年失聪这一经历，这种方式更能激发访客的共感，因为其与访客自身的听觉和生活体验高度关联。身体健全的人很难真正体验到双耳失聪的感觉，但是这种解说方式给访客创造了模拟体验的机会，从而加深其对贝多芬的经历的共感（图 6-22）。

案例二：

在维也纳爱乐乐团的展厅内，有一个地方非常受访客欢迎，各个年龄层的游客都排起长队体验，那就是爱乐乐团指挥体验台。当访客站上指挥台，挥动指挥棒时，屏幕中爱乐乐团演奏的音乐的旋律和节奏会根据访客手中指挥棒挥舞的幅度和频率相应变化。专业人士可根据指挥台旁放置的乐谱挥舞指挥棒，当音乐跟着访客的节奏响起时，即可体验成为一名瞩目的爱乐乐团指挥家的感受。非专业人士也大可根据自己的感觉来挥舞，乐曲依然会随着指挥而变化，形成访客的私人订制版本。如此一来，一千个访客就有一千种乐曲,不同的个性和经验都能在乐曲中得以彰显体现,形成访客的独特体验,访客也得以生动地感受到指挥家的魔力以及乐队指挥的专业性。

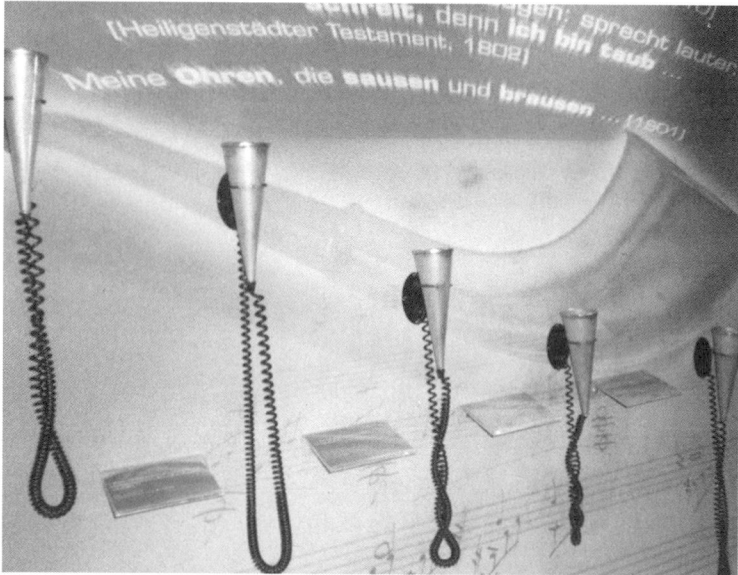

图 6-22　音乐之家博物馆贝多芬展厅听筒

(图片来源:https://www.tripadvisor.cn/Attraction_Review-g190454-d192281-)

图 6-23　爱乐乐团模拟指挥台

(图片来源:https://www.sohu.com/a/225380484_383703)

音乐之家博物馆这种注重与访客互动,通过各类交互式体验彰显访客个性的解说也彰显了其展示理念:注重访客与音乐的生动互动,探索理解音乐的全新方式。而这种展示也得到了国际社会的认同,墨西哥就借鉴了此种理念。

（2）解说过程注重启发,而非灌输

解说的目的并非信息的堆积和灌输,而应注重启发读者,能引起其自身的共鸣和思考。

案例一:

在维也纳音乐之家博物馆内,有很多世界知名乐曲的介绍,但在访客走近展厅之前,最先映入眼帘的不是对各类音乐作品,各时期作者的详细介绍展示,而是先提供高性能的耳机,让访客可以静下心来聆听不同的音乐（图6-24）。戴上耳机,选择喜欢的CD,静静欣赏,对音乐的体悟就会在缓慢的细致的聆听中产生。以自己的感受做基础,用耳朵去评判,再通过后续介绍深化自己的理解,正如赫伯特·巴特林纳（Herbert Batliner）所倡导的。而非先用解说中标准的审美标准抑或是艺术教科书来给眼睛和耳朵设限。这样更有利于访客获得启发。

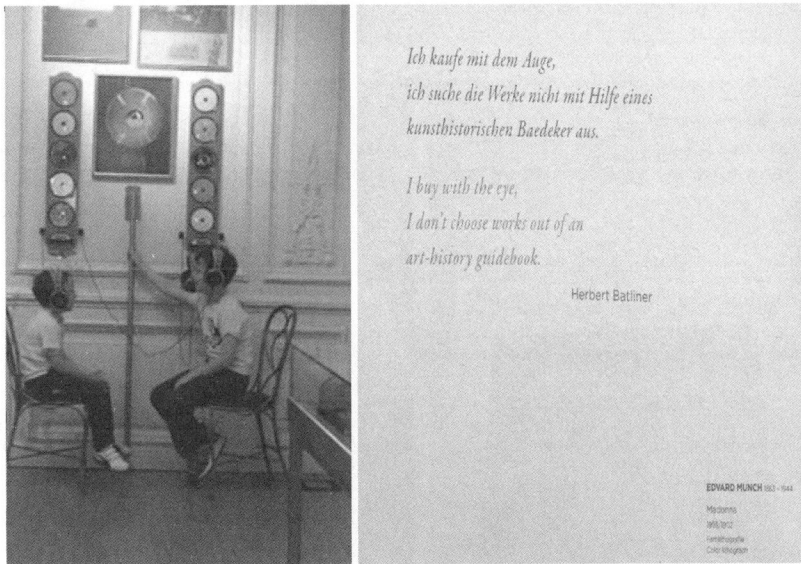

Ich kaufe mit dem Auge,
ich suche die Werke nicht mit Hilfe eines
kunsthistorischen Baedeker aus.

I buy with the eye,
I don't choose works out of an
art-history guidebook.

Herbert Batliner

EDVARD MUNCH 1863 - 1944
Madonna
1895/1902
Farblithographie
Color lithograph

图6-24　音乐之家博物馆随处可见的耳机

（图片来源:https://www.tripadvisor.cn/Attraction_Review-g190454-d192281-）

同样的在介绍莫扎特谱曲的歌剧《魔笛》之前,也是在模拟舞台前放置了耳机,让访客自己去聆听,用自己的耳朵来欣赏和判断。

（3）解说综合考虑各类人群需求，提供人性化、定制化服务

弗里曼·蒂尔登的"遗产解说六原则"的其中一项是：对12岁以下的儿童做讲解，其方法不应是稀释对成人解说的内容，而是要有根本上完全不同的方法。这就要求对低龄群体提供定制化的服务，而不能仅对成人解说系统做出简单调整，而应有适应这一群体接受方式的解说形式。此外，解说所服务的群体也不能仅限于身体健全人士，也应充分考虑残障人士的需求，提供人性化的服务。

案例一：

维也纳美景宫博物馆中，奥地利象征主义画家克林姆特（Gustav Klimt）的代表画作《吻》吸引了很多访客驻足观赏。《吻》是象征主义代表作品，被广泛视为20世纪早期的经典之作，其鲜明特点在于画家在传统油画上覆盖金箔，让画作的现代感更加突出。画作的左边是为盲人提供的参观台，台面放置的是《吻》的3D模型，模型中人物部分非常立体，而画中加入金箔的部分也严格按照原画中的比例突出显示。参观台的抽屉里则是盲文文字解说。结合文字解说，失明的访客可以通过抚摸3D模型辨别画作中相拥的恋人，并了解金箔作画的具体位置。此类针对残障人士的人性化服务为这类群体打开了欣赏艺术的大门，也降低了艺术对于残障群体的门槛（图6-25）。

图6-25　维也纳美景宫画作《吻》旁设置的盲文解说

案例二:

维也纳音乐之家博物馆中,有很多针对 12 岁以下儿童的定制服务。针对具有基本音乐素养的成人,博物馆在多个展厅都提供耳机和 CD 供成年人自己选择欣赏。但是这一方式对不具有音乐素养的儿童却并不适用。于是博物馆针对儿童这一群体,专门设置了游戏的形式(图 6-26),来播放乐曲:儿童将手放在感应器前,推一下屏幕中模拟的骰子,骰子的号码就是即将播放的音乐的号码。如此一来,既让儿童参与互动,也能让他们欣赏到自己选中的乐曲。以趣味的定制选择形式代替了缺乏基本音乐素养时的盲目选择,非常受儿童和家长的欢迎。

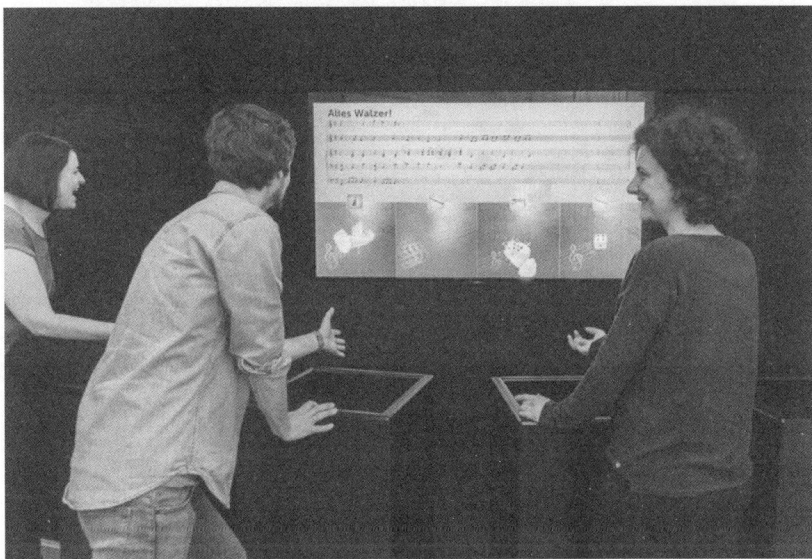

图 6-26　音乐之家博物馆儿童丢骰子选乐曲设施

(图片来源:https://www.tripadvisor.cn/Attraction_Review-g190454-d192281-)

在莫扎特,贝多芬和舒伯特等音乐家的展厅内,还为儿童设置有"魔法镜",当儿童坐在凳子前做出各种表情时,镜中音乐家的表情也会随之同步变化。增强了儿童游览的趣味性,并能有助于形成这一群体对音乐家形象的初步印象(图 6-27)。

此外,博物馆内部还设置有台阶琴键,当儿童用力踏台阶时,台阶对应的音符就会响起,同时响起的"琴键"还会亮起。这一设置吸引了很多儿童来互动体验(图 6-28)。

(4)构建解说反馈评价机制

访客对解说的反馈意见对完善解说系统,增强访客体验至关重要。国内

图 6-27　音乐之家"魔法镜"

图 6-28　音乐之家台阶琴键

（图片来源：https://www.tripadvisor.cn/Attraction_Review-g190454-d192281-）

常见的收集意见的方式较为传统,大多为意见收集箱,抑或是提供接纳批评意见的联系邮箱。这些都非即时方式,很少有访客愿意拿起笔写建议或者费心记下联系方式提供意见,因而往往形同虚设。而维也纳音乐之家博物馆临近出口处的数台设备则采用电子方式收集,优秀的交互设计首先吸引访客驻足,便利的问卷触摸选择方式也非常节省时间,屏幕下方的进度条则可提示访客问卷只有数个问题,很快即可结束。如此一来,愿意参与反馈信息收集的访客比例将得到有效提升,有利于持续优化解说系统(图 6-29)。

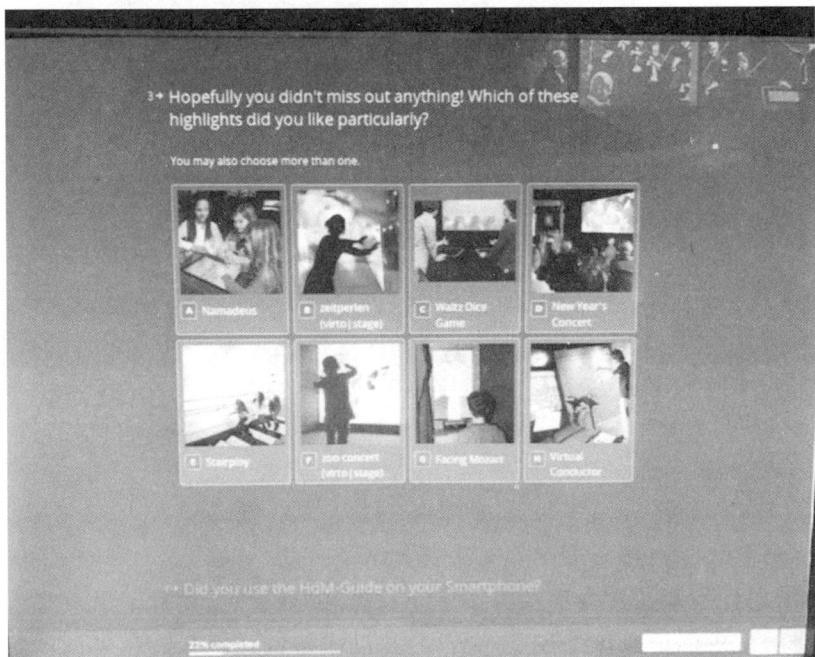

图 6-29　音乐之家访客反馈信息采集

(5)自助语音导览系统串联各个景点,科学编码提高遗产解说效率

运用自助语音导览系统,将各个景点串联起来,形成一个主题鲜明,体系完整的解说系统,同时科学的编码能够更有效地提取信息关键词,精准把握解说受众的需求,避免冗杂的解说信息堆积,尽可能将简洁明了的解说关键信息传达给受众,提高遗产解说的效率(图 6-30 和图 6-31)。

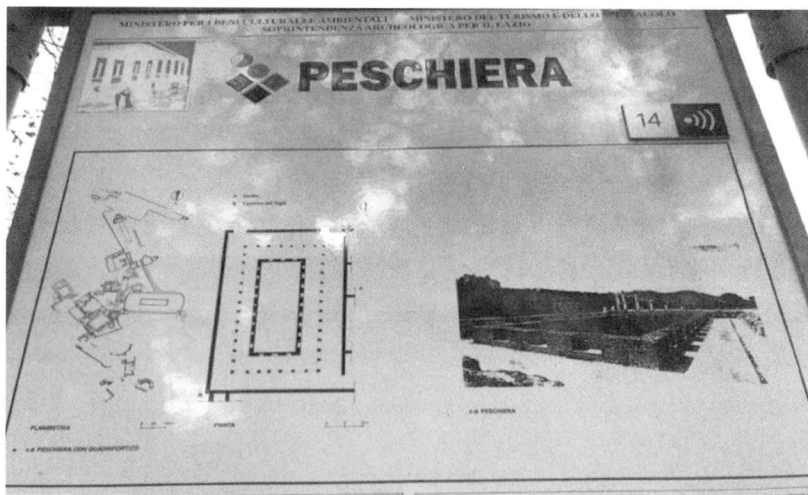

图 6-30　哈德良别墅内部导览

案例一：

　　哈德良别墅（Villa Adriana）（125—134 年）是 2 世纪罗马皇帝哈德良在蒂沃利建造的别墅，被认为是罗马帝国的富裕和优雅在建筑上的集中体现。占地约 18 平方千米，为皇家花园城市。建筑物随地形起伏布置，包括浴场及附属建筑、图书馆、雕塑园、剧场、室外餐厅、厅榭和住宅。哈德良别墅融合古埃及、古希腊、古罗马的建筑风格。哈德良别墅遗迹在 1999 年被联合国教育科学文化组织列入世界文化遗产名录。

　　在哈德良别墅遗迹内部共分布大小总计 36 处景点，在每个景点都设有讲解牌，讲解牌中标记有该处景点的数字，自助游览的访客只需在自助语音导览系统讲解机上输入数字，即可直接转到讲解页面。自助语音导览系统可以提供五种语言的解说，包括意大利语，英语，法语，德语和西班牙语。作为世界通用语的英语加上其他四种语言，基本可以覆盖各个文化背景的访客。且讲解牌就设在其对应的景点附近，其功能类似于指路牌，当访客行至于此，看到讲解牌上醒目的数字，就可完成自助语音导览系统中的迅速切换，然后在景点前边听语音导览，边自主参观，而不必站在讲解牌前费力看完所有介绍，然后再去参观，从而避免了解说知识的获取和实地视觉信息获取之间的时间滞后。

图 6-31　哈德良别墅提供自助语音导览系统讲解机

案例二：

在维也纳阿尔贝蒂娜博物馆中，绘画展厅的各幅画作配有文字解说和语音导览。文字解说部分主要分两个部分，第一个部分鲜明的标记此幅画的名称，作者及创作时间。第二部分则是简略的绘画背景介绍。而与简略的文字解说形成对比的是如同听广播剧一般信息丰富，氛围浓厚的语音导览，访客只需在屏幕按下各幅画作或者各个房间对应的号码，语音解说随即开始（图 6-32）。

（6）线上交互式解说系统帮助访客拓宽加深背景知识

线上交互式解说媒介可以通过文字、图片、动画视频等多媒体给解说受众呈现出大量的解说信息，受众可以根据自身需要来拓宽加深对解说对象的认知，增强解说体验。

图 6-32　阿尔贝蒂娜博物馆绘画展语音导览数字标记

（图片来源：https://www.tripadvisor.cn/Attraction_Review-g190454-d244507-）

案例一：

　　哈德良别墅设立有线上交互式的解说系统，（网址为 http://www.villa-adriana.net/）免费向所有访客开放。网站共有英语和意大利语两个版本可供访客选择。在网页的 sitemap 栏目中，访客可根据需要选择别墅遗迹的某一区域，呈现在眼前的就是标记有各个景点序号的交互地图，只需按需要点击任一序号，就能看到该序号景点的图文并茂的介绍。而同样的在 plastic model 中选择相应的序号，则出现的是将遗迹复原之后的模型，这将能帮助访客对哈德良别墅遗迹建立起更为直观和具象的印象（图 6-33 至图 6-35）。

　　除此之外，该网站还按照不同主题将遗产解说有机分割，将庞杂的背景知识系统化，并还将景区的特色之处单独列出，形成专题，包括建筑艺术，考古研究等不同领域。如 Opus Sectile Repertoire 是古罗马和中世纪罗马时期盛行的一种艺术形式，其特点为用几何艺术形式装点花岗岩或玻璃地板或墙面，而此构成了哈德良别墅的一大特色，于是在导览中单独列出形成 Opus Sectile Repertoire 专栏。专栏中以图片的形式详细介绍了这种艺术的不同模式。如此一来，解说信息在覆盖全面的同时，也抓住遗产特色的资源和信息进行深挖，兼顾了广度和深度。

　　该交互式网站还将一些相关多媒体资源整合，拓展了解说信息的外延，并有助于引导访客拓展背景知识。比如哈德良别墅考古相关的影视记录，社交媒体上的简短介绍视频等都被整合到了 movie 专栏。而各类媒体关于哈德良别墅的报道，考古进展以及观光向导信息相关网站都整合到了相关链接（links）专栏之中（图 6-36）。

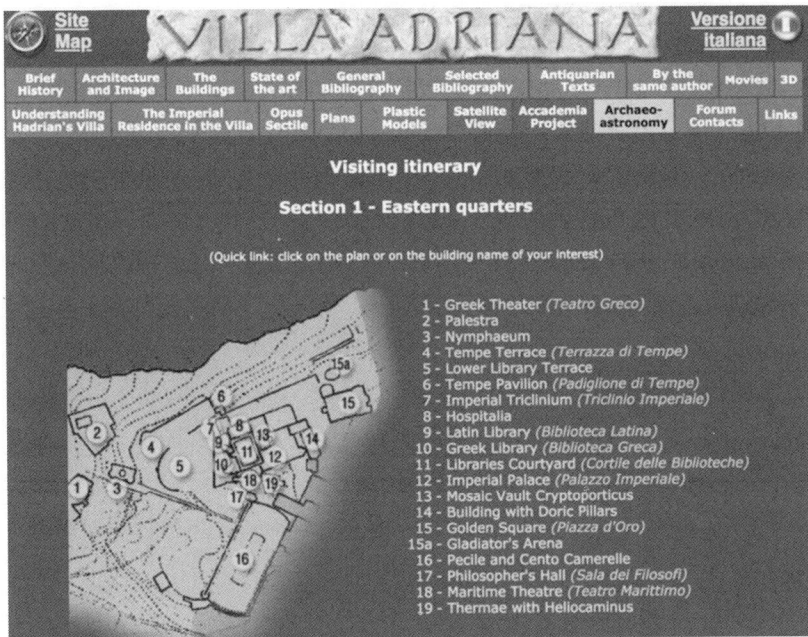

图 6-33　网站交互式导览

（图片来源：http://www.villa-adriana.net/）

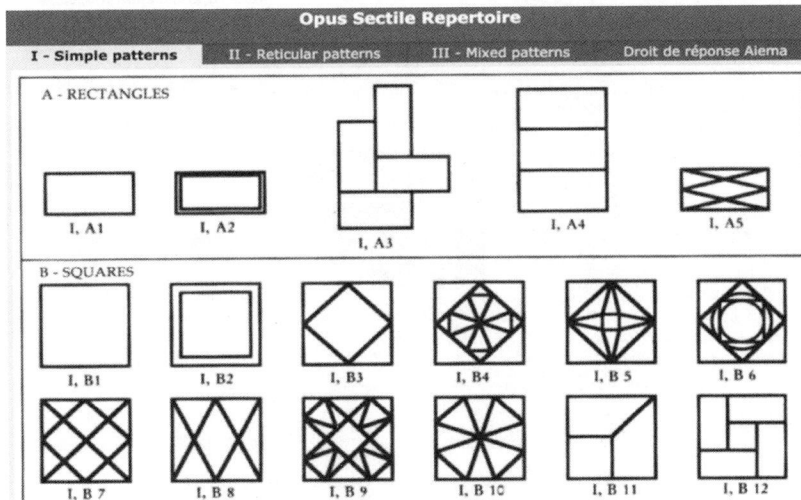

图 6-34　Opus Sectile Repertoire 专栏介绍

（图片来源：http://www.villa-adriana.net/）

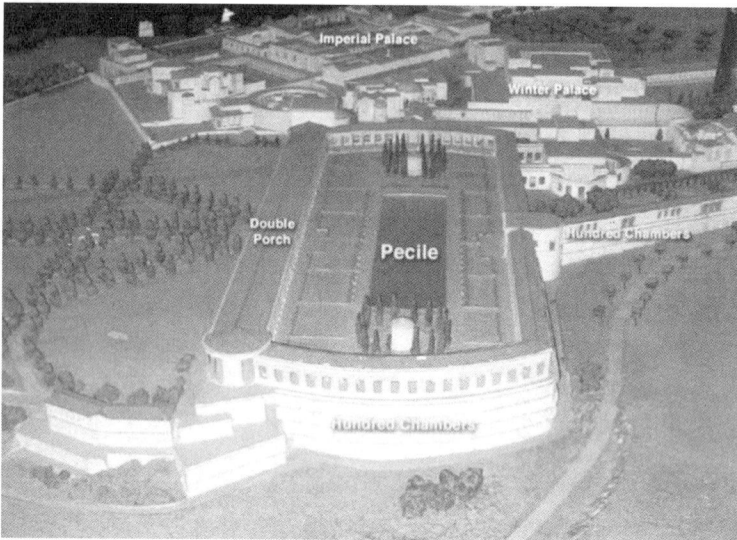

图 6-35　网站中各个景点的复原模型
（图片来源：http://www.villa-adriana.net/）

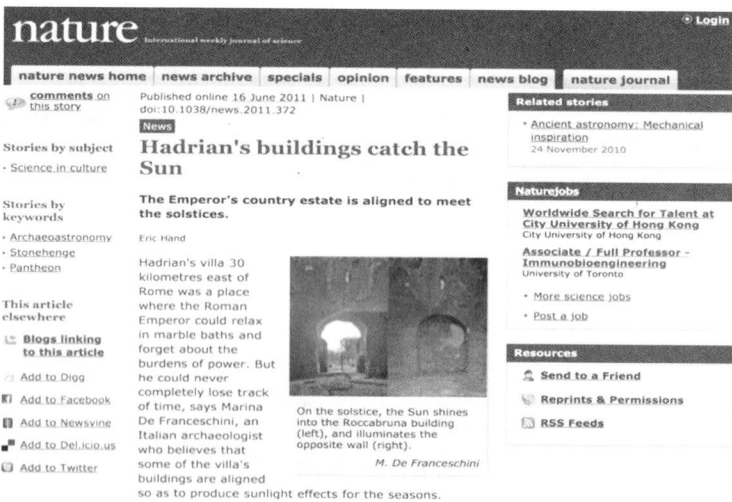

图 6-36　通过相关链接专栏了解到了 nature 期刊对哈德良别墅的相关报道
（图片来源：http://www.villa-adriana.net/）

（7）解说内容前后关联，层层递进

在设计解说内容呈现的形式上要尽量做到前后关联，层层递进，将同一区域内的解说内容有机融合，不断地围绕一个解说主题进行展开、深化，以此加深解说受众对解说对象的认知。

案例一：

在哈德良别墅解说手册的开篇之处，简要介绍了哈德良的生平，并着重点名其作为罗马帝国五贤帝之一的独特之处："他所追求的政治抱负和他的前辈们大不相同，他竭尽全力平定罗马帝国的边境冲突，而不是像图拉真王朝的大多数帝王一样，追求武力扩张"以及"哈德良的博学广识和其对建筑的充沛热情"。

而哈德良的这两大独特之处均能在随后的各个景点介绍中找到呼应，便于读者更好理解哈德良别墅设计背后蕴含的理念和意图。例如，在整个别墅中，各个不同的建筑的名称都取材于罗马帝国各个大区中最广为人知的地名，哈德良如此设计的原因在于他希望这座别墅能具有广泛的代表性，代表帝国既定疆域的精华，而非盲目的追求扩张。而别墅中很多建筑雕塑也有很明显的希腊文化特色，例如在坎诺普建筑中，有一方长长的水池，池畔矗立着四尊女神像和两尊森林之神西勒诺斯像，女神像明显学习了雅典卫城中的伊瑞克提翁神庙女像柱。这也与开篇对哈德良在建筑领域具有极大热情和极深研究的介绍相呼应（图6-37）。

图 6-37　坎诺普遗迹

（图片来源：https://www.douban.com/note/612557368/）

　　　　离入口不远有一座圆形建筑,它被称为海上剧场或岛上别墅,是哈德良为自己修的一座园中园,高高的围墙把整个园子封闭起来,爱奥尼式柱廊环绕着一座小岛,哈德良利用这个相对私密的空间独处,象征海的水面正好形成一道护城河,保证了哈德良免受打扰,暗含其追求身心宁静偏好。这一介绍也丰富了哈德良的性格特征,与解说开篇对其人无特色的介绍形成互补。因为哈德良也参与了别墅的设计,将人物特色在开篇提出,有利于访客在参观遗迹时联想到哈德良设计之时的意图,实现解说内容上的呼应,并逐渐递进加深访客对哈德良的认知。

图 6-38　海上剧场遗迹
（图片来源:https://www.douban.com/note/612557368/）

第四节　世界著名运河遗产解说经典案例

　　　　大运河遗产作为我国重要的跨文化线性文化遗产,其文化价值被社会公众所广泛认知并深切重视,因此构建有效的大运河遗产解说系统,既可以提升大运河遗产的可读性及大运河遗产与现代社会发展的关联性,也有助于激发公众的文化记忆、想象和兴趣,增进公众对大运河遗产的认知度和珍稀感。而在国际上,欧洲、美国等国家地区基于"传承历史文化价值"和"促进文化旅游"两大遗产价值,已探索实践"文化线路(欧洲)""国家遗产廊道(美国)"等跨地区线性文化遗产解说的成熟范例。本章节基于运河这类线性文化遗产的解说角度选取了两个世界著名运河遗产解说案例——美国遗产廊道伊利运河与法国文化线路米迪运河进行分析,总结对大运河遗产解说系统构建的有效经验。

美国伊利运河(Erie Canal)于 2000 年确定为美国国家遗产廊道,重视遗产解说对其保护和可持续利用方面的作用。2003 年俄亥俄州和伊利运河协会通过制定详尽的《俄亥俄州和伊利运河国家遗产廊道解说规划》(*Ohio & Erie National Heritage Canalway Interpretive Plan*),明确建立了伊利运河解说系统,确定了伊利运河解说主题和故事框架以及具体的实施技术、方案和策略。此外,在相关专家学者的建议下,以建造于 1849 年的衡闸大楼为基础,建立了伊利运河博物馆,便于更多的民众了解伊利运河的历史与文化。

法国米迪运河作为欧洲著名的文化线路,是法国连接地中海和大西洋的内陆水运主通道,拥有文化艺术的遗址、酒窖、葡萄园、古堡、城堡、沿岸的小镇等共同组成了文化景观带,在文化遗产解读、公众传播、文化教育具有极高的多元价值,米迪运河其遗产解说经验也对大运河遗产解说有借鉴意义。

1. 遗产廊道:美国伊利运河

(1)遗产廊道

"遗产廊道"(Heritage Corridor)是美国针对其大尺度文化景观保护的一种区域化遗产保护战略方法。作为遗产区域的一种特殊类型,遗产廊道强调的是一种线性的文化景观,在这些景观中人与自然共存,经长期的发展形成了"人与自然的共同作品"。其保护主体可以是连续的河流峡谷、运河、道路以及铁路线等,也可以是把单个的遗产点串联起来形成的具有一定历史意义的线性廊道。它强调对廊道历史文化价值的整体认识,并利用遗产复兴经济,同时解决景观趋同、社区认同感消失、经济衰退等相关问题。[①]

遗产廊道的构建目标是实现廊道区域振兴,具体包括文化振兴、生态振兴和经济振兴三个方面。文化振兴即通过廊道区域内文化遗产的保护、历史文化内涵的发掘,实现廊道内文化传承与发展,促进居民的文化认同和自信;生态振兴即通过系统的、有规划的对廊道生态环境的保护,实现廊道内生态系统的健康与平衡,维护多样化物种的生活环境,改善原住民的生产生活环境,实现廊道自然生态环境的可持续循环发展;经济振兴即整合统筹廊道区域内的

---

① 奚雪松,陈琳.美国伊利运河国家遗产廊道的保护与可持续利用方法及其启示[J].国际城市规划,2013,28(4):100-107.

物质文化资源,大力发展第三产业,尤其是基于文化遗产和生态资源的旅游业和文创业,以此为重点行业带动廊道内其他产业的长足发展。在廊道区域振兴中文化、生态和经济三大体系是相互促进、相辅相成,文化与生态的振兴是经济振兴的基础,而经济振兴则为文化与生态振兴提供物质保障。

2000 年 12 月,美国国会通过了《伊利国家遗产廊道法案》(*Erie Canalway National Heritage Corridor Act*),其保护对象包括伊利(Erie)、卡普兰(Champlain)、卡尤加塞内卡(CayugaSeneca)和奥斯威戈(Oswego)的 524 英里(约 843 千米)通航运河,阿尔巴尼(Albany)和布法罗(Buffalo)的废弃运河段落,以及塞内卡(Seneca)和卡尤加(Cayuga)等通航湖泊;保护范围覆盖了运河沿线的 234 个市镇。法案肯定了伊利运河在美国的发展进程中所起到的积极作用,同时强调了对该廊道的保护与利用将在历史、文化、娱乐、教育和自然资源的保护等方面具有"无与伦比的民族意义"。为保护伊利运河文化遗址,美国提出了遗产廊道,构建了一个多层次的控制系统,各层次之间相互协调和衔接。遗产廊道包含六个方面:1)历史和独特性的保护和表达;2)自然资源的保护;3)周边环境的多样性;4)居民和访客的认同感;5)可持续的发展;6)未来的发展定位。这六条目的是伊利运河遗产廊道保护发展的价值所在,也是遗产廊道的基本内涵。①

(2)伊利运河解说对象

伊利运河是第一条连接美国东海岸与西部内陆的快速运输通道,将哈德逊河与五大湖连接,是美国历史上最重要的运河之一,而自 1817 年正式建设以来,已历经了上百年的多次改善与扩建。伊利运河在美国发展进程中发挥着重要作用,是连接东西部的重要货物和客运航线,也是联系新英格兰、纽约州北部和旧西北地区之间的政治和文化纽带,促成了纽约州的贸易与金融中心的地位。从国家民族意义上来说,伊利运河承担的"国家名片"功能与大运河非常相似,其解说系统规划经验也十分值得借鉴。

(3)伊利运河解说资源

伊利运河国家遗产廊道的重要性体现在其通过大量特有的历史文化资源,将促进运河区域、纽约州乃至国家特质形成的那些特定人物和事件解说传播给各类访客。伊利运河的历史文化资源的对象大致分为十类,包括运河本体、附属建筑物、船舶等功能相关遗产,文件、图片等物质文化遗产以及与沿运河地区民俗、艺术等相关的非物质文化遗产。此外,丰富的自然资源是伊利运

---

① 邓卫新,冯玫,陈志刚.大运河解说系统理论与实践对河北大运河语言解说的启示[J].文化学刊,2018(4):178-182.

河遗产廊道的发展不可或缺的物质基础。历史上伊利运河地区特有的肥沃土地、充沛的水资源,以及多样的动植物资源使其因运河的开通而迅速成为商业贸易中心,使其成为美国近现代历史文化的重要记忆(图 6-39 至图 6-42)。

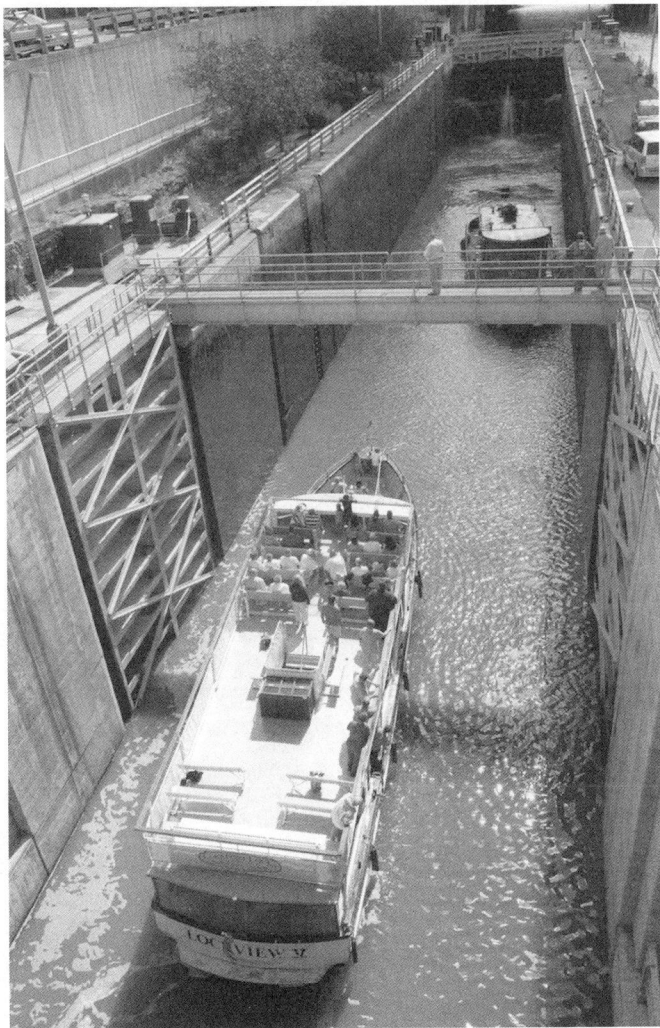

图 6-39　洛克波特(Lockport)水闸

(图片来源:https://www.sohu.com/a/273605503_100269542)

目前,伊利运河遗产廊道也为访客提供多种游憩条件,其丰富的自然资源提供了高质量的游憩资源,廊道区域景观的完整性和连续性成为吸引访客前来骑行和远足的基础。此外,沿线独具特色的历史和文化资源在增强地方感的同时也给访客提供了深入了解运河的机会。廊道的许多旅游目的地也十分

图 6-40　瓦特福德镇"拖船大聚会"

（图片来源：https://www.sohu.com/a/273605503_100269542）

图 6-41　建造于 1901 年的激励者号（Urger）拖船

（图片来源：https://www.sohu.com/a/273605503_100269542）

图 6-42　运河两岸的布鲁克波特社区(Village of Brockport)

(图片来源:https://www.sohu.com/a/273605503_100269542)

乐意吸引访客前来,它们通过组织旅行和特别赛事(如骑自行车、划船、远足、钓鱼或狩猎等),吸引新的访客前往运河遗产廊道休闲游憩。[①]

(4)伊利运河解说受众

伊利运河解说受众的目的地选择反映了不同的解说和旅游需求,目前伊利运河访客可大致分为三类:第一类,历史文化遗产访客,如关注伊利运河水利交通、水利工程、妇女权利运动、地下铁路等特定主题的宗教团体或民间组织。第二类,户外探索型访客,包括骑自行车、远足等健身爱好者,自然和生态旅游爱好者,冬季运动爱好者,以及划船、野营、打猎、钓鱼等户外活动爱好者等。第三类,其他访客,包括摄影爱好者、古董商品收集者和艺术爱好者等。针对上述不同访客群体规划不同的遗产解说,从而延长运河访客的停留时间和游憩兴趣,刺激廊道经济增长。对历史文化遗产访客来说,历史、文化遗产资源的真实性和完整性是最重要的吸引力来源,这需要遗产廊道管理方对包括运河、附属建筑物、船舶等相关遗产,文件、图片等物质文化遗产以及与沿运河地区民俗、艺术等相关的非物质文化遗产进行保护,改进遗产解说设施,并保证阶段性更新。而对户外探索型访客来说,对伊利运河自然和生态遗产资源的解说、展示和体验才是其主要的需求。此外,还应考虑其他访客的需求,如提供冬季家庭旅馆、地域特色商品售卖等。

[①]　奚雪松,陈琳.美国伊利运河国家遗产廊道的保护与可持续利用方法及其启示[J].国际城市规划,2013,28(4):100-107.

　　（5）伊利运河解说系统

　　美国伊利运河国家遗产廊道通过解说框架、解说媒介、标识系统的三大要素来构建清晰的层级解说系统，详细解说伊利运河的历史文化，使得运河整体层面的解说教育功能更加高效。其中解说框架限定了解说的内容，标识系统建立了统一的视觉识别符号，具体内容经由解说媒介予以传达。

　　第一，解说结构：伊利运河解说系统选择的主题是"美国的象征"，下面设有四个方面："进步与力量""连接与沟通""发明与创造""独一与多样"，此外共有"克林顿水渠、国家和民族、分裂与移居、繁荣的发动机、样板项目"等 21 个解说专题来全面解说运河的历史文化。

　　第二，传播媒介：利用各种传播渠道、信道、传播工具等，根据不同受众需求，传播伊利运河的历史文化意义。如旅游杂志、廊道简介手册、户外介绍牌、站立式互动解说站、语音和多媒体项目、信息中心等，此外还可通过纪录影片、节庆和文化活动等多渠道广泛传播。

　　第三，标识系统：通过实物、文字、图形、图表展示等设计进一步补充说明伊利运河的信息、文化及形象传递，使参观者最方便、最快捷地接触他们感兴趣的历史和自然的资源。伊利国家运河遗产廊道采用了以黑色和蓝色为主体的图形设计，并统一了公路指示牌、解说牌、慢行道出入口标识等。①

　　（6）伊利运河解说主题

　　伊利运河解说的总解说主题"美国的象征"，直接来源于所有美国人对伊利运河的认识，展开说就是运河系统对塑造美国所起到的作用。相关的故事由志愿服务于阐释工作的当地居民和地方团体提供，他们根据遗产有形的或无形的资源，总结并编写与运河遗产及其起源和影响相关的代表性故事。这些故事再被分类归结到四个次解说主题下：进步和力量、连接和沟通、发明和创造、统一性和多样性。不同的遗产廊道区域对应不同的故事，比如，在手指湖地区（Finger Lakes region）讲述的"粮食波动：运河对农业发展和市场营销的影响"的故事，归类在"连接和沟通"的次主题下；在蒙特苏马（Montezuma）地区讲述的"穿过山间流动：地形、水文，及运河系统的路线、闸坝、水柜的设计和工程"的故事，归类在"发明和创造"的次主题下。此外还有如克林顿的大水沟（Clinton's Ditch）、水域婚礼（The Marriage of Waters）以及伊利运河之歌——"一头叫赛尔的骡子"，这些故事既述说了伊利运河的历史，也成为引发访客对运河文化产生兴趣和情感认同的"触媒"。

---

　　①　奚雪松，陈琳.美国伊利运河国家遗产廊道的保护与可持续利用方法及其启示[J].国际城市规划，2013,28(4):100-107.

表 6-1　伊利运河解说主题一览表

核心解说主题	次级解说主题	解说专题	代表区域
美国的象征	进步和力量	克林顿水渠:个人、政治权利和远见。 国家和民族:杰弗逊、麦迪逊、克林顿,以及建造运河之争。 分裂和移民:运河建造的影响,以及随后的美洲原住民社会。 繁华的发动机:运河建造的经济影响。 样板项目:伊利运河的成功对同类项目的影响。	Albany Rome WatkinsGlen
	连接和沟通	麦浪:运河对农业和市场的影响。 城市的培育:运河对周边城镇扩张的影响。 帝王之洲:运河在纽约州发展成为国家财富中心的过程中扮演的角色。 世界港口:运河在纽约市成为国家重要港口的过程中扮演的角色。 新疆界:运河成为中西部地区的门户,大湖区在国内战争中的影响。	FingerLakes Bufalo Schenectady
美国的象征	发明和创业	美国成就:运河的建造成为科技进步的标志。 漂浮山间:地形、水文以及运河系统的路线、闸坝、水柜的设计和工程。 创新和改造:运河成为培养美国第一代工程师的摇篮;它是欧洲运河建造技术适应美国本土的产物。 综合系统:运河的管理和操作。 演化和改造:运河发展的三个阶段,以及 20 世纪运河的再创造。	Lockport Montezuma Cohoes
	统一和多样	本土遗存:每周原住民的地区在发展中的角色。 网状河道:移民及多民族带来的社会与文化相互影响。 肥沃的土地:运河在社会改革和宗教运动中创造了舒适的环境。 流行文化:文学、艺术、音乐、戏剧中的运河。 风俗和民俗:运河活态遗产。 新世界奇迹:作为国内和国际旅游目的地的运河。	Volney Senecaf Falls Schenectady

（资料来源:邓卫新,冯玫,陈志刚.大运河解说系统理论与实践对河北大运河语言解说的启示[J].文化学刊,2018(4):178-182.)

（7）伊利运河解说媒介

美国伊利运河遗产解说根据解说框架选择相应的解说媒介,既可以使用传统的视听媒介,也可引入新型的 VR、AR 等媒介形态,拓展传播样态。建构具体的伊利运河文化带标示内容,设计相应文字、图片、视频等视听材料,全方位展示伊利运河遗产廊道的历史演变、文化内涵和民俗特色。而除必要的解说设施外,购物、餐饮、住宿等配套设施也是影响伊利运河遗产廊道游览解说体验的重要方面。遗产廊道的系统性使得某些季节性、区域性较强的遗产景点扩大了访客范围,因此与之相关的配套设施需要合理发展,而这些也带动了遗产廊道区域的经济发展。

伊利运河遗产廊道长期致力于通过承办各类运河相关活动建立广泛知名度,同时也增加了公众对运河遗产的认知机遇,推动运河遗产解说的跨文化传播与交流。如2010年9月,运河城市罗彻斯特就承办了第23界世界运河会议,接待了来自17个国家的400余位参会代表。会前罗彻斯特滨水区举办的社区集市、运河游船、骑行等活动吸引了超过1万人来参加。此外还有伊利运河慢行道庆典(Callalway Trail Celebration)、骑行伊利运河(Cycling the Erie Canal)、新年历摄影竞赛(New Year Calendar Photography Competition)、运河奔腾(Canal Splash)等多个活动每年在伊利运河遗产廊道举行,为来访访客提供了丰富多彩的遗产解说和展示服务。

(8)伊利运河博物馆

伊利运河博物馆落于纽约州的锡拉丘兹,成立于1962年,是一个关于美国最早的人工运河"伊利运河"的私人博物馆。伊利运河博物馆所在的衡闸大楼建造于1849年,原为运河船只称重站,收取货物通行费,以支付运河的建设和维护费用,现已被列入美国国家史迹名录。博物馆现藏超过50000件物品,主要包括:大约1400件物品(服装、家具、工具、纪念和纪录品、运河船设备、模型和家居用品),1500张照片,950幅素描,45幅画作,39000张照片和底片,100块玻璃板底片,200本珍本书,杂项地图、收据及其他手稿和档案材料等(图6-43至图6-45)。

图 6-43 伊利运河博物馆
(图片来源:https://eriecanalmuseum.org/)

图 6-44　1850 年锡拉丘兹衡闸大楼

（图片来源：https://eriecanalmuseum.org/about/1850-syracuse-weighlock-building/）

图 6-45　1962 年 10 月 25 日在博物馆开幕的董事会

（图片来源：https://eriecanalmuseum.org/about/1850-syracuse-weighlock-building/）

伊利运河博物馆一楼综合展览详细介绍了伊利运河的建设历史,从最早的概念到现代的驳船运河系统,展览的特色是来自博物馆永久收藏的许多运河图像和文物。二楼的永久性展示空间专用于重建运河小镇的生活,博物馆访客将看到运河时代的小酒馆,杂货店和剧院(图 6-46 至图 6-47)。而在博物

图 6-46　运河时代的巴托洛塔小酒馆

(图片来源:https://eriecanalmuseum.org/exhibitions/permanent-exhibits/)

馆内原衡闸称重室展示了弗兰克·布坎南·汤姆森号(Frank Buchanan Thomson)的复制品快艇,它代表了在伊利运河上载运货物和乘客的预扩船。博物馆访客可以通过弗兰克·布坎南·汤姆森号(Frank Buchanan Thomson),了

图 6-47 运河时代的杂货店

（图片来源：https://eriecanalmuseum.org/exhibitions/permanent-exhibits/）

解运河船乘客和船员的生活，以及在运河上旅行的货物和商品（图 6-48）。在称重室旁边的衡闸办公室，访客可以前往其中感受伊利运河原来在运营季节每天 24 小时对运河船的称重进行监督和管理的工作。此外，伊利运河博物馆在 2015 年开设了纽约伊利运河制造公司（Erie Canal Made New York）的永

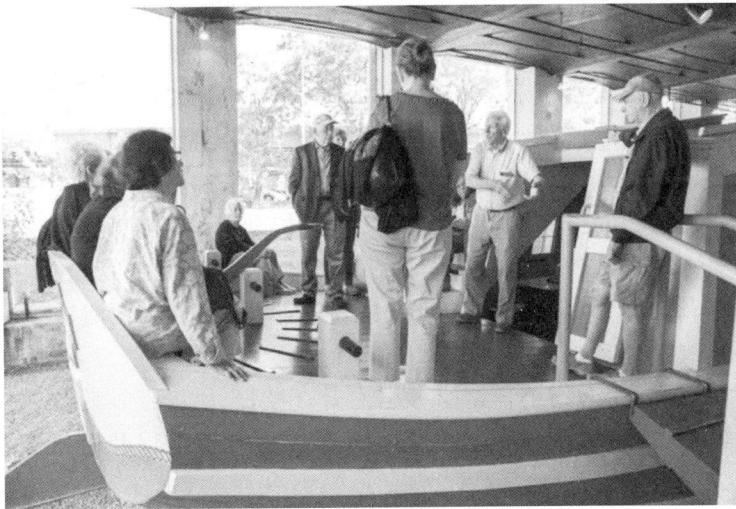

图 6-48 弗兰克·布坎南·汤姆森号（Frank Buchanan Thomson）复制品快艇

（图片来源：https://eriecanalmuseum.org/exhibitions/permanent-exhibits/）

久性展览,其中包括互动展示、叙事音轨和原始文物(图6-49)。展览解释了伊利运河的形成原因和对象,建造过程中使用的技术,受运河启发的发明以及水路在美国社会和经济发展中的作用。并展示了1825年沃特斯婚礼水渠的开幕仪式,并配以烟花声效,引导访客参观博物馆最重要的1850年锡拉丘兹衡闸大楼。

图6-49 纽约伊利运河制造公司(Erie Canal Made New York)展览
(图片来源:https://eriecanalmuseum.org/about/the-museum/)

伊利运河博物馆定期邀请研究伊利运河的专家学者来馆举办讲座,并长期举办伊利运河游览活动和数码电子展览,为访客提供有关伊利运河遗产的专业解说和体验(图6-50)。如"锡拉丘兹市区伊利运河徒步之旅"作为博物馆固定的游览活动。从博物馆花园附近的伊利大道东和蒙哥马利街的拐角处开始,解说人员带领访客沿着伊利运河步行经过克林顿广场、汉诺威广场,了解锡拉丘兹最古老的遗产景点,最后回到博物馆和历史悠久的锡拉丘兹衡闸大楼。阐述伊利运河如何塑造社区的各个方面,并了解自从运河成为城市中心以来,城市发生的变化(图6-51)。

此外,伊利运河博物馆长期招募志愿者,组织志愿者带领学龄儿童和成人团体参观博物馆,解说伊利运河和纽约州、锡拉丘兹盐业以及锡拉丘兹市的发展历史。志愿者还参与博物馆向地区学校、社区中心、退休社区、礼拜场所和其他对伊利运河历史感兴趣的团体组织的宣传活动,开展运河文化的公共教育活动。

图 6-50　伊利运河博物馆电子展览

（图片来源：https://eriecanalmuseum.org/exhibitions/digital-exhibits/）

图 6-51　锡拉丘兹市区伊利运河徒步之旅

（图片来源：https://eriecanalmuseum.org/events/）

（9）对大运河的启示

自 1984 年伊利运河国家遗产廊道开始，美国遗产廊道积累许多保护、解说与管理经验,美国遗产解说系统规划已经形成了较为成熟的体系框架,并有诸多成功实践经验,这为我国以大运河为代表的线性文化遗产解说提供了重要的参考和借鉴。

大运河遗产解说应建立完整的解说规划体系,在以运河遗产保护的目标驱动下,形成一个集解说对象、解说受众、解说内容、解说媒介、解说评估为一体的动态专项规划。在具体解说规划中要明确解说主题,细化解说规划中的核心内容,在关注运河遗产意义与价值的同时应强化访客对遗产的体验,丰富解说的内涵。强化解说在遗产中的保护与教育作用,推动"以解说促进遗产教育,实现可持续遗产保护"的目标。

2. 文化线路:法国米迪运河

(1)文化线路的基本概念

"文化线路"(Cultural Routes 或 Cultural Itinerary)这一概念最早正式提出是在 1994 以"线路,文化遗产的组成部分"(Routes as Part of our Cultural Heritage)为会议主题的马德里遗产专家会议上。在 1998 年,国际古迹遗址理事会(ICOMOS)成立国际古迹遗址理事会文化线路科技委员会(CIIC)专注于文化线路的研究。而后十年里,世界遗产研究专家们对文化线路的定义、方法、内涵、界定、实践操作进行会议讨论,最终以 2008 年国际古迹遗址理事会第十六届大会上通过的《文化线路宪章》为标志,明确界定和解释了文化线路的定义、要素、内容、环境、特殊指标、类型、识别、真实性和完整性以及相关的研究、经费、保护和国际合作等问题。

然而,文化线路概念在国际文化遗产保护领域是相对崭新的概念,加之该概念是在西方话语当中产生的,我国不同学者对这一概念的看法并不统一。王建波和阮仪三将文化线路作为文化遗产类型的一种;单霁翔认为文化线路遗产是指拥有特殊文化资源集合的线型区域内的物质和非物质的文化遗产族群;孙华则认为,"文化线路"更像是一个赋予具有长历史、远距离、双向交流、商品主类突出且具有历史影响的呈线性的特殊历史现象,而非一种遗产类型。[①]

---

① 王建波,阮仪三. 作为文化线路的京杭大运河水路遗产体系研究[J]. 中国名城,2010(9):42-46. 单霁翔. 关注新型文化遗产——文化线路遗产的保护[J]. 中国文物科学研究,2009(3):12-23. 孙华. 文化遗产概论(上)——文化遗产的类型与价值[J]. 自然与文化遗产研究,2020,5(1):8-17.

对此讨论,本书根据学者丁援所翻译的《文化线路宪章》的前言中,"文化线路概念所代表的创新的思路,反映在具体遗产上,即展示了人类迁徙和交流的特殊的文化现象。这些交流通道……除了其交通运输的道路功能之外,文化线路的存在和意义还能体现为:在相当长一段历史时期内服务于特定目的,并生成与之相关的共同特征的文化价值与遗产资源,作为一个具有内在独特动态机制的历史现象,它不依靠人的想象和主观意愿来创造,却反映了不同文化群体的相互影响。"①认为文化线路遗产是代表了人类的迁徙与流动,包含着跨文化的文化交流,将涉及的遗产资源以线性的、动态的形态呈现的历史现象。作为新型遗产理念的文化线路,区别于上文提到的"遗产廊道",CIIC的文化线路更注重线路的文化意义和社会意义的严格性,更强调线路在文化上的影响,坚持"交流和对话"为文化线路的特征,而非像"遗产廊道"只是拥有文化资源的线形景观,更多强调以经济振兴为目标。文化线路,已经成为各国遗产保护的重点项目,我国的京杭大运河、丝绸之路、蜀道等文化线路也都在申报世界文化线路遗产,因此剖析文化线路——法国米迪运河案例有助于加深大运河遗产文化带的跨文化解说系统的理解。

(2)米迪运河的介绍

米迪运河在1789年正式更名为米迪运河之前,原名为朗格沃克皇家运河,是法国路易十四国王在位时由皮埃尔·保罗·德里凯设计并主持修建,其集中了当时西方世界最先进的工程技术,是法国路易十四王朝的辉煌成就之一。这条运河的开凿初衷是为了小麦的运输,从而与加隆运河相连,是一条沟通了大西洋和地中海的内陆水运通道,因而也称之为两海运河。米迪运河在1996年便列入世界遗产名录,更是在被列入了世界文化线路遗产名录当中,它是较早的运河类型的世界遗产,其运河本身与周边的建筑群和谐共存,加之其杰出的建筑工程设计,被世人誉为17世界最宏大的土木工程项目之一。

根据世界遗产委员会对米迪运河的评价,米迪运河全长约223英里(360千米),是法国境内古老的且仍能实现航运功能的水运航道,整个航运水系涵盖了船闸、沟渠、桥梁、渠道、水利站等328个大小不等的人工建筑,由于皮埃尔·保罗·德里凯独具匠心地设计,使得运河与周边环境和谐地融为一体。因而米迪运河整个文化线路遗产上的水利建筑等遗产资源共同构成了米迪运河文化线路遗产解说系统的解说对象。

---

① 丁援. 国际古迹遗址理事会(ICOMOS)文化线路宪章[J]. 中国名城,2009
(5):51-56.

（3）米迪运河的遗产资源

在米迪运河流过的法国南部优美的自然景色中，散布着众多中世纪的小镇，罗马时期、中世纪和文艺复兴时期的教堂和城堡，远古洞穴遗址，古老的葡萄酒庄园，小巧精致的特色博物馆，运河沿岸风景各异，独具魅力，展现了法国人民在文化交流、人口迁徙、科技发展的历史印迹。因而米迪运河的遗产构成有：运河本身、大坝、水库、围堤、船闸、引水渠、桥梁、航道管理员的房屋、个人住宅、仓库以及郎辟蓄水池。其中，最为有代表性的是位于圣·博亥奥勒大坝、勒皮德尔引水桥、马尔帕斯隧道、奥尔布运河桥、菲斯拉恩水闸。而作为文化线路遗产的米迪运河资源将囊括运河本身以及运河沿岸的所有遗产资源。总的来说，米迪运河遗产资源的类型主要是运河杰出的土木工程设计和米迪运河沿岸的风景名胜这两大类（图 6-52 至图 6-54）。

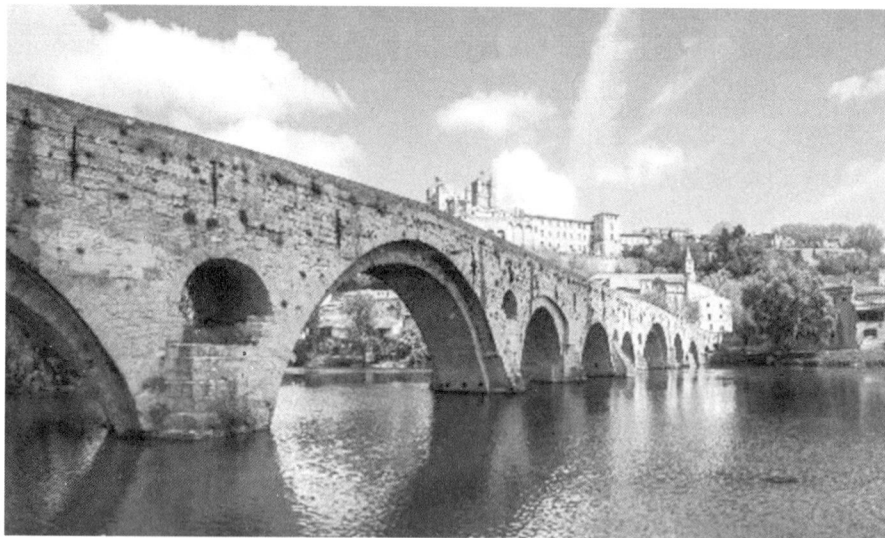

图 6-52　奥尔布运河桥

（图片来源：https://www.sohu.com/a/372793817_120059164）

（4）米迪运河的解说主题

米迪运河被誉为法国路易十四王朝的荣耀成就之一，而且米迪运河遗产资源也体现了法国在米迪运河文化线路上的璀璨文化。这些因素决定了米迪运河的核心解说主题应为法国的荣耀，而其又能分为"杰出的工程设计、传奇的城堡建筑、古老的葡萄酒庄以及和谐的沿岸风光"四个次级解说主题（表 6-2）。

图 6-53　卡尔卡松城堡

（图片来源：http://blog.sina.com.cn/s/blog_b36227440101dwid.html）

图 6-54　密卢瓦产区

（图片来源：http://guangzhou.51xiancheng.com/article/42413）

表 6-2　米迪运河带解说体系表

核心解说主题	次级解说主题	解说专题
法国的荣耀	杰出的工程设计	圣·傅亥奥勒大坝、菲斯拉恩水闸：熟练运用水闸技术,解决整条水路最大 189.43 米的水位差问题的杰出设计,是运河建造史上的奇迹。德里凯设计师的天才之处在于为运河寻找水源。
	传奇的城堡建筑	卡尔卡松城堡：最大的欧洲中世纪古堡,巴拉克夫人的传奇故事,与米迪运河一起见证了法国辉煌的君权时代。
	古老的葡萄酒庄	密卢瓦产区：从古罗马时代便开始酿造葡萄酒,拥有古老的酿造技术,盛产红、白和桃红葡萄酒,口感柔顺、果香四溢。
	和谐的沿岸风光	马尔帕斯隧道、奥尔布运河桥：将地下运河隧道和运河横跨桥梁与周边的建筑以及两岸自然景色彼此和谐共处。

（5）米迪运河的解说受众

米迪运河文化线路遗产的遗产解说资源也决定着米迪运河的解说受众,根据遗产资源的类型,可以将米迪运河的解说受众也大致分三类：第一类,法国历史文化的爱好者。这一类的解说受众对法国王朝的辉煌荣耀的历史感兴趣,比较喜欢听伟人事迹,看古老恢宏的历史古迹。他们大多数是对法国辉煌历史向往的外国访客或者是法国的居民,他们希望通过米迪运河的遗产解说能够普及到更多的法国历史知识,感受到法国的历史变迁。第二类,水利工程建筑的研究者。这一类的解说受众要求解说专业水平相对较高,他们往往是一些对水利工程有一定研究的专家或从事人员,希望通过米迪运河的解说,加上自身的实地考察,能够获取在土木工程设计上的知识或者思路。第三类,米迪运河风光的观光客。这一类的解说受众是由游客、访客组成,他们对解说的专业性要求不高,但在全面性、系统性要求较高。他们希望米迪运河的解说系统既能给他们简单介绍法国的历史人文,又能对建筑设计进行基础的分析,在米迪运河文化线路遗产上他们能够体验到法国的乡土生活,又能欣赏运河沿岸的独特风景。第三类的解说受众主要以米迪运河风光的观光客为主,其他两类的解说受众会以固定的学生游学团、专家考察团等形式出现。

（6）米迪运河的解说媒介

根据米迪运河不同解说受众的解说需求的不同,为满足对专业性要求高的解说受众的解说需求,米迪运河解说媒介系统上也做了一些细微的设计。

在自导式解说媒介上,米迪运河是通过建立档案研究机构与举行文化宣传活动来传播和传承物质与非物质文化。属于图卢兹水运管理处的运河档案馆是运河史料最全、最权威的档案机构。通过图卢兹水运管理处的网站,解说受众可以查到该运河的相关电子目录,包括运河开凿以来的历史、技术、法律等各方面的文献,并且经过提前预约,该档案可以向民众开放,这将为第一类和第二类的解说受众提供更专业的解说服务。

此外,在针对第三类的解说受众的解说需求上,法国图卢兹市政府会设置9月18日至19日的运河节日,开展运河艺术线路设计活动,增强当地居民的参与,通过居民展示,以此补充向导式解说媒介系统,强化文化记忆,增强解说受众与米迪运河的情感关联,深化解说受众的解说体验。

(7)米迪运河的路径设计

米迪运河作为文化线路遗产,遗产解说的路径设计也必定呈现出线状或带状的分布。由于米迪运河东起地中海,西入大西洋,呈东西走向,又根据"法国的荣耀"的解说主题设计,米迪运河的解说路径规划应该从东侧领略地中海风情后进入米迪运河,一路向西,找寻曾经德里凯设计之路,欣赏法国沿岸的乡土人文风情,领略其古老历史痕迹的魅力,体验从内海进发到汪洋大海的豪情壮志,重走征服星辰大海的航行征程,感受法国荣耀的文化线路。

(8)对大运河的启示

文化线路是近年来世界遗产研究热点,京杭大运河作为中国文化线路遗产代表于2014年入选世界遗产名录,而法国米迪运河文化线路遗产作为同类型遗产早在1996年入选世界遗产名录,其遗产解说的成功实践经验将为大运河及我国其他文化线路遗产提供参考和借鉴。不同于遗产廊道,文化线路更加强调文化的交流,尤其是跨文化方面,而大运河文化遗产带的解说系统构建也需要有拥有跨文化的设计高度。因此大运河文化遗产解说要注重文化的作用,挖掘遗产资源的文化内涵,围绕核心解说主题展开设计解说规划体系,同时也要针对不同解说受众的解说需求,运用解说媒介为受众提供个性化和多样化的解说服务,保证文化线路遗产的真实性和完整性。

第七章 国际访客视角下大运河文化带
遗产解说系统构建

第一节 大运河遗产解说资源和内容系统构建

解说过程当中的解说对象是解说的资源和内容的来源,是解说活动的首要环节。而对于解说资源和内容的判断和价值分析是构建整个解说体系的基础。在大运河线性文化遗产当中,大运河的遗产解说资源和内容呈现出涉及范围广大、呈现方式多元、遗产资源丰富、遗产类型多样等特点。因此,大运河遗产解说资源和内容系统的构建,需要将庞杂的大运河的遗产资源厘清好,再根据遗产资源挖掘出遗产解说内容。

1. 大运河遗产解说资源类别

解说资源在现实实践当中并没有明确界定,只要是属于能够被解说的解说对象当中的资源都可以视为解说资源。解说活动可以融入旅游和遗产展示当中,因此遗产解说资源也可由旅游资源以及文化和遗产类资源共同组成。就旅游资源而言,杭州大运河旅游资源一共有 8 个主要类,20 个亚类,57 个基本类型和 450 个旅游单体,其中自然旅游资源 37 个,人文旅游资源 413 个。杭州大运河人文资源占多数,千年来历代老百姓对运河进行修造,是帝王巡游之地,百姓生活起居之处,浙粮北运漕运之地。有海潮寺、定光寺等宗教祭祀活动场所 11 处,章太炎故居等名人故居与历史建筑 20 处,艮山门码头等交通建筑 17·处,菜品饮食等 29 个,传统手工艺品与工艺品等 11 个,运河名人 82

人,运河文化艺术作品等 28 个,特色历史街区和市场等 20 处,节庆等 14 个。就文化和遗产类资源而言,杭州大运河主要有以下几个类型和资源单体(表 7-1)。

表 7-1　杭州大运河文化和遗产类旅游资源主类、亚类、基本类型及资源单体表

主类	亚类	基本类型	旅游资源单体
E 遗址遗迹	EB 社会经济文化活动	EBA 历史事件发生地	历代运河修造之地(3)、许仙和卖油郎等民间故事之地(2)、陆游和洪昇等文人士族游历之地(3)、浙粮北运漕运之地、隋唐时期南北货物的交易之地、民国时期轮船公司集聚之地(7)
		EBB 废弃军事遗址	沙家浜团杭州营地、吴越王钱镠设置的水军阅兵台碧波亭(2)
		EBC 废弃寺庙	37 座佛教寺庙(1)、25 座道教寺庙(1)①
		EBD 废弃生产地	丝绸生产地(5)、鱼米布早晚特色市场(4)、食品生产基金(4)、水星阁(1)、银行(1)
		EBE 交通遗迹	南宋御用码头、银杏树码头、三廊庙第一码头(3)②
		EBF 废城与聚落遗迹	彭埠老街、杭一棉厂房、大关土布遗迹(3)
F 建筑与设施	FA 综合人文旅游地	FAA 教学科研实验场所	浙工大朝晖校区校园老楼、稻牧场:杭州最早的科学种田实验地等历史建筑(6)
		FAB 康体游乐休闲度假地	皋亭山特色建筑群(1)、钱江疗养院等 4 个疗养院(4)
		FAC 宗教与祭祀活动场所	海潮寺等佛教寺庙(4);水南娘娘庙、五显神庙等道教寺庙(4);耶稣弄堂、司徒雷登故居等天主教基督教堂(6);半山娘娘庙(1)[1]
		FAE 文化活动场所	丽水路紫荆公园、北星公园等沿运河绿地(4);凤凰创意国际创意园(1)③

　　① 黄公元.杭州全书·运河(河道)丛书(丛书主编:王国平):杭州运河宗教文化掠影[M].杭州:杭州出版社,2013:21-51,109-140.曾经的湖墅首刹圣因妙行接待寺、弥陀寺、塘栖大善寺等 37 座佛教寺庙,左家桥附近的左八郎祠、潮王庙等 25 座道教文化遗址,现在已全部无存,只留个别物件展示陈列,具体寺庙名称,不再赘述。

　　② 丁贤勇,徐杨.杭州全书·运河(河道)丛书(丛书主编:王国平):杭州运河:穿越千年的通途[M].杭州:杭州出版社,2013:109-140.

　　③ 仲向平.杭州全书·运河(河道)丛书(丛书主编:王国平):杭州河道历史建筑[M].杭州:杭州出版社,2013:1-5.

续表

主类	亚类	基本类型	旅游资源单体
F 建筑与设施	FB 单体活动场馆	FBA 聚会接待厅堂	澄庐国共西湖密谈会馆(1)
		FBB 祭拜场馆	长河淮街东头双庙(1)
		FBE 歌舞游乐场馆	塘栖剧院、杭州剧院、天仙茶园等剧院(7)①
	FC 景观建筑与附属型建筑	FCA 佛塔	六和塔、法华塔(龙兴祥符戒坛寺遗物)(2)
		FHC 碑碣(林)	碑《北门长寿庵放生池记》、碑《广寿慧云寺志》等零散碑碣20个(1)1
		FCK 建筑	西方三圣石刻、夹纻观音像等接待寺遗物(1);众善讲堂、戒坛院等龙兴祥符戒坛寺遗物(1)
	FD 居住地与社区	FDA 传统与乡土建筑	彭埠老街的徽派民居罗家老宅、环城东路16-1号民居、叶家弄潘宅、新塘街106号戴御史故居等运河杭州段沿岸民居(11)
		FDB 特色街巷	仓前老街、留下老街、三墩老街、陈家桥南街、祥福老街、笕桥老街、五柳巷等(12)
		FDC 特色社区	杭大新村文化名人群落、小河水乡民居(2)
		FDD 名人故居与历史纪念建筑	章太炎故居、若榴花屋(沙孟海旧居)、安吉路35号和37号民国小楼、刘禹锡爱莲堂等名人故居(20)
		FDG 特色店铺	塘栖翁长春、西兴公济号等中药店铺(8)②、余杭公益冶坊、塘栖仁和木行等手工艺店铺(3)、临平翟恒泰官酱园、公懋茶行等饮食店铺(13)
	FF 交通建筑	FFA 桥	六部桥、通江桥、望仙桥等69座运河桥(1)③
		FFC 港口渡口与码头	艮山门码头、塘栖镇轮船码头、德胜坝码头、三里洋码头、谢村码头、管家漾码头等(17)

---

① 应志良,赵小珍.杭州全书·运河(河道)丛书(丛书主编:王国平):杭州运河戏曲[M].杭州:杭州出版社,2013:171-202.

② 王心喜.杭州全书·运河(河道)丛书(丛书主编:王国平):杭州运河集市[M].杭州:杭州出版社,2013:197-230.

③ 赵怡,冯倩,项隆元.杭州全书·运河(河道)丛书(丛书主编:王国平):杭州运河桥梁[M].杭州:杭州出版社,2013:1-20.

主类	亚类	基本类型	旅游资源单体
F 建筑与设施	FG 水工建筑	FGA 水库观光游憩区段	中河凤山水门、涌金水门(2)
		FGD 堤坝段落	善贤坝、德胜坝、姚家坝等 28 个泥石坝(1)①
		FGF 堤水设施	三堡船闸、永兴闸、清湖闸等 15 处水闸(1)
G 旅游商品	GA 地方旅游商品	GAA 菜品饮食	运河土布鱼、烂糊鳝丝等荤菜菜肴(10); 皮儿埭豆腐皮、三家村藕粉等素食菜肴(6); 葱包烩(桧)儿、塘栖糕点等茶点(9); 余杭阿姆酒、同福泰酱品等酒酱(4)②
		GAB 农林畜产品与制品	杭小林黄姜、余杭沾驾桥荸荠、塘栖枇杷、拱墅白荡莲藕、观音塘黄金瓜等(10)
		GAD 中草药材及制品	笕十八味、塘栖致和堂神效痧气丸、方回春堂膏方(3)
		GAE 传统手工产品与工艺品	江干络麻种植及制作工艺、余塘河虾龙圩竹编、西湖绸伞、余杭纸伞等(11)
		GAF 日用工业品	余杭崇贤集团、拳山藤纸、余杭皮纸、湖墅锡箔、湖墅土纸、双绿牌麻袋及其他麻品等(12)
H 人文活动	HA 人事记录	HAA 人物 HAB 事件	一级治理类运河名人 8 人、地方典故类运河名人 28 人; 二级运河名人治理类 17 人、地方典故类运河名人 29 人③ (82)
		HBA 文艺团体	运河河畔的杭州越剧团、东风越剧团、余杭越剧团,小百花演出团、杭州歌舞团等④(7)

---

① 丁贤勇,徐杨. 杭州全书·运河(河道)丛书(丛书主编:王国平):杭州运河:穿越千年的通途[M]. 杭州:杭州出版社,2013:1-32.

② 刘大培. 杭州全书·运河(河道)丛书(丛书主编:王国平):杭州运河土特产[M]. 杭州:杭州出版社,2013:38-41,177-200.

③ 许菁频. 杭州全书·运河(河道)丛书(丛书主编:王国平):杭州运河名人[M]. 杭州:杭州出版社,2014:1-28.

④ 应志良,赵小珍. 杭州全书·运河(河道)丛书(丛书主编:王国平):杭州运河戏曲[M]. 杭州:杭州出版社,2013:168.

续表

主类	亚类	基本类型	旅游资源单体
H 人文活动	HB 艺术	HBB 文学艺术作品	艺术形式①:杭州评话、杭州评词、杭州摊簧、武林调、小热昏、三跳(夹板书)、水路班子等(9); 传说:铁拐李卖鱼桥传说、江涨桥乾隆甘露茶亭传说、半山娘娘庙传说、小康王错封梓树等16个(16); 戏曲10:《蚕花娘子》《柳浪闻莺》《春留人间》《碧玉簪》《沈清传》《流花溪》等46个(1); 书场:仁和仓食堂书场、拱宸桥福海里食堂书场、观音桥食堂书场等8个(1); 宗教诗文11:《佛顶尊胜陀罗尼经感应附证》《祥符律寺纪略》《五显神赛会》等38个(1); 运河故事②:《欢喜冤家》《朱三刘二姐》《林四娘》《二娘与寒馆.结亲》等33个(1); 运河诗词③:苏轼《虞美人·有美堂赠述古》、陆游《四鼓出嘉会门赴南郊斋宿》等106篇(1); 运河歌谣:《钱王斗海龙王》《钱王射潮》《造龙眷坝测基》等93个(1)
	HC 民间习俗	HCA 地方风俗与民间礼仪	运河灯笼、船民习俗、木船制造技艺及民俗、谢蚕神祭祀、开关蚕房门禁忌风俗、运河水乡婚礼等11(9)
		HCB 民间节庆	立夏节、浴佛节、开漕节、蚕神祭祀腊月十二蚕花生日、运河灯会、花朝节、水神祭等(10)
		HCD 民间健身活动与赛事	武林活拳、鹰爪功、掮香炉、蒋村运河龙舟赛会等11(5)
		HCF 庙会与民间集会	临平山踏龙洞庙会、塘栖东庙会、温元帅菩萨庙会、三官会庙会、中秋斗香、西湖香市等11(20)
	HD 现代节庆	HDC 商贸农事节	运河大庙会、汉服文化节、CIID室内设计展等(4)

(资料来源:丘萍.大运河杭州段保护性旅游发展研究[Z].出站报告,2017:70-72.)

(资源分类标准来源:中华人民共和国国家标准旅游资源分类、调查与评价 GB/T18972-2003)

---

① 顾希佳.杭州全书·运河(河道)丛书(丛书主编:王国平):杭州运河非物质文化遗产[M].杭州:杭州出版社,2013:3-67,129-164.

② 朱秋枫.杭州全书·运河(河道)丛书(丛书主编:王国平):杭州运河歌谣[M].杭州:杭州出版社,2013:1-58.

③ 蔡云超,俞宸亭.杭州全书·运河(河道)丛书(丛书主编:王国平):河道诗词楹联选粹[M].杭州:杭州出版社,2013:1-39.

2. 大运河遗产解说内容挖掘

通过对大运河博物馆群、运河历史街区以及文化创意园区和其他文保点的解说内容的调研,本章节发现目前面向访客的解说内容系统中,普遍存在翻译错误、文化遗产内涵挖掘不深入、信息传递错漏等问题。上述问题除翻译技巧层面的原因外,更多的来自于对遗产资源本身文化内涵理解不完整、不深入、不透彻造成(详见第四章)。因此,对遗产解说文化内涵的挖掘是向解说受众准确呈现解说对象的基本内容。

对大运河文化遗产解说体系中内容和资源构建的核心是对解说内容和资源文化内涵的挖掘。对遗产解说内容的挖掘可采用的理论路径——文化记忆,在先前的第三章,我们已经介绍了文化记忆的相关理论。针对杭州大运河的文化遗产资源的内涵,应通过文化记忆的方式进行深入挖掘,以最终得出能够面向国内外访客的解说内容的呈现。此外,可从历史上外国人物在大运河上的历史记忆或从基于外国人民对大运河的了解出发,由此切入或重点挖掘。例如,利玛窦是明万历年间来中国的意大利耶稣会传教士。他在有名的《利玛窦中国札记》中记载:

> "万历十年至三十八年(1582—1610),每年南方各省要向皇帝运送各种在贫瘠的北京为生活舒适所缺少或需要的物品,水果、鱼、米,做衣服用的丝绸和六百种其他物品,这一切东西都必须在规定的日期运到,否则受雇运输的人将受重罚。"①

针对运河资源中祭祀河神的习俗,因京杭大运河尤其是在靠近黄河的河段上航行,具有很大的危险性,当时的船工和水手大都有祭祀河神的习俗。《英使谒见乾隆纪实》中记载:

> "使节团船只穿过黄河的地方水流很急,为了保证行船的安全,来往船只都在这里祭供河神。使节船长在一群水手包围之中,手里拿一个公鸡,走到前甲板,把鸡头割下抛到水里,然后用鸡血滴在船的甲板、桅杆、锚和房舱门口并在上面插上几根鸡毛。船头甲板上摆上几碗肉类菜肴,

---

① 利玛窦,金尼阁. 何高济,王遵仲,李申,译. 利玛窦中国札记[M]. 北京:中华书局,2010.

摆成单行,前面又摆上酒、茶、油、盐各一杯。船长跪下来,磕了三个头,两手高举,口中念念有词,似乎在祷告神灵。水手们同时大声敲锣、放鞭炮、烧纸、烧香。船长在船头奠酒,依次把酒、茶、油、盐等一一抛到河里。仪礼完毕之后,水手们围坐在甲板上,把祭神的肉食大家痛快吃一顿。等到船只平安渡过对岸,船长还要出来在原处磕三个头答谢河神。"①

又如,700多年前,意大利人马可·波罗走过京杭大运河,让西方知道了"世界上最美丽华贵之天城"——杭州。该历史事迹不仅在其著作《马可·波罗游记》中有记载,同时该典故也与运河水乡婚礼、小河直街永达木行等是杭州大运河事迹旅游资源单体。对马可·波罗在杭州运河典故的挖掘,讲好马可·波罗的故事,不仅能够以此作为主题串起整个运河线性遗产解说的脉络,也能很好地让外国人了解中国大运河。

明清时期京杭大运河联结着中国与世界,成为外国人观察中国物质文明和地域文化的窗口。京杭大运河给外国人留下深刻的印象,其沿线的闸坝河道、城镇乡村、风土民情等,无不吸引着他们的目光,激发他们的兴趣。这些外国人怀着新奇的眼光来审视京杭大运河,其生动的描述体现了中外文化在这里的交流与碰撞,这些记载很大程度上转化为外国人对中国的认识,成为向外传播中国文化的重要载体,而且他们的描述也便于今天的中国人加深对当时京杭大运河的了解,对京杭大运河申请世界物质文化遗产也将起到一定的促进作用。

第二节　大运河遗产解说规划体系构建

1. 大运河文化遗产解说主题

通过第六章的美国伊利运河以及法国米迪运河的案例分析,我们可以看到处理线性文化遗产这样涉及范围广,解说内容多的解说对象时,需要先明确一个核心的解说主题,然后再根据遗产解说资源的相似情况、遗产资源的聚集情况、解说受众的需求情况再进行细化次级解说主题,然后再针对具体的遗产

---

① 斯当东,叶笃义.英使谒见乾隆纪实[M].上海:上海书店出版社,2005.

解说对象本身设计解说专题。本文也将遵循这一原则提炼出大运河文化遗产解说的核心主题,再根据大运河文化遗产资源、受众对象、地理空间位置等确定次级主题,总结出大运河解说主题表(表7-2)。

(1)根据大运河文化遗产规划纲要确定核心主题——千年运河

2019年2月,中共中央办公厅、国务院办公厅印发《大运河文化保护传承利用规划纲要》(以下简称《规划纲要》),吹响了大运河文化带建设的冲锋号角,从国家战略层面对大运河文化带建设进行顶层设计,推进保护、传承、利用工作,为新时代大运河文化保护、传承、利用描绘了宏伟蓝图。《规划纲要》作为新时代党中央、国务院所做出的一项重大决策部署,其目的是深入贯彻落实习近平总书记重要指示精神,充分挖掘大运河丰富的历史文化资源,保护好、传承好、利用好大运河这一祖先留给我们的宝贵遗产,打造大运河文化带。在《规划纲要》当中,就明确地指出2050年要将"千年运河"的文化旅游品牌享誉中外的战略目标。因此,本文认为大运河文化遗产解说系统的核心解说主题也应符合国家战略层面的设计,设定为"千年运河"。"千年运河"这一核心主题很好地囊括了大运河所有的文化遗产资源和其核心价值,展现出大运河文化所代表的中华文化源远流长、博大精深的特点。

表7-2　杭州大运河文化遗产解说主题表

核心解说主题	次级解说主题	解说专题
千年运河	运河记忆	杭一棉(通益公纱厂):民族实业企业在夹缝中的生存历程。 华丰造纸厂:后工业时代顺应潮流的幸存者。 文化创意创新园区(阿里巴巴等科技公司):新时代的美学重塑与朝气勃发。
	历史沧桑	马可·波罗天堂游:重走马可·波罗的杭州之路,看《马可·波罗游记》的东方辉煌。 运河漕运制度旅:中国漕运制度的演变。 杭州中国博物馆群游:由杭州工艺美术博物馆、中国刀剪剑博物馆、中国扇博物馆、中国伞博物馆、手工艺活态馆、中国京杭大运河博物馆组成的中国最大博物馆群,通过博物馆展览,感受大运河的历史沧桑。
	风情廊道	东河桥梁风情夜游:乘船夜游,游玩横跨运河的古代桥梁。 盛世钱塘夜游风情:包揽东吴钱塘弄潮风情,观海天一线盛状。
	钱塘文脉	桥梁怀古:赏长桥月色、怀拱宸之风、观江桥暮雨。 运河集市:体会运河集市烟火气息。
	宗教并存	海潮定光:千古佛僧文化,感化世人行善积德。 张大仙庙:中国本土宗教,传奇道人救死扶伤。 耶稣弄堂:西方基督传教,近代宗教福音传播。

续表

核心解说主题	次级解说主题	解说专题
千年运河	文化古城	桥西历史街区:张大仙道教文化与传统中医药学 小河直街:风俗民情与现代小资 大兜路历史文化街区:手工艺品

　　(2)根据大运河文化遗产解说资源内容确定次级主题——运河记忆

　　在大运河文化遗产类旅游资源中(表7-1),有特色历史街区、古桥梁、古建筑等,还有杭一棉等工厂遗址、居民老宅,可以根据大运河文化遗产类旅游资源类别确定解说主题,并围绕主题展开有关其形成发展、历史传说、人文艺术的综合讲解,使解说脉络清晰、专业系统。例如,将杭一棉、红雷丝织厂等浙江近代工业遗址作为主题,围绕该主题,挖掘与之相关的文化记忆,从该类遗址主题的前世今生,到与其相关的人文记忆故事讲述,从而纵观浙江近代工业发展的变迁。这些遗址类的解说资源承载着运河流动千年的文化记忆,因而可以将这些遗产解说资源内容整合成次级主题"运河记忆"。

　　(3)根据大运河文化遗产解说受众对象确定次级主题——历史沧桑

　　根据大运河文化遗产解说受众对象的不同,讲解的专题、内容和方式也应随之不同。例如,针对国际访客,可以以"重走马可·波罗之路(杭州大运河段)"为专题,根据《马可·波罗行纪》当中描写,重寻元朝的杭州盛景,展现古代中国的历史成就;针对国内各中小学组织参与的研学旅行的学生,可以以"跟着课本去旅行"为专题,参观由杭州工艺美术博物馆、中国刀剪剑博物馆、中国扇博物馆、中国伞博物馆、手工艺活态馆、中国京杭大运河博物馆组成的中国最大博物馆群,带领学生了解历史课本中所提及的京杭大运河在历史中的繁荣和重要意义;针对文化遗产专家群体,可选择如"大运河漕运制度的发展""大运河船文化变迁"等专题,将深度挖掘只有京杭大运河存在的漕运制度,从侧面介绍中国封建王朝对中央集权统治和多民族国家统一的发展历史。即便针对不同的解说受众,会产生不同的解说需求,需要采用不同的解说媒介系统,但他们都有着共同的文化需求——通过大运河文化遗产解说了解中国历史的变迁。因此,可以设定次级主题为"历史沧桑",用流动的运河展现中国历史洪流中的冰山一角,给予解说受众有关历史知识的教育。

　　(4)根据大运河文化遗产空间地理位置确定次级主题——风情廊道

　　由于大运河文化遗产呈线性分布,各文化遗产资源和遗产点分散,且同一区域空间中包含有各类旅游资源,因此,以地理空间位置为主轴确定解说主题是一种较为常用的方式。以大运河夜游项目为例,从武林门码头—拱宸桥段的"东河风情休闲夜游篇"或从武林门码头—武林门段,途径武林门码头、三堡会澜、钱塘江的"盛世钱塘夜游风情篇"。通过线性路径的主轴展开,设定次级解说主题为"风情廊道",沿河而行,饱览运河两岸的风光,运用现代灯光秀、导游讲解等解说媒介展现杭州人民依河而生,枕河而息的风土人情。

(5)根据大运河文化遗产文学经典作品确定次级主题——钱塘文脉

在杭州大运河的文化资源当中,拥有着许多历史典故、文学经典、文人雅事流传至今,吸引着中外访客的到访。文学之旅,让他们对有"人间天堂"美誉的余杭心生向往,若能将读者在文学作品中对杭州运河"烟柳画桥,风帘翠幕,参差十万人家"风貌的遐想在现实当中重现,必定能够加深访客对大运河的感知体验。因此,以大运河沿岸的古诗词等经典作品确定解说次级主题,将"钱塘文脉"作为解说运河遗产文学经典,解读文学作品的核心,为访客营造一个富有文学教育意义的解说环境。

(6)根据大运河文化遗产宗教人文建筑确定次级主题——宗教并存

杭州作为京杭大运河南端的重要城市,与大运河一样拥有着水的包容性,尤其体现在其对宗教文化的包容性。杭州大运河文化带上有海潮寺、定光寺等佛教寺庙,也有水南娘娘庙、五显神庙等道教寺庙,还有耶稣弄堂、司徒雷登故居等天主教基督教堂等等宗教人文建筑。佛教、道教、天主教、伊斯兰教等宗教在杭州这座文化古城里都有着一席之地,并且各个宗教和谐共存、彼此尊重,体现了杭州"上善若水,包容万物"的包容性。对此,我们针对这些和谐共处的多元化的宗教建筑群提炼出次级主题"宗教并存"。

(7)根据大运河文化遗产历史古建筑群确定次级主题——文化古城

杭州大运河千年的滋养,使得杭州的历史文化生生不息,源远流长,拥有许多历史名胜古迹以及代代相传的非物质文化遗产。杭州大运河的古建筑群可以分为三大街区,桥西历史街区、小河直街和大兜路历史文化街区,这三个历史文化古建筑聚落各具特色,彰显着杭州"文化古城"的历史厚重,因而根据杭州大运河文化遗产历史古建筑群确定次级主题为——文化古城。

2. 大运河文化遗产解说线路

解说人员应根据大运河文化遗产解说的主题选择解说线路。围绕"千年运河"的核心主题,根据运河记忆、历史沧桑、风情廊道、钱塘文脉、宗教并存、文化古城这六个次级解说主题,规划出五条文化遗产解说线路:运河记忆之行、历史变迁之河、杭州风情之廊、钱塘文学之脉、万教和谐之地、历史建筑之街。

（1）运河记忆之行

运河记忆之行是以大运河文化遗产类建筑承载的有关运河记忆而展开的文化遗产解说路线。对此，我们还可以细分为工业记忆、晚清记忆、民国记忆、改革记忆等等之类的记忆路线。以工业记忆之行为例，通过以"通益公纱厂—华丰造纸厂—阿里巴巴等文化创意创业园区"为线路展开，将工厂遗址、居民古宅、特色园区作为这条解说线路上的主要解说对象。这些解说对象承载着中国近现代工业发展的文化记忆，从近代民族企业的自发图强，到后工业时代的奋起直追，再到新时代的创新科技，是积贫积弱的旧中国逐渐实现民族复兴的伟大梦想的记忆，也是中国人民一代又一代的共同记忆。因此，这条线路可以通过对这些解说对象的声情并茂的解说，讲解人文趣事，历史传说，来唤起解说受众对运河上工业发展的文化记忆，产生强烈的情感共鸣。

（2）历史变迁之河

京杭大运河最早开凿于公元前486年春秋时期，距今已有2500多年，见证了中华文明五千年的一半历史，是中国流动的史册。在这条运河上，有吴王夫差开凿邗沟称霸中原的壮志，有隋炀帝沟通南北水系的一统中华的豪情，有马可·波罗遇见人间天堂的美梦，也有中国漕运制度的变更、木制航船设计的发展。通过这条千年运河能窥探到整个中国历史发展变化洪流的一隅。因此，我们可以设计"历史变迁之河"这一大运河文化遗产解说线路，充分利用由杭州工艺美术博物馆、中国刀剪剑博物馆、中国扇博物馆、中国伞博物馆、手工艺活态馆、中国京杭大运河博物馆组成的中国最大博物馆群，通过博物馆历史文物展览解说，介绍大运河的历史变迁。比如，京杭大运河博物馆遵循"运河的开凿与变迁—运河的利用—运河的保护—运河文化"这一历史发展顺序来制定解说线路，解说效果清晰而又明朗化。

（3）杭州风情之廊

泛舟游河是杭州上至皇帝巡幸，下至渔翁摆渡的一种出游方式，在运河上泛舟而行能够饱览运河两岸东南形胜的风光，也能体会运河水上人家的风土人情。而夜游解说是一种很好的互动式解说方式。目前，根据人们不同的喜好，已规划有梦幻夜游之路、东河桥梁风情、盛世钱塘夜游风情等路线。

1）梦幻运河夜（日）游之路

该路线从武林门码头出发，沿途欣赏西湖文化广场、御码头、富义仓、乾隆舫、大兜路、小河直街、桥西直街，最后到达拱宸桥，倘徉夜运河，感受江南之夜的流光溢彩与水墨韵味，该路线在白天也开放，让访客感受从繁华喧闹的武林门，来到"小桥流水人家"的拱宸桥，感受桥西人家的古朴韵味。

2)东河桥梁风情夜游路线

沿线可以游玩宝善桥、广安新桥、太平桥、菜市桥、解放桥、淳祐桥、章家桥、安乐桥、斗富三桥,至梅花碑斗富二桥(终点)上岸,这一路上共可以游玩杭州的十多座形态各异的古桥梁。

3)盛世钱塘夜游风情路线

该路线的第一站为三堡会澜,三堡船闸,不仅开启了运河南端出口,让运河通向了更大更远的世界,更重要的是它为古老的运河创造了新的生机与辉煌。第二站为钱塘江,访客可在观赏杭州湾喇叭口的特殊地形所造成的特大涌潮。

4)杭州运河古韵非遗之旅

该路线为"香积寺码头—拱宸桥西土特产码头—手工艺活态馆",该路线沿途还经过手工艺活态展示馆,这里集中展示了刀剪、油纸伞和绸伞、扇子、天竺筷镀画、紫砂茶壶、刺绣等等 36 种传统手工艺。访客可以在这了解和学习到具有浓厚中国历史特色的传统工艺非遗文化。这里也是亲子互动场所的最佳推荐,孩子们可以一一体验尝试传统手工艺。

(4)钱塘文学之脉

文学旅游作为文化旅游的一种,逐渐进入人们的视野。文学中的人物、事件或地点可以构成独特的旅游景观,这些旅游景观可以是独立成景,也可以作为人文景观的陪衬。杭州大运河拥有丰富的历史传说、地理论著和诗词歌赋,有关余杭描写的文学作品多不胜数,这些都可以作为运河文学旅游解说的资源,也可作为解说主题和路线的出发点。从中国古典诗词的角度挖掘京杭大运河杭州段的旅游资源,着力开发杭州段的文学线路,包括南巡驻跸、桥梁怀古、运河集市和梵呗悠扬篇章。因此,以运河文化旅游为解说路线,不仅有着清晰的解说思路,同时对于我国传统文化,如诗词歌赋向世界的传播大有益处。

(5)宗教和谐之地

宗教和谐之地的文化遗产解说线路是以宗教人文建筑而展开,根据佛教、道教、天主教、伊斯兰教等等宗教寺庙以及儒家祠堂等宗教寺庙或祠堂建筑进行分类设计宗教朝圣礼拜路线,同时也将各个宗教串联起来,体现出千年运河的包容性,各个宗教在中国特色社会主义社会下的和谐共处。

(6)历史建筑之街

杭州大运河有三大历史街区,每个历史街区均有自己的特色。三大历史街区均包含许多分散的遗产以及旅游景点。以桥西历史街区为例(图 7-1),其历史文化遗存保存良好,不仅有近代工业的厂房、仓库、商店、船埠、码头、宿舍及各种生产生活工具,还有部分非物质形态文化内容,如生产方式、饮食、礼仪、民俗、市井文化。

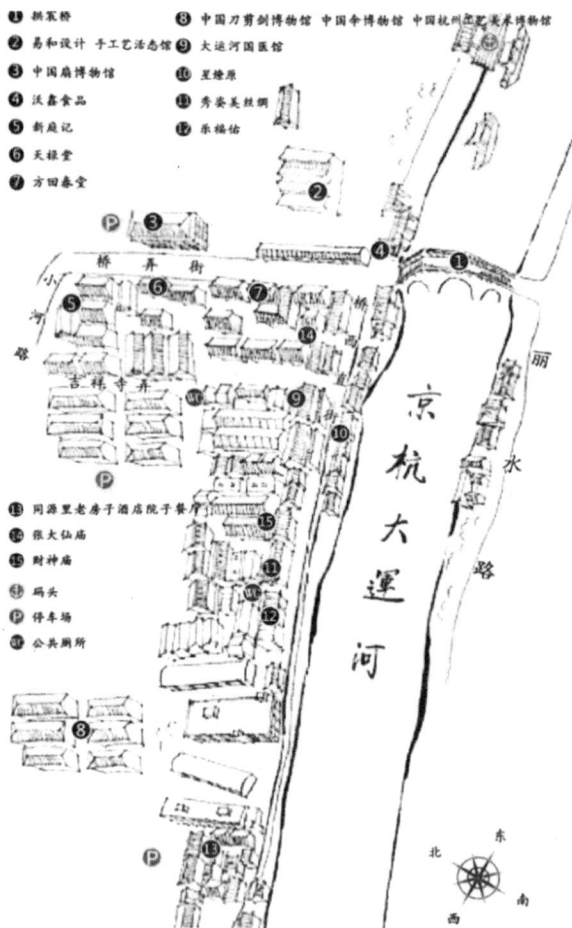

图 7-1 桥西历史街区旅游休闲业态分布图
(图片来源:张环宙,徐林强.杭州运河旅游[M].杭州:杭州出版社,2012:66)

充分联结杭州大运河景点以及遗产点,如桥西历史街区可以以博物馆(感受运河传统工艺)+张大仙庙(感受道教文化)为路线,同时弱化中医馆的景点特性而突出其文化性,例如夏季免费供应清凉草药汤,端午节分发香囊等;小河直街则可以主打风俗民情+现代小资,因为除了各种老式建筑,现在小河直街以艺术工作坊为主,有手工编织、手工烘焙、手工皮革等小店,文创氛围较为浓厚。通过该种方式,三大街区的解说主题和功能定位也可以变得更加清晰。同时,可以利用运河游船将三条街区串联起来,进一步提升解说的连贯性。

此外,根据不同的主题,还可以设计如"运河古历史建筑旅游路线",其中包括历史文化街区、公寓里弄建筑、公共建筑、花园别墅建筑、传统民居建筑、宗教建筑和工业遗产建筑等。

综上所述,大运河遗产解说规划体系构建既需要挖掘大运河遗产丰富的解说资源,又需要凸显大运河遗产意义与价值,也需要强化不同访客对大运河遗产的体验。以上方案仅是基于目前对大运河遗产解说系统内部各个要素和资源的有机整合。在资源和时间精力允许的情况下,需要对大运河遗产解说的主题和次主题重新进行提炼,尤其是 2019 年 12 月 5 日中共中央办公厅、国务院办公厅印发《长城、大运河、长征国家文化公园建设方案》之后,解说主题应该提升到中华文化传承和文化认同的高度。

第三节　大运河遗产解说媒介系统构建

大运河遗产解说媒介作为传播大运河遗产内涵与文明的介质,是联系大运河遗产与国内外访客之间的桥梁,是访客领略和体验大运河遗产的一种重要手段,是大运河遗产解说系统的重要子系统,是大运河遗产解说这个大系统与外界进行物质、能量、信息交换的通道。大运河遗产所承载的各种信息通过遗产解说媒介系统传达给访客,使访客形成对大运河遗产的印象和记忆,从而达到提高访客满意度与解说体验质量的效果。

1. 大运河遗产解说媒介系统构建原则

在构建大运河遗产解说媒介系统时应遵循以下原则:

(1)保护传承原则

大运河遗产强调文化遗产和自然环境的互利兼容性,其解说媒介应该在文字、图像、风格、体验性等方面与大运河遗产相协调。凸显尊重、欣赏、保护、展示大运河文化遗产、自然遗产的核心科学价值观。以原生价值文化遗产内涵为主,以科学准确性和真实性解说原则为辅,摒弃人为虚假篡改的遗产解说。解说媒介可以把遗产学、旅游学、环境学等引入解说媒介系统构建中,提升遗产解说媒介与大运河遗产人文自然环境的共生共存力度。

（2）以人为本原则

大运河遗产解说媒介系统的服务受众是访客，遗产解说媒介应充分考虑受众心理需求层次，深入研究访客的趣味需求、行为动机和情感动机，展现出大运河遗产诚挚的人文关怀。而针对大运河遗产解说媒介系统中的静态解说牌的文字、图像、设计和音视频设备尽量不要给访客产生很突兀的视觉感和听觉感，提升访客群体的审美舒适度和阅读兴趣度。

（3）特色简明原则

大运河遗产解说媒介系统应彰显大运河遗产的特色和个性，遗产解说要注意简洁鲜明，使访客能一目了然的感知大运河风俗民情。而通常访客在解说牌示前的滞留时间较短，解说人员应通过自己的语言激发访客吸引力和注意力，如果大运河遗产解说的语言、文字、历史文化等晦涩难懂、无趣，访客则没有耐心阅读、理解、记忆这些解说信息，他们就不会愿意接受大运河遗产解说媒介信息。

（4）时代性原则

伴随着现代科学信息技术的创新发展，传统意义上的解说媒介已不能充分满足受众越来越高的品位和追求，大运河遗产解说媒介系统应积极推进旅游门户网站、搜索引擎、虚拟 VR 科技、多媒体声像互动、多语言感知技术等，丰富遗产解说媒介的方式，满足访客群体多层次需求。

2. 大运河遗产解说媒介系统构成

解说媒介作为解说内容和访客沟通的桥梁，能够帮助受众清晰地理解造访地解说信息。解说媒介在解说系统中是十分关键的一环，是链接解说主体和解说受众的重要载体。解说媒介的发展是随着技术的发展日益更新的，早期多以指示牌、印刷品、音像制品等形式存在，后期又多了蓝牙实时解说、网络互动解说、虚拟 3D 展示、影视解说等新兴渠道，如笔者在大运河解说体系调研中了解到的使用 H5 图文的解说形式。兴起的解说媒介增强了访客旅游过程中的趣味性和生动性。调研中，笔者发现，大运河遗产解说媒介主要有牌示解说、访客中心、视听多媒体、便携式出版物、展示解说、历史档案、网络解说、博物馆定点解说等，因此根据大运河文化遗产解说体系的特点，拟构建如下大运河遗产解说媒介系统，并分为言语交流类和非言语交流类两种（图 7-2）。

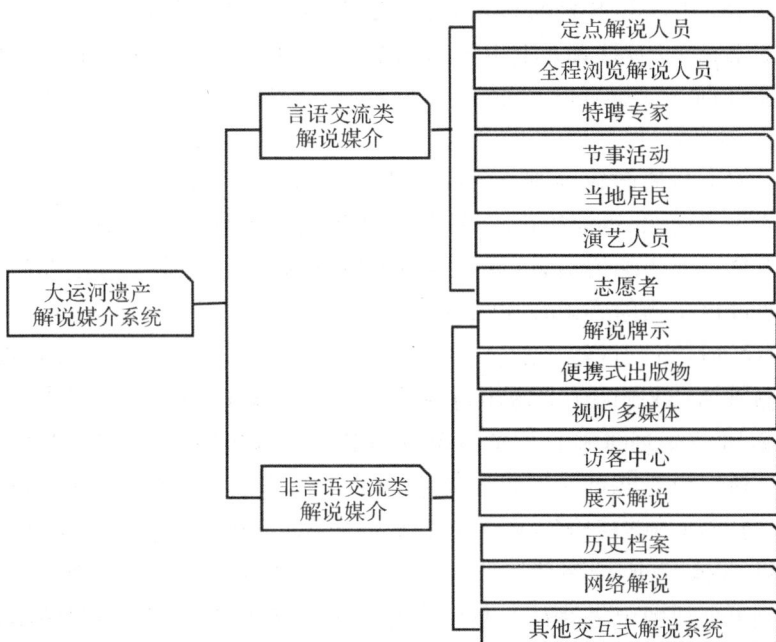

图 7-2　大运河遗产解说媒介分类

（1）言语交流类解说媒介

1）定点解说人员

大运河文化遗产资源类型多样，遗产地分散，安排定点解说人员为访客提供专业的定点解说是提高解说效率的极好方式。例如，在五大博物馆内和运河游船上安排定点解说员，注重解说语言的专业性。

2）全程游览解说人员

在活动引导解说中，解说人员伴随着访客、有次序地造访经设计安排的地点、事物及现象，在解说人员的信息传播中，访客可以同时得到看、听、触、闻、尝的实物解说信息，并可以借着与解说人员的双向沟通，提升个人在遗产中的观察与欣赏能力。针对某些特殊的团体或有需要的国际访客，可通过网上预约并安排全程游览解说员。该解说人员可根据解说对象特点确定解说主题，保证解说的专业性、完整性和流畅性。

3）特聘专家

解说讲演是由专业的学者专家，针对某个主题进行演讲。这类的解说服务，是希望能引导访客产生对遗产的认识（敏感、认知、欣赏、热忱），所以它强调有效的解说是一种心灵沟通的原则，在解说过程中，演讲者运用访客的观察力、良好的形象与亲和力和适当确切的沟通，以达成此原则。大运河文化遗产地还可以与大专院校和科研机构合作,邀请有关运河文化遗产专家开展实地调研和专题讲座,同时服务于访客和当地居民,让其获得更为权威和具有拓展性的解说内容。

4)节事活动

大运河文化遗产地可通过举办一些事节活动或旅游交流活动,如非物质文化遗产手工沙龙、运河摄影大赛、运河文化民俗婚典等。以此传播大量的有关运河文化遗产的解说信息,并增强旅游的趣味性,同时让国内外访客都能够很好地通过体验式的方式传播运河文化。

5)当地居民

当地居民是文化遗产地解说中十分重要的一环。当地居民早已与大运河相知相融,是大运河文化长期演变的体现者。因此,从功能上讲,他们既是大运河文化遗产内容的重要组成部分,又在以自己的一言一行传播着地方文化,可以说只有大运河当地居民的文化展现才能让访客感受遗产旅游体验的原真性。例如,笔者在走访中,拱宸桥边卖甜酒酿的手艺人家就世代做甜酒酿,也亲眼见证了运河的历史变迁。若定期请专家或优秀导游为其提供信息,当地居民就可以成为行走的运河文化传播者。

6)演艺人员

解说模拟(生活剧场)是透过演艺人员的活动表演,来重现过去文化传统生活或习俗的一种解说方式,它所强调的是一种运用解说功能去阐释真实文化行为的方法,也是提供访客了解某些时代背景及人文史物的最佳途径之一。根据美国学者加里森(Garrison,1982)对生活剧场的划分,生活剧场可分为"第一人称式生活剧场(First-Person Living Interpretation)、表演式生活剧场(Performance Living Interpretation)、手工技艺表演(Craft and Skill Demonstrations)和文化性民俗节庆(Cultural Festivals)"四种。① 其中具有代表性的舞台剧《遇见大运河》现已取得了极好的国际口碑和效果,是大运河文化凝聚的一个代表,也是大运河遗产的一张国际宣传推广的金名片。据了解,《遇见大运河》创作初始,杭州市就准备在运河的西塘河边建运河大剧院,作为此剧驻点演出场所。但后计划有变,运河大剧院业已建成,但已由省演艺公司经营,所以自世界巡演后《遇见大运河》就没有再继续演出了。《遇见大运河》是宣传大运河文化的最引人入胜的方式之一,不但可以形象生动艺术性地宣传大运河文化,还可以实现一定经济效益。艺术魅力和感染力这么好的优秀剧目,却无法在运河边拥有固定演出场所,无法举行每周一到两次的演出,

---

① 钟永德,罗芬.旅游解说规划[M].北京:中国林业出版社,2008.

这实在是一件憾事。

7)志愿者

在大运河文化遗产所在社区和旅游相关院校中招募解说志愿者。大运河遗产管理方可以依据解说的需要,从社会上招募热心人士进行短期专业训练,或就社会各专业领域招训志愿服务人员。这部分解说员要经过考试或专业训练,且熟悉大运河文化带环境资源与经营管理的专业知识。大运河遗产招募解说志愿者一方面可以减少开支,更重要的是通过这部分人可以感召其他人共同加入到保护大运河文化遗产的队伍中,易于形成一种全社会都参与大运河文化遗产保护的良好风气。

(2)非言语交流类媒介

1)解说牌示

遗产地解说牌是运用简洁的文字、图片,在游览的同时为访客提供遗产旅游资源自然和文化内涵的讲解,包括遗产介绍牌、遗产引导牌、遗产景点解说牌、遗产内涵说明牌等,是遗产地解说系统主要的解说媒介之一。随着自由行访客的增加,解说牌示在解说媒介中具有十分重要的地位。国外对解说牌示的研究较早,目前已深入微观领域,对牌示的设计、材料、颜色、大小甚至字体和间距等都有深入的研究。笔者在调研中发现,大运河解说牌示中出现大量内容语法错误、意义解读不清晰、拼写错漏现象,未能够准确地向访客传达运河文化和运河精神。

2)便携式出版物

便携式出版物包括印刷品和形象标志和推广品。印刷品包括宣传折页、科学导游图、自主旅游手册、导览丛书、画册、纪念性明信片等,尤其是自助旅游手册或向导手册,内容上应全面细致,应加强英文版本的提供,以满足不同访客的需求。形象标识与推广品包括宣传海报、媒体广告、景区主题歌曲、演出视频等。它向访客传达大运河文化带各个方面的信息,使访客能够更好地了解大运河文化带的发展概况,管理现状、文化遗产和自然环境,充分满足访客的需求。有效满足访客的需求可以提高访客的游览体验质量,也可以帮助大运河遗产管理者做出决策,提高大运河遗产的管理和服务水平。

3)视听多媒体

凡运用声音、文字、图片、影像等形式传达信息的媒体,均可称为视听多媒体。随着科技的进步,现代的视听多媒体日新月异,为吸引访客驻足观赏,进而达到遗产解说的目的,它们现已成为遗产解说中最常见的解说媒体之一。它能生动地传达风景名胜区的各种信息,使访客感到身临其境,并增加了访客的参与乐趣。目前,大运河游客中心提供的讲解设备陈旧,内容更新慢,且使用不方便,需要不断升级和优化。

4)访客中心

访客中心是自助访客获取信息的最重要的支持中心。访客中心可为访客提供信息、咨询、游程安排、讲解、教育、休息等旅游设施或服务。访客中心应具有提供信息及解答访客问题的功能,所以管理方常在访客中心的明显处设置服务台,并运用大型的全景地图、详细的资料索引、易于解说说明的组合模型等解说工具,以满足访客的咨询。遗产旅游点或遗产地的服务中心为便于管理及服务大运河遗产访客,遗产内某些遗产景点或旅游活动(如露营区、划船区等)设有服务中心,服务中心除负责某些服务设施的管理外,也具有提供遗产解说信息及服务的功能。课题组成员在调研过程中,发现小河直街的游客服务中心更像是个商铺,没有专门的景点服务人员只有店主,旅游手册的货架被摆放在阴暗的角落,很多旅游手册缺失也没有及时增补,墙上粘贴的"游船路线费用公示""景区讲解收费标准"均无英文介绍版本。因此,应进一步重视访客中心的建设及其作用的发挥。

5)展示解说

展示是运用公开性的展出空间,以专业的设置及技术,对访客展示遗产区域内相关资讯的一种解说方式。其目的除了借专业展示人员的精心设计,表达对访客强烈的欢迎之意外,还希望访客在遗产参观之后,可依对遗产地的资源和管理方式,产生一个整体的观念。

6)历史档案

历史档案资源作为文化资源的重要组成部分,充分开发和利用有助于传承社会记忆、展示国家文化。习近平同志指出,档案工作是一项非常重要的工作,经验得以总结、规律得以认识、历史得以延续、各项事业得以发展都离不开档案。运河历史档案作为重要的原始资料,在大运河文化带的建设过程中承担着不可或缺的作用,在大运河遗产解说媒介系统中也是不可或缺的一环。比如,在2017年6月10日即全国首个"文化和自然遗产日",全国首家非遗主题文献馆——浙江省非遗文献馆正式揭牌。非遗文献馆藏书量6万余册,设有借阅区、活态展示区、运河文献典藏室等多个服务区域,是宣传大运河文化和浙江省非物质文化遗产的重要载体。

7)网络解说

网络解说是通过互联网为访客提供大量相关旅游信息的解说方式。网络解说媒体既是大运河遗产展示旅游信息的平台,更是访客之间、访客与经营者之间信息交互的一个平台。大运河网络解说建设不仅可以随时为游客提供相关的旅游信息,也是进行大运河文化遗产形象传播的重要渠道。大运河应注重网络解说的建设和发展,打造专门的中英文版本大运河遗产旅游解说网站,完善大运河文化带以及其他服务设施的解说信息,满足国内外访客的多元需求。

8)其他交互式解说系统

大运河文化遗产带 H5 解说形式就是利用互联网解说系统的一个很好案例。但由于大多数国际访客并没有微信,因此该解说系统还具有一定的局限性。景区可借鉴泰国曼谷国立博物馆智慧导览平台,该平台利用现代技术,将博物馆场景、展品扫描至智慧平台,泰国国内外的访客均可通过平台进入其中,自主选择泰、英语言讲解模式,360 度无死角游览智慧平台中的博物馆展品,也可自主查看任何陈列展品的牌示信息和文本解说信息。交互式解说系统不仅可以方便国内外访客,还增强了访客的自主性,可根据自己的兴趣选择解说的对象和速度。

第四节　大运河遗产解说评估体系构建

解说评估系统的构建不只是评价解说体系整体优劣的一种有效方式,也是优化解说内容、主题、线路和媒介的有效手段,是提升解说服务质量和管理、提升访客体验的良好途径。目前大运河遗产解说系统方面比较欠缺,为改变目前大运河遗产解说落后的现状,加深大运河遗产解说研究的深度,本章节研究构建大运河遗产解说评估系统,建立大运河遗产解说的评价指标,以期为大运河文化遗产解说系统的可持续稳定构建与发展提供有价值的科学指导。

1. 大运河遗产解说评估系统构建原则

在大运河遗产解说评估系统构建时应遵循以下原则:

(1)系统性原则

系统性即大运河遗产解说评估系统要能全面反映大运河遗产解说系统的总体特征,符合遗产解说的内涵,但又要避免指标之间的重叠,使评估目标和评估指标有机地联系起来,组成一个层次分明的整体。

(2)科学性原则

科学性即评价指标要能客观和真实地反映大运河遗产解说评估系统的内

涵,能较好地度量大运河遗产是否提供了真正的遗产解说产品。

（3）层次性原则

层次性即根据评估需要和遗产解说评估系统的复杂性,大运河遗产解说评估系统评价指标可分解为若干层次结构,使评价指标合理、清晰。

（4）指导性原则

指导性即在大运河遗产解说评估系统评价指标要体现与大运河遗产可持续发展目标一致的政策,对大运河遗产的经营管理起指导的作用,规范和引导解说评估系统未来发展的行为和方向。

（5）操作性原则

操作性即解说评估指标应尽可简化,计算方法简单,数据易于获得。评估指标的研究固然重要,但眼花缭乱的评估指标及其相应的众多数据,并不利于大运河遗产经营管理的科学决策和应用。所以,本研究尽量将各种评估指标集中成为简单明了的综合指标,使体系中的评估指标有可测性和可比性,便于大运河遗产解说评估系统的构建。

（6）定制性原则

定性与定量相结合,考虑到大运河遗产解说评估系统涉及面广,描述现象复杂,指标评估时采用定性与定量相结合,以定量评价指标为主,对一些无法做到直接量化的采用一些主观评估指标,便于对大运河遗产解说系统做出全面详细的评估。

2. 大运河遗产解说评估系统评价指标

（1）国内外解说评估模型

国外对于解说评估的研究主要采用定性和定量相结合的方式,对解说的原则、方法、媒介、效果,以及满意度和个体行为关系上研究较为深入。努森（Kundson）等人认为,解说应该被评估,评估的结果对旅游地有促进作用。学者萨瓦据（Savage）和詹姆斯（James）提出了评估的"SMART 原则",即"准确（Specific）、可度量（Measurable）、可达到（Attainable）、以结果为中心（Results-focused）、有时间规划的（Timetabled）"。国内外学者对解说评估的关注主要有解说评估方法、满意度评估、有效性评估和解说系统评估。国内外解说系统评估模式主要有"基于服务质量的评估模型（Service Quality,简称 SERVQUAL）"和"基于重要—表现程度分析模型（Importance-Performance Analysis,简称 IPA）。"

1)基于 SERVQUAL 评估方法模型

SERVQUAL 评估模型是 20 世纪 80 年代末由美国市场营销学专家帕拉休拉曼(A. Parasuraman)、来特汉毛尔(Zeithaml)和白瑞(Berry)依据"全面质量管理(Total Quality Management,TQM)"理论在服务行业中提出的一种新的服务质量评价体系,核心理念为服务质量取决于用户所感知的服务水平与用户所期望的服务水平之间的差别程度,用户的期望是开展优质服务的先决条件,提供优质服务的关键就是要超过用户的期望值。SERVQUAL 通过"有形资性、可靠性、响应速度、信任和移情作用"五个尺度评估顾客接受不同服务的服务质量。该系统适合于测量信息系统服务质量,同时也是一个评价服务质量和用来决定提高服务质量行动的有效工具。

2)基于 IPA 评估方法的模型

"重要—表现程度分析法(Importance-Performance Analysis,简称 IPA)"是一种通过"重要"——对访客的重要性和"表现"——访客认为表现情形的测度,将特定服务或产品的相关属性优先排序的技术。此方法包含双重机制,分析的结果可以让经营者知道使用者或消费者的要求以及本身服务品质的现况评价,作为日后继续发展或中断的参考;对于经营者来说是一项非常有用的资讯。IPA 评估方法是 1977 年由马提拉(Martilla)和詹姆斯(James)在分析机车工业产品的属性研究中提出的。该模型是营销领域中用来评价企业品牌、产品以及服务优势和劣势的一项分析工具。① A 模型架构是将重要性(重视度)列为横轴,绩效表现(表现度)列为纵轴,并分别以顾客对产品或服务属性重要性、绩效表现评价之总平均值作为 X-Y 轴的分割点,将空间分为 4 个象限(图 7-3)。

第一象限表示重要程度与表现程度的评价皆高,落在此象限中的属性应该继续保持(keep up the good work);第二象限表示重要程度高但是表现程度不佳,此象限中的属性是供给服务者应该加强改善的重点(concentrate here);第三象限则是两者皆差,此象限中的属性表示改善的优先顺序较低(low priority);第四象限表示重要程度低但是表现良好,此象限的属性可能是供给过度(possible overkill)。

相比较于 SERVQUAL 评估方法,IPA 评估方法对于参与评估的指标并无明确限定,在解说评估系统中,可针对不同的解说系统选择不同的评估指标,使得对评估系统的评估更具针对性。IPA 模型能有效通过问卷调查得到

---

① Ennew C T and Binks M R. Importance-Performance Analysis and the Measurement of Service Quality[J]. European Journal of Marketing,1993(27):59-70.

重要性
Importance

最大值
Max

II	I
重点保持	继续保持
Concctrate here	Keep up the good work

绩效
Performance

III	IV
无须优先	过度努力
Low priority	Possible overkill

最小值
Min

最大值
Max

图 7-3　重要性——表现度分析模式

相应的结果,并通过象限分析直观地反映当前解说系统中存在的问题和改进的方向。因此,本章节主要基于 IPA 方法构建大运河遗产解说模型,并针对大运河解说系统的特点选择评估指标。

（2）大运河遗产解说评估系统评价指标

笔者在参考以往遗产解说评估指标的基础上,根据第二章节针对解说规划评估相关研究成果的梳理分析,结合国际访客视角下杭州大运河解说系统的特点和要素,确定了大运河遗产解说评估的 4 个方面、9 个要素和 81 个具体指标（表 7-3）。根据表 7-3 中的模型和指标,本模型将解说系统评估等级划分为优秀、良好、及格、不及格四个等级,采用 5 分制,每个等级对应一个分值区间,4～5 分为优秀;3～4 分为良好,2～3 分为及格,1～2 分为不及格（表 7-4）。以此根据得分对应等级,由此为大运河文化遗产解说系统建设提出具有操作性和阶段性的目标和改进策略。

表 7-3　大运河文化遗产解说评估系统评价要素和指标

解说系统	评估方面	评价要素	具体指标
大运河文化遗产解说系统评估	解说对象	A 解说对象	A1 尊重遗产地真实性
			A2 遵循遗产地文脉和背景环境保障
			A3 保障遗产地解说信息源搜集和调查
			A4 充分挖掘利用遗产地解说资源
			A5 尊重遗产地社会、经济和环境的可持续发展

续表

解说系统	评估方面	评价要素	具体指标
大运河文化遗产解说系统评估	解说主题	B 解说内容	B1 直接和遗产传承的意义和目的相关
			B2 在访客预知的知识范围内并能够和他们的个人经历相关联
			B3 满足访客、遗产和管理的各自需求
			B4 组织应有清晰的逻辑关系
			B5 遵循解说目标和解说主题
			B6 激发访客参观的动机
			B7 推动遗产地形象的塑造
			B8 准确清晰、简明易懂、图文并茂
			B9 形象生动、有趣味性,避免过度专业化
			B10 促进公众对文化遗产本身内涵的理解
			B11 具有科普及遗产教育功能
			B12 具有外文翻译且表达正确恰当
		C 解说项目及线路	C1 突出文化遗产地特色
			C2 针对不同受众开展专门的项目及线路
			C3 项目及线路种类丰富,开展频度高
			C4 解说活动的设计应主题鲜明、沟通目的明确
			C5 能够体现大运河或中国文化特色
			C6 事节活动或旅游交流活动的开展
			C7 项目及线路布局针对性与合理性
			C8 项目及线路解说技术运用性
			C9 项目及线路解说科技创新性
	解说受众	D 解说受众	D1 收集整理解说受众的背景信息
			D2 分析不同受众群体人口学特征和心理学特征,总结受众的解说偏好
			D3 划分不同解说受众类型,开展多样化解说服务
			D4 针对特殊群体(残疾人、儿童、老人)需求制定专门解说
			D5 参观总体感受
			D6 访客重游意愿

续表

解说系统	评估方面	评价要素	具体指标
大运河文化遗产解说系统评估	解说受众	D 解说受众	D7 能使访客增长知识，提高对遗产地认知
			D8 能使访客顺利完成参观游览
			D9 能唤起访客学习兴趣
			D10 能使访客获得愉快的参观体验
			D11 能使访客从解说中受到启发
			D12 能使访客引发思考
	解说媒介	E 解说人员	E1 具备与解说内容相关的丰富的专业知识
			E2 语言生动、通俗易懂，必要时具备外语交流能力
			E3 态度良好，服务热情，通晓国际礼仪
			E4 语速适中，表述清晰，解说内容能被理解
			E5 具备解说组织能力及应急能力
			E6 熟知遗产地最新活动及节目信息
			E7 积极与访客互动反馈
			E8 长期、定期人员专业培训
			E9 人员行为的监督与管理
			E10 相关规章制度与注意事项的告知
			E11 高效便利的资讯提供及咨询服务
			E12 传递中国文化遗产魅力和遗产保护理念
			E13 定期特聘专家进行遗产解说演讲
			E14 推动当地居民参与遗产解说
			E15 聘请演艺人员开展遗产解说活动表演
			E16 长期开展志愿者遗产解说服务
		F 解说牌示	F1 图文结合，中外文双语或两种以上语言
			F2 清楚地指明参观路线或清楚解释解说物，未造成歧义
			F3 文字简洁，信息准备，没有语病或语法错误
			F4 位置适宜，与环境相协调
			F5 内容丰富，解说到位，数量充足
			F6 修复及时，维护得当

续表

解说系统	评估方面	评价要素	具体指标
大运河文化遗产解说系统评估	解说媒介	G 解说媒体	G1 解说媒体类型多样,满足国内外访客使用需求
			G2 使用方便,操作简单,有双语指导
			G3 解说媒体定期维护更新
			G4 寓教于乐,有吸引力
			G5 对访客开展遗产地宣传推广
			G6 网络解说与智慧导览平台服务
			G7 遗产地历史档案收集展示
		H 便携式出版物	H1 涵盖文化遗产地自然和遗产资源
			H2 游览指南和教育信息相结合
			H3 易获取,携带方便
			H4 设计精美、环保、有收藏价值
			H5 有针对国际访客的版本或有英语解说资料
		I 解说设施	I1 设施数量及布局合理,能满足导览及解说需要
			I2 设施种类齐全,能满足交通导引、安全警示、遗产解说等多种需要
			I3 设施容易识别
			I4 设施高度及放置的角度适合访客参观
			I5 设施外形设计美观,与大运河遗产特色及解说主题相契合
			I6 设施尺寸设计合理
			I7 设施所用材料与解说主题及环境相协调
			I8 设施的颜色适宜,既易于识别又与周围环境相协调
			I9 设施具有一定的趣味性,可吸引访客进行简单的互动参与

(资料来源:课题组整理)

表 7-4   大运河文化遗产解说系统评估分级标准

等级	优秀	良好	及格	不及格
得分	4~5	3~4	2~3	1~2
改进策略	维持	完善	提升	重建

第八章　大运河文化带遗产解说系统构建建议及对策

大运河自开挖至今成就了中华文脉，积淀了丰厚的文化资源。长达3200千米的大运河沿线，拥有1100千米27段的世界遗产河道和58处世界遗产点；大运河纵贯南北，连接8省35座城市和大量乡村，分布着京津、燕赵、中原、齐鲁、淮扬、吴越等六种不同地域文化形态，以及园林文化、戏曲文化、工艺文化、饮食文化、民俗文化等众多文化类别和非物质文化遗产。然而这些宝贵遗产资源并未通过解说系统，充分展示给访客。本章将针对上文中提到的问题，提出四个方面的对策。

第一节　握手"一带一路"，制定大运河遗产解说规范

1. 紧密结合国家"一带一路"倡议，打造中外文化交流之河

从地理上说，大运河是贸易互通之河，是连接陆上丝绸之路和海上丝绸之路的纽带，也是连接南北的经济文化带。从文化上说，大运河不仅体现了中国农业文明的漕运制度，而且是沟通中央和地方、保合诸夏、谐和万邦的治国通道，是德政润泽的礼制体系。同时，大运河自古以来就是佛教、伊斯兰教等宗教多元和谐共存之地，是我国宗教团结和谐的对外窗口，是中外文化交流之河。

2013年9月，习近平主席在哈萨克斯坦纳扎尔巴耶夫大学演讲时提出了共建丝绸之路经济带的倡议，同时提出"政策沟通、道路联通、贸易畅通、货币

流通、民心相通"的建设路径。2015 年 3 月,国家发改委、外交部、商务部联合发布了《推动共建丝绸之路经济带和 21 世纪海上丝绸之路的愿景与行动》,其中提到"一带一路"的合作重点是"政策沟通、设施联通、贸易畅通、资金融通、民心相通"。

因此,大运河文化遗产的解说应与国家"一带一路"倡议紧密结合,打造中外文化交流之河:(1)遵从"一带一路"的建设路径,真正做到运河多元宗教文化共存,实现"民心相通"。(2)通过大运河的游览,令中外访客了解运河孕育的丰富多元的文化,展现中国自古以来上下融通、开放开明的治国之道,从而让更多的人读懂中国文明、看懂中国,在无形中实现"文化走出去"。

2. 制定遗产解说系统建设条例及多领域解说标准、规范

2019 年 2 月,中共中央办公厅、国务院办公厅出台《大运河文化保护传承利用规划纲要》。2019 年 7 月 24 日,中共中央总书记习近平主持召开中央全面深化改革委员会会议,审议通过了《长城、大运河、长征国家文化公园建设方案》。2021 年 8 月 8 日,国家文化公园建设工作领导小组印发《大运河国家文化公园建设保护规划》。打造大运河文化带,深入挖掘大运河丰富的历史文化资源,保护好、传承好、利用好大运河这一祖先留给我们的宝贵遗产,是新时代党中央、国务院做出的一项重大决策部署。在新一轮国际化发展战略中,如何让大运河文化遗产发挥更大作用是一个重要议题。大运河遗产的展示和解说体系能直接让国内外访客更好地了解大运河文化,因此是城市国际化战略的重要抓手。

全面提升大运河遗产解说系统,擦亮大运河文化带这一国家名片,使其对内能够凝聚人心、实现国家认同,对外传播中国形象、展示中华文明,这是一项具有深远价值与重大意义的发展战略。故而本书建议我国编制《大运河遗产解说系统建设条例》,乃至《国家遗产解说系统建设规划》,增加政府、民众对解说的系统性认知,强化顶层设计,推进保护传承利用工作。

2012 年 1 月,国家住房和城乡建设部发布《风景名胜区游览解说系统标准》。而针对目前各地市、各部门解说系统细节不统一、解说标志混乱等现象,有关部门应规范体系,继续统一制定相关解说标准。如《大运河遗产解说标识设计规范》《大运河遗产解说人员服务规范》《大运河汉英导览标识系统规范》等,为大运河文化带的建设、遗产的保护与解说提供各项法律法规和规章制度,体现运河的统一品牌形象与文化底蕴。

第二节　深化大运河遗产解说理论研究

1. 开展跨学科综合性研究

目前我国涉及解说系统研究的学科有休闲学、文化学、遗产学、旅游学、历史学、美学、规划学、环境学、生态学、设计学、教育学、心理学、符号学、传媒学、传播学、地理学、管理学等,且主要为单一领域的研究,缺乏跨学科的综合,研究内容系统性不强,深度也不够,未来在继续加强单一领域研究深度的同时,应当更加注重跨学科的综合性研究,借助相关学科的理论、方法与优势,优化解说内容、解说方式,从而推动解说系统的整体发展。

2. 构建具有本土特色的解说体系

国内外在社会制度和文化背景、旅游发展阶段、访客特征、遗产地管理制度等方面存在较大差异,体现在解说系统概念与内涵、解说系统功能与定位、解说规划模型与方法、解说规划内容和框架体系、访客和管理机构的解说需求等方面也有很大不同,因此,在充分借鉴国外研究与实践成果的同时,应当充分考虑我国基本国情,从基础理论、实证研究等方面构建具有我国特色的系统性的研究框架体系。

3. 完善解说评估系统研究

解说评估系统是解说系统规划的重要前提和基础。下一步,应当综合国内外研究的优势,从整体和单项两个层面加强研究,在单项层面继续深化解说服务、解说内容、解说方式、解说路线、解说设施等效果的评价研究,在整体层面开展对解说系统规划方案、解说系统规划实施、解说系统整体建设情况等方面的评价研究,支撑解说系统研究体系的构建与完善。

4. 分析总结解说受众及需求变化

解说受众需求研究是构建遗产解说系统的基础。从解说受众角度分析其解说需求变化以优化遗产解说系统。目前中国文化旅游产业的飞速发展,访客的解说需求和行为正在发生着巨大的变化,不同群体受众产生了更为多元的解说诉求。所以应结合国内外研究的基础,立足于中国文旅融合大背景,针对遗产解说受众及需求变化进行系统研究,分析总结相关理论成果,助力遗产解说系统构建与优化。

解说受众也是遗产解说系统重要的目标。解说的目的之一即为通过解说系统向其宣传保护遗产地的重要意义,展示遗产地的重要价值,使其支持和配合遗产保护工作,实现共同保护、协调发展。然而解说受众涉及不同年龄段、不同国家、不同爱好的国际访客、当地居民等。其浏览遗产解说地包括旅游观光、文化教育等多种多样的目的,因而对目的地的期望值、浏览方式均会有所差异。对解说受众进行研究有助于明确解说目的、优化解说内容、解说方式、解说路线,反馈解说问题,从而提升整个解说系统。

5. 探索解说内容、解说方式的创新

解说过程、方式方法的研究是解说系统研究功能、目标、过程、结果四个环节的重要一环,研究的难度较大。该方面研究的滞后将直接制约着解说系统功能的发挥和保护、发扬文化遗产等解说目标的实现,需要将新型前沿科技应用与心理学、社会学、教育学等学科理论加以融合,实现创新升级。

6. 深化跨文化遗产解说的研究

伴随着中国国际影响力和文化传播力的不断提高,国际旅游市场的逐渐发展,越来越多的国际访客被中国悠久的历史文化和遗产古迹吸引来华旅游。而跨文化遗产解说作为不同国家区域背景下人与人之间思想文化交流的桥梁,以及增进各国访客与原住民之间相互了解的媒介就显得尤为重要。所以为满足我国遗产旅游地不断提高自身的跨文化传播能力提升需求,相关学者应针对文化差异对遗产旅游地的跨文化传播造成的阻碍以及其调试方式开展了相关的理论研究,深化跨文化遗产解说的研究。

7. 加强解说系统研究与文化遗产的融合研究

解说系统构建研究是一项实践性较强的应用性研究,因此,其研究既不能就理论谈理论,也不能忽视理论探讨,而要理论与实践相结合,以科研成果为基础推进遗产地解说系统建设,发挥其包括历史文化教育在内的综合功能,最终构建具有特色的文化遗产地解说系统,使解说系统成为遗产地的形象标志。

第三节　统筹大运河文化遗产解说体系

大运河途经浙江、江苏、山东、河北四省及天津、北京两市。各个城市、各级政府应齐步走,树立全流域一盘棋思想,统筹建立大运河文化遗产综合保护协调机制,从解说规划、解说对象、解说内容、解说媒介等出发,建立统一的解说体系。

1. 建立完善统一管理、统一规划的解说机制

目前世界遗产地文化遗产解说系统的不完善,很大程度上归因于管理层面没有充分认识到文化遗产解说系统的作用,没有重视文化遗产解说系统的建设,因而文化旅游管理部门对大运河解说系统没有合理的规划,多数景区没有设立针对解说系统的专门管理部门,即使有相应的管理部门,目前其地位也没有受到应有的重视。

针对此,应创新政府管理体制,发挥政府主导作用。如杭州,目前已经成立杭州市运河综合保护管理集团、杭州运河集团和河道研究院,并将运河管理机构并入杭州市园文局。目前,建议在运河综合保护中心或河道研究院下设文化遗产解说研究科,承担文化遗产解说设施规划设计、解说人才培训考核、社会公众推广交流三大职能。或联合高校、社区、相关机构组织力量成立文化遗产解说中心,设置设计组岗位和解说组岗位,分别负责大运河文化遗产解说硬件设施设计和软件服务提升工作。

2. 实施大运河解说人才国际化战略，引才引智、昇才提智

加强与国际国内名校名院名所战略合作，紧紧抓住国际名校和院所聚才、塑才、输才的载体作用，着力引进国外知名高校、高水平研究机构的高层次解说相关人才。要着力推进国际化引才措施，善用国际资源培养人才，以更加宽广的国际视野引才育才。为杭州大运河打造国际旅游目的地拓宽国际思路、提高国际视野、谋划国际格局增加国际正能量。

同时，要把本土解说人才培养作为人才队伍建设的基点，坚持引进和培养一起抓，特别是服务于大运河国际旅游解说系统打造所需的创新型科技人才、研发人才、策划人才、创意人才和工匠等人才，鼓励人才队伍钻研大运河解说创新，提高解说系统开发的国际标准、国际思维。同时，通过举办解说国际学术论坛、国内外交流培训等，为扎根于大运河的解说人才创造与国际对话、学习的机会，加快本土人才国际化，做大做强大运河解说人才队伍国际化的基本盘。

3. 统一打造"千年运河"文化旅游解说品牌

大运河是流动的、活着的遗产，运河沿岸的老城、新城，商业街区、居民社区，老宅古巷、大街小巷、河道支流，静态的城区、活态的生活，历史遗址、当下生活，都蕴含着运河丰厚的文化底蕴，是活态的文化遗产。应深入挖掘和丰富大运河文化内涵，充分展现大运河遗存承载的文化，活化大运河流淌伴生的文化，弘扬大运河历史凝练的文化，各省市合力打造"千年运河"文化旅游解说品牌，将大运河打造成"世界规模的遗产旅游产品"。串联运河沿岸文化地标，设计推行相关文化创意产品、活动、表演等，建设大运河文化精品展示带和水生态文化精彩示范段，传承历史韵味，擦亮金字招牌，扩大国际影响。

如杭州市拱墅区已有由中国运河博物馆、中国工艺美术博物馆(刀剪剑、扇业、伞业、丝绸等博物馆)组成的博物馆群。此外，杭州于2018年成立大运河(浙江段)美术馆联盟。建议进一步整合博物馆、纪念馆、文化馆、图书馆、陈列馆、美术馆资源，如塘栖、凤山水城门、西兴、打铁关历史碑廊、三堡船闸处等，有分散在运河沿岸的纪念馆、博物馆和展厅，反映了在吴越文化、南宋文化、明清文化和近现代文化时期的文化。可进一步挖掘此类地区在茶叶、丝绸、中药、瓷器、围棋、国画、篆刻、国乐、工艺、美术等方面的文化价值、解说价值。同时积极建设浙东运河博物馆，拓宽馆际深度合作和资源共享，深入挖掘

整合了大运河沿线的文化特色资源,打造大运河沿岸统一的文化品牌,提升大运河文化综合展示水平。

4. 成立解说系统配套组织与资源利用系统

（1）成立中国解说专业协会,加强国际交流合作

尽快成立中国解说专业协会,并加入全球解说专业协会。目前全球解说专业协会发展迅速,影响力逐步扩大,国外现有各类解说组织20多家,解说资格认证包括解说员、解说接待员、解说培训师、解说规划师等系列,许多协会颁布了规划规范、学术课程、研究方法、专业机构等国际职业标准,为我国解说事业的国际化发展与全球化合作提供参考。

大运河文化带应成立遗产解说分会,主动积极地与世界其他解说协会、国际组织加强合作,主办或者承办遗产解说类相关国际会议和论坛,积极申报各类国际奖项,接轨国际语境,提升大运河文化遗产解说在国际学术界的话语权。这也有助于讲好大运河背后的历史故事,阐发大运河文化遗产的当代价值,推进文化遗产活态展示和体验活动,打造世界级遗产类旅游产品。

（2）建立多语种文化遗产解说资源库

目前大运河文化遗产存在各处解说标识不统一,外语翻译不统一等问题。建议运河研究院联合运河沿岸景点负责单位、高校智库、各地档案馆等,建立"大运河文化遗产解说资源库",以及"文化遗产解说系统多语种数据库"。此举可有效减少解说内容编写、标志设计、外语翻译等方面的工作量,提升解说效率,实现大运河文化遗产资源的有效共享。

综上,全省应加强沟通、协调和衔接,与《大运河文化保护传承、利用规划纲要》等国家发展规划要求精准衔接,在《杭州市大运河世界文化遗产保护条例》的基础上继续及时修订完善省级、市县级大运河保护发展解说规划等,加强对运河沿线的文化遗址遗存、非遗和古村镇街区的保护,实行分级分类管理,坚决防止搞破坏性重建。同时健全上述技术标准规范,建立健全政府、高校、社区、企业等共同参与的长效机制,保障大运河文化带浙江段建设落地见效。

5. 构建政产学研用多方协同的遗产解说发展模式

"政产学研用"是一种协同发展模式,代表政府、企业、高校、研究机构和市场用户五方面为共同整体利益联合起来,按照市场经济机制,采取多种方式方

法所进行的政策服务、科研开发、生产营销、咨询服务等经济合作活动,是政府、生产、教育、科研、市场不同分工系统在功能与资源优势上的协同集成化,是技术创新上游、中游、下游的对接与耦合,科研成果转化的重要途径和重要模式,是随着社会市场经济的不断发展和各行业领域联系的不断紧密,为实现整体资源的优化配置、社会经济效益的最大化而形成的协同模式。

政产学研用协同模式通过打破传统村落保护与更新各领域、各主体之间的壁垒,将原来各自为政多方集结起来,充分释放彼此间"人才、资本、信息、技术"等创新要素活力,实现资源和要素有效汇聚,推进各方在大运河文化带遗产解说中的深度合作,为大运河文化复兴激活动力,使大运河遗产能够更好地传承、保护与发展。

政府层面积极搭建平台,发挥引导与统筹作用;企业层面坚持市场主导,大胆投入,开放资源共享,并保证信息交互顺畅;高校层面努力加强相关人才培养,迎合实际需求;研究机构层面充分利用自身的软硬件优势和科研实力,展现支撑和串联的功能;用人单位层面加强成果转化,与其他主体共建协同发展模式。在五方保持一致的前提下,逐步实现大运河文化带遗产解说系统的管理协同、组织协同、战略协同和发展协同。

第四节　落实大运河文化遗产解说具体措施

1. 明确解说目的,传递文化价值、注重遗产教育

一套成熟的解说系统应该具备服务与教育、促进遗产保护、提升访客体验等多元功能。

对国际访客而言,来华旅游最具吸引力的是:中国的历史文化遗迹、自然景观、食物、友善的当地人。由此可见文化遗产解说的重要性。而本项目研究调查中发现,由于存在文化差异,国际访客、青少年儿童等特殊群体往往不能够理解大运河蕴藏的深厚文化,这也是阻碍他们更好地领会中国文化和景点的一大障碍。针对大运河文化带,解说系统应深入挖掘、重点解读景点背后的历史和文化,设置一套拥有详细背景知识讲解的解说体系,结合图文视频等手段详细解说景点相关历史文化知识,赋予景点生命力,利用大运河丰富的物质文化遗产及非物质文化遗产,展示民间的手工艺、建筑美学、传统习俗、艺术与

美食文化,进而展现大运河沿岸多宗教共存的多元和谐文明、自古以来政府开明的治国之道。从而增加国际访客对中国文化的理解以及提高其对中国美学的鉴赏能力,使他们能够体会到华夏的历史文化价值与美学魅力,并真正看懂中国文明。

此外,解说不仅仅是咨询的提供,其目的之一也在于启发、教育目标受众。在进行大运河文化带解说系统规划时,在满足基本服务功能的同时,应高度重视文化价值教育、遗产保护教育,通过"寓教于游、寓教于乐",以先进的技术和方法构建解说系统,为解说对象提供各类深度教育解说,使其对大运河,从简单认识到透彻理解,再到自发保护。

2. 细分解说受众,满足各类访客多元化需求

不同类型的访客对解说内容与形式有不同的需求。解说系统应遵循人性化原则,充分考虑各类特殊群体的需求,尤其是国际访客、残障人士、老人儿童等,这些群体都需要更为专业化、便利化的解说来协助其克服沟通交流上的障碍。

应深入调查浏览大运河各类群体的基本情况,如性别、年龄、国籍、文化背景等,通过各类旅游评价平台等方式汇总访客的游览目的、解说需求和解说偏好。针对不同类型访客的差异性需求,设计相应的解说模式,配合相应的解说媒介设置多种解说内容方案,全方位多层次多角度地传递遗产信息,揭示遗产本质。

如随着国内城市国际化进程的加快,国际访客也成为大运河旅游的重要目标群体,多语种解说的发展趋势十分紧迫,这也是大运河文化遗产走向国际化的必备条件。但目前这也是大运河文化遗产解说展示的一块短板。建议有关部门充分认识、重视大运河沿线景点标识翻译、解说翻译等存在的准确性、统一性等问题,提升国际访客在大运河旅游时的体验。

当前周末家庭游的比重越来越高,在解说媒介形式及传递解说内容方式上,要加强对少年儿童的认识水平的关注。针对少年儿童的解说,其方式不应只稀释成人解说的内容,而必须有完全不同的方式。解说系统规划设计及内容传达上应该考虑儿童的认知水平,寓教于乐、增进孩子对文化遗产的学习情趣,从而实施潜移默化的遗产教育功能。

3. 优化解说内容,讲好千年运河故事

通过访客反馈可以发现,大运河文化带存在以下问题:(1)遗产点识别度不高,缺乏"领头雁"景点;(2)沿线部分展览馆、景点的解说词、展览馆内解说展示物高频重复;(3)拱宸桥、左侯厅等遗迹解说不足,解说内容仅为史料罗列,没有深入解读。国际访客看不懂,国内访客感觉乏味无趣的现象。

大运河文化遗产丰富多元,包含怀古观光类、休闲游憩类、节庆活动类、宗教文化类、场馆体验类等五大类产品 36 个重要旅游节点(表 8-1)。大运河的风物掌故、歌谣诗赋、风味美食、民俗民风都应上升到公共文化空间,并通过解说系统开枝散叶。

表 8-1　大运河杭州段核心区的主要旅游节点

类型	节点
怀古观光类	拱宸桥、香积寺西塔、富义仓旧址、通益公纱厂、高家花园、洋关、桑庐、国家厂丝仓库、中心集施茶材会公所旧址、大河造船厂、桥西土特产仓库、长征化工厂、红雷丝织厂、左侯厅、忠亭、御码头
休闲游憩类	大兜路历史街区、小河直路历史街区、桥西历史街区、运河天地、富义仓
节庆活动类	运河庙会、新年祈福走运大会、音乐节、烟花大会、元宵灯会、美食节、情人节
宗教文化类	香积寺、张大仙庙、财神庙
场馆体验类	中国刀剪剑博物馆、中国扇博物馆、中国伞博物馆、手工艺活态展示馆、杭州工艺美术博物馆

解说内容不应千篇一律。针对此,有关部门应联合高校智库等深入调查挖掘大运河文化内涵,或借鉴现有但利用较低的史料,对已有解说内容进行重新设计,变史料罗列为故事讲解,根据访客需求及时更新解说内容。紧密围绕大运河核心故事制定解说主题,将单个分散的遗产信息向访客进行系统性阐述。解说词也应当具备一定的灵活性,根据访客的文化背景、年龄层等选择合适的用语。针对国际访客的解说,应考虑其文化背景,在介绍相关景物时合理引入解释性词语。

同时,大运河的美食文化、戏曲文化、手工艺文化等,也可作为大运河的一种巧妙的宣传解说内容。应以运河集团、运河手工艺协会、相关设计创业公司等为依托,引导大运河历史街区博物馆业、美食行业、运河戏曲演艺业、中医药行业、手工艺品业等特色产业的持续健康发展。通过调研发现,真正能够代表

杭州大运河特色的旅游纪念商品其实并不多,如珠、观音像等多为批量生产普通工艺品,大运河文化符号意义不高。应建立大运河文化创意中心,提升大运河文化遗产品牌。

此外,继续办好大运河节庆表演活动。如大运河庙会、大运河元宵灯会、大运河灯光节、大运河国际诗歌节、新年大运河"走运"健步走活动,大运河中式婚礼等,并开发更多活动,如国际高校大运河划船比赛等。并继续开发现场表演如舞剧《遇见大运河》、原创歌剧《运之河》、大运河网红戏曲大会、大型仿古实景演出《大运河帆歌》等。有关单位应统筹利用这类互动资源,将此类活动融入大运河文化遗产解说体系。对于不了解、不熟悉中国丰厚历史文化的人群,如国际友人,以一段段精彩的故事向访客提供更个性化及现代化的遗产解说,更能帮助访客创造更难忘的旅游体验。

针对国际访客,还应建立大运河文化旅游外语网站、注册四大海外社交媒体官方账号,定期推送大运河相关的图文故事、视频、纪录片,展示相关解说路线、景点信息,对外讲好大运河故事,令国际访客在游玩前就有所了解,在游玩后又能通过此类平台答疑解惑。

有关部门也应做好顶层设计、统筹管理,定期审核检查解说内容。注重优化解说内容与功能,提高有用性认知。

4. 丰富解说形式,提升访客参与度

目前大运河一些文化遗产存在以下问题:罗列式讲解以陈列堆砌史实为主,讲解形式乏味、单一刻板。解说形式应该更加丰富多样化,提升讲解的互动性与访客参与度。

大运河文化遗产与当地居民生活休戚相关,它是还"活着"的文化遗产。当地居民日常生活、宗教信仰、节庆活动、民间工艺也构成一种独特的、鲜活的传统聚落生活状态,是大运河的魅力之源,也是无可替代的旅游吸引物。大运河解说系统应充分利用此类活化资源,联合社区,如搜索街头即将遭人遗忘的民间手工艺劳动者,如修鞋匠、缝补女红等,将其妥善安置在访客浏览区内,如杭州的拱宸桥、桥西历史文化街区、小河直街等运河核心旅游区,形成相当规模景观。让其工作成为舞台,成为艺术。

在人员解说过程中,开展种类丰富的参与互动式活动,或者设置互动参与区。解说系统可以设计与文化遗产有关的互动环节。在寓教于乐中给访客传递知识,并增加趣味性。如有国际访客提到在杭州印象最深刻的是带着孩子在博物馆内做了纸伞,此外还充分利用好《遇见大运河》之类的演艺类型的解

说节目,这些举措大大提升了解说的趣味性、互动性、参与度。目前各类博物馆、美术馆等公共场所均推出一系列互动类活动,丰富解说形式,满足访客需求,提升游览体验。

非人员解说形式,可以通过设计出版各类多语种宣传印刷品、影音素材等。印刷品如大运河历史文化普及杂志、丛书,运河风光明信片,运河沿岸景点地图,宣传折页,系列景点书签等。影音素材如"大运河之歌"征集歌曲,可通过沿河音效系统播放;专题纪录片《中国大运河》等,可为此类影视素材配上双语字幕,在各类场馆、游客中心播放,供访客了解运河文化底蕴、两岸风光。

5. 制定解说路线,满足不同访客需求

大运河文化带浏览面积大,文化遗产点相对分散,现阶段也缺乏详细的线路导览和串联信息。在游览过程中,访客因对景区不熟悉,而不能规划好旅游路线。大运河解说系统应基于不同访客的文化背景、文化差异和出行喜好,针对使用人群活动规律和遗产分布特征,合理设置多种解说路线,重点推荐不同景点、旅游产品,将分散的遗产单体通过一条条清晰有序的解说路线整合成为一个完整网络。此举给予国际访客以良好的文化体验与休闲放松的结合。

通过调查可以发现,国际访客更喜欢的景点,是大运河沿岸人民生活的原生态生活方式。如,小河直街成为一些西方访客大运河游览行程中最喜欢的地方,因为这里有原生态的居民,他们能体验到本地居民的日常生活,能与居民聊天交流,这是旅游体验中最打动人的地方,也是记忆最深刻,最难忘的地方。因此,在设计国际访客游览大运河的路线时,不但要有各种文物遗迹、博物馆等固态的展示,以及手工艺活态展示,更要有居民生活的原真态展示。

大运河杭州段的沿线景区丰富,既包括休闲娱乐的文化广场和步行街,也有承载历史与文化资源的主题博物馆,机动车线路、步行和骑行线路、水上线路等。因此,应有效结合访客的出行目的与文化背景,进行解说路线合理优化,打造招牌路线及旅游产品。如:

(1)大运河沿线博物馆主题之路;

(2)大运河非物质文化遗产研学旅游(针对学生等群体);

(3)大运河原生态生活方式体验互动之旅(针对国际访客群体);

(4)大运河"丝茶古道"之旅;

(5)大运河文学之旅;

(6)大运河桥梁之旅;

(7)大运河历史建筑之旅;

(8)大运河宗教文化之旅；

(9)大运河名人之旅；

(10)大运河美食之旅；

......

　　此外，提供尽可能多的满足每一位访客所需的咨询信息。有关遗产地本身的信息内容虽然最重要，但周边地区的信息如交通往来等，也应考虑在内。要提供宣传活页和手册，并及时对内容进行更新。

　　此举可以让访客更加全面地体验到大运河沿线景区的休闲娱乐，也可以在游览过程中学习和了解大运河文化与历史，还能疏导游览解说人员的不足，缓解客流量压力。

6. 完善解说设施，提供人性化便捷服务

　　解说设施按其功能划分包括访客中心、指示牌解说设施、公共服务设施等。目前大运河文化遗产解说存在访客中心功能限制等问题。而解说牌示的设计上，在选材、样式、颜色、内容等方面存在诸多与环境相悖的因素。且遗产解说标牌的多语种解说薄弱，外语语法和用词不当现象较为普遍，且警戒忠告牌示用语强硬，并未做到对访客友好。这些问题在很大程度上影响了大运河文化遗产体验质量。为此，应完善大运河文化遗产解说设施。

　　(1)加快推动访客服务中心转型升级。确保访客中心实现以下功能：1)信息服务平台：提供各类信息咨询服务，如外语解说、多语种宣传印刷品、大运河解说路线分布图等；2)遗产教育中心：设置文化遗产多语种智慧展示、双语宣传影音播放、相关文化图书展示、青少年趣味科普互动区等；3)投诉窗口：建立良好的信息反馈渠道，收集访客对标识错误、路线规划问题、解说内容不当、解说人员服务不到位等的意见及建议；4)游憩者之家：设休息室、大运河文创产品展示购买区等。

　　(2)优化大运河解说标识设计。标识设计涉及多个学科领域，如心理学、符号学、人体工程学、景观学、材料学、美学等，设计团队应该包括多学科专家，并考虑到不同年龄层、不同文化背景的需求。在选材和设计上，标识物应与大运河当地人文景观特色相融合。

　　(3)充分考虑公共场所特殊群体的解说需求。尤其是残障人士、老人、儿童和国际访客，他们需要更加方便、专门化的解说方式来帮助他们克服沟通和交流上的障碍。如公共解说场应提前设置便于轮椅活动的足够空间，适合轮椅高度观看的解说展示，为失聪者准备助听解说器材或阅读材料，为盲人准备

盲文解说和其他触摸型媒体,为行动不便的老人准备座椅和休息处,为儿童准备互动游戏休憩区,为国际访客准备语种完善、翻译到位的解说设施。

7. 规范解说语言,推进"旅游国际化"战略

目前大运河文化带解说系统在外语解说上存在诸多问题。主要可以归结为以下两个原因:

(1)景区规划和管理者认识不足。由于景区规划和管理者对解说的概念和内涵理解存在局限性,对国际访客的消费行为了解甚少,认为外语解说就是中文解说词的直译,很少能提供针对国际访客欠缺中国古文化知识而设计的解说内容。

(2)翻译者能力有限。大部分译者只有外语背景,对旅游解说的目的不甚了解,翻译过于"忠实",缺乏跨文化因素。

此二者均导致大运河优秀文化遗产无法充分展现给国际访客。可以说,就让国际访客充分了解大运河文化这一目的,现有外语解说词相距甚远,有待改进,大运河正在错失通过自身丰厚遗产对外宣传弘扬中国文化的良好机会。因此,我们可以通过以下方式进行规范改进:

1)规范大运河外语解说系统。相关单位可以聘请外籍人士或翻译专家,组建大运河文化遗产翻译指导小组,对大运河现有牌示解说的外语翻译情况进行综合评估,根据外语母语者的理解习惯等重整大运河外语解说,及时修正漏译、错译的现象。

2)加强对外语标识解说的监督,成立专门机构定期排查外语解说情况。及时收集访客意见建议,定期维护解说标识,避免因字母脱落、模糊、褪色,造成译文难以辨认。目前如杭州等地市均在外事办带领下开展规范公共外语标识的工作,然而对于非公共标识,其监督排查仍然存在空白区,需要有关部门统筹管理。

3)重视其他非人员解说类型的外语翻译。推出符合国际访客认知、满足其旅游需求的大运河外语解说地图宣传册,以及大运河相关文创产品、宣传印刷品、影音素材、现场表演等,这些均为大运河外语解说系统的重要组成元素,均有助于提升国际访客对大运河文化的良好体验感受。

8. 培养解说人员,打造高质量语言服务队伍

解说人员是传递信息,沟通景区文化与国际访客的桥梁。有关管理部门

应牵头成立解说员培训联盟,建立科学的解说员培训制度,从而搭建大运河文化遗产解说培训体系,为大运河解说服务和设施建设提供规范化参考。并借鉴西方权威机构的资格认证经验,制定《文化遗产解说员等级评价标准》,并着力打造数个"大运河文化遗产解说示范项目"。

在解说人员招募过程中,应招募普通话标准、外语表达能力优秀、文化储备扎实、跨文化意识强的解说员,更加准确生动地服务国际访客,积极地和访客互动。在工作中,解说人员应深入了解大运河遗产文化,不断夯实自身的双语知识储备。且有关当局也应建立与高校智库、策划团队等的长效合作机制,在解说系统建设初期和长期运行过程中,不断对当地在职解说人员团队进行培训。

而对于解说人员匮乏的问题,可以通过打造志愿者团队、借力当地社区来改善。如在杭州建立"国际志愿者中心",建立大运河旅游志愿者的招募机制和管理办法,培养一批业余解说队伍,弥补解说人员不足。建立包括讲解咨询、医疗救护、翻译、法律帮助等多工种的国际化志愿者服务队伍。邀请当地高校旅游管理、外语、历史、人文地理等相关专业学生,以及外国留学生注册加入志愿者中心。定期举办大运河文化夏令营活动。有条件的遗产地区还可成立专业学生的长期实习与考察基地。真正将大运河文化解说与遗产保护融为一体。

此外,当地居民是一股参与管理解说系统的有生力量,也是解说系统建设意见的有效发言者,应加强居民在解说过程中的参与。建立社区解说参与机制、举办社区解说活动,鼓励社区居民,如家庭、离退休专业人士参与到大运河文化遗产的解说工作中,担任大运河沿线社区解说志愿者,讲好真实接地气的大运河故事。

9. 提升智慧解说,推进全域化智慧旅游

在智慧旅游发展的背景下,新技术广泛应用到旅游,开发智慧旅游体验产品,进一步丰富了旅游解说系统的展示方式。目前多地区已经开发建设了门户网站、三维虚拟游览、LED信息发布系统、多媒体展示系统等现代化解说设施,提高了解说设施水平。一些景点的智慧解说,如清明上河图动态长卷等,不仅实现了历史文化解说功能,甚至成为该地区全新景点坐标。

大运河分属多个城市,原有信息系统之间相互独立,形成了信息孤岛,整合与开放共享不足。而下一阶段,应以旅游数据中心为基础,通过以服务为核心的智慧大运河信息化系统建设,全面提升大运河文化遗产监测管理、公共服

务、精准营销等的整体水平,促进大运河文化带的跨越式发展。通过智慧解说系统,做到旅游管理精细化、旅游服务个性化、旅游解说全息化。

具体而言,通过大运河智慧解说系统的建设,可以使得运河在网络基础建设、基础数据库、景区官方网站、新媒体宣传平台、调度预警中心、视频监控、GPS定位监控、信息发布平台、电子商务功能等方面逐步完善。如无线网络全覆盖,方便访客通过手机查询文化遗产信息;访客数据、评价收集系统,有助于完善解说内容、形式、路线规划;蓝牙触发式自助导游,缓解解说人员匮乏压力,提升访客游览自由度;人流数据监测预警,提醒工作人员及访客景区内的人流饱和状态等。

同时,大运河文化遗产解说系统应积极利用AR、VR等虚拟技术,开发虚拟现实和增强现实旅游体验产品,实现全过程、互动式的虚拟旅游体验,提高国际访客旅游体验深度,延展和深化访客的视听体验,让景点、历史和文化"活"起来。如:

(1)大运河虚拟全景体验。访客可以通过移动终端浏览大运河VR全景图,根据自身兴趣和偏好选择旅游线路。

(2)"寻觅遗迹""时空旅行"。通过裸眼3D投影带来宏伟的视觉效果,将以增强现实的方式将文化古迹进行复原,展示遗迹残缺部分的虚拟重构,重现遗址几百年前的原状,展示大运河边曾经的生活场景。通过游戏使访客沉浸于景点的互动活动中,让访客在现场感知百年前的运河沿岸生活风貌。

(3)工厂工作场景虚拟之旅。复原大运河边老工厂的工人工作场景。如大运河沿岸手工艺博物馆,使用了原来的老厂房的空间和场所,对于老厂房的文化记忆却非常缺失。建议通过一定途径制作虚拟(增强现实)的视频、音频,访客手持导览设备,按照标记自主游览,体验一次几十年的工厂工作场景之旅。这可以给访客提供一条更深度游览的线路选择,给一些专注度高的中外访客更深刻的文旅之旅。

(4)大运河AR虚拟舞台剧。运用全息膜投射而成舞蹈演员幻象与舞蹈演员互相辉映,带来大运河唯美的视觉体验。

10. 统筹解说系统,构建高品质公共服务体系

大运河文化遗产是一个由河道遗产、水源遗产、水利工程遗产、航运工程遗产、相关建筑物遗产以及遗产环境组成的遗产簇群。将分散的遗产单体通过一个清晰有序的解说系统整合成为一个完整的体系,是文化遗产在保护基础上进行可持续利用的重要途径。而解说系统建成后,则需不断更新、长期

维护。

（1）制定长效化解说反馈方案。在官方网站、微博、微信公众号、解说软件、智慧解说设备等方面设置访客反馈互动功能，及时了解访客的评价意见并做好相应的整改与回复，以提高访客满意度。管理者对反馈信息分类处理，及时调整更新，给予信息反馈。经过双向互动的循环体系，促进大运河文化遗产解说系统不断完善。

（2）建设完善的保障体系。抓好资金支持、社区参与、安全保障三件保障工作。积极争取国家政府资金支持、社会组织公益基金融入支持，按照《国家重点文物保护专项补助资金管理办法》相关规定，加强资金管理、提高使用效率，着力提升大运河文化遗产保护管理水平，保障解说系统的稳定运行。

参考文献

[1]Baker D A and Crompton J L. Quality, Satisfaction and Behavioral Intentions[J]. Annals of Tourism Research, 2000, 27(3): 785-804.

[2]Ballantyne R, Packer J and Falk J. Visitors' Learning for Environmental Sustainability: Testing Short- and Long-Term Impacts of Wildlife Tourism Experiences Using Structural Equation Modelling [J]. Tourism Management, 2011, 32(6): 1243-1252.

[3]Beck L and Cable T T. Interpretation for the 21st Century: Fifteen Guiding Principles for Interpreting Nature and Culture (Second Edition) [M]. Champaign, Illinois: Sagamore Publishing, 2002.

[4]Bitgood S, Benefield A, Patterson D and Liwak H. Influencing Visitor Attention: The Effects of Life-Size Silhouettes on Visitor Behavior // Bitgood S, Benefield A and Patterson D (eds.). Visitor Studies: Theory, Research and Practice (3)[C]. Jacksonville Alabama: Center for Social Design, 1990: 220-230.

[5]Blockley M and Hems A. Heritage Interpretation [M]. London: Routledge, 2006.

[6]Boyle S C. Opening Minds: Interpretation and Conservation [J]. Museum International, 2003, 56(3): 86-93.

[7]Cable T T. An Analysis of Social and Economic Benefits Associated with an Environmental Interpretation Program [Z]. West Lafayette, Indiana: Purdue University, 1984.

[8]Campbell C, Pitt L, Parent M and Berthon P. Understanding Consumer Conversations Around Ads in a Web 2.0 World [J]. Journal of Advertising Research. 2011, 40(1):87-102.

[9]Carr A. Mountain Places, Cultural Spaces: The Interpretation of Culturally Significant Landscapes[J]. Journal of Sustainable Tourism, 2004,12(5): 432-459.

[10]Chenrem G J. The Professional Interpreter: Agent for an Awakening Giant[J]. Journal of Interpretation, 1977, 2(1): 3-6.

[11]Chris Ryan, Keith Dewar. Evaluating the communication process between interpreter and visitor[J]. Tourism Management,1995,16(4): 295-303.

[12]Copeland T. Presenting Archaeology to the Public: Constructing Insights On-Site // Merriman M (ed.). Public Archaeology [C]. London,New York: Routledge, 2004: 132-144.

[13]Cosgrove, D. Social Formation and Symbolic Landscape, 2d ed. Madison: University of Wisconsin Press.1998.

[14]Dierking L D and Pollock W. Questioning Assumptions: An Introduction to Front-End Studies in Museums[J]. Washington, DC: Association of Science-Technology Centers, 1998.

[15]Elisabeth M H. Mojave Lands: Interpretive Planning and the National Preserve[M]. Maryland: Johns Hopkins University Press,2003:253.

[16]Ennew C T and Binks M R. Importance-Performance Analysis and the Measurement of Service Quality[J]. European Journal of Marketing, 1993(27): 59-70.

[17]Fairhurst Z. Cultural Memory and Remembering Tourism in Spain: The Re-Imagination of the Spanish Civil War Through Tourism, Narrative and Place [D]. Nottingham: University of Nottingham. 2016.

[18]Fitch J M. Historic Preservation: Curatorial Management of the Built World[M]. New York: McGraw-Hill, 1982.

[19]Fu X, Lehto X Y and Cai L A. Culture-based Interpretation of Vacation Consumption[J]. Journal of China Tourism Research, 2012 (8): 320-333.

[20]Ham S. Environmental Interpretation: A Practical Guide for People with Big Ideas and Small Budgets [M]. Forest Wildlife and Range Experiment Station, University of Idaho, 1992.

[21]Hamin E. Mojave Lands: Interpretive Planning and the National

Preserve [M]. Baltimore, Maryland: Johns Hopkins University Press, 2003.

[22]Hanna J W. Evaluating Interpretive Walks, Video Techniques[Z]. Natural and Cultural Heritage Interpretation Evaluation, 1986.

[23]Harvey D. Spaces of Hope[M]. Edinburgh: Edinburgh University Press. 2000.

[24]Hoelscher S and Alderman D H. Memory and place: Geographies of a critical relationship[J]. Social & Cultural Geography, 2004, 5(3): 347-355.

[25]ICOMOS. The ICOMOS Chart for the Interpretation and Presentation of Cultural Heritage Sites [J]. International Journal of Cultural Property, 2008(15): 377-383.

[26]Interpretation Australia. What IsInterpretation? [EB/OL]. http:// asn. au/? cat =- 11&s = What + is + interpretation&search-type = general. 2014-05-21.

[27]Istvan L B. Communicating the Arcane: A Conceptual Frame Work for Environmental Interpretation [D]. Washington, DC: University of Washington, 1993.

[28]Jacobson S K and Marynowski S B. New Model for Ecosystem Management Interpretation: Target Audiences on Military Lands[J]. Journal of Interpretation Research, 1998, 3(1): 101-128.

[29]Johnston R J. Exogenous Factors and Visitor Behavior: A Regression Analysis of Exhibit Viewing Time [J]. Environment and Behavior, 1998, 30(3): 322-347.

[30]Kim K, Hallab Z and Kim J N. The Moderating Effect of Travel Experience in a Destination on the Relationship Between the Destination Image and the Intention to Revisit [J]. Journal of Hospitality Marketing & Management. 2012 (5): 486-505.

[31]Knapp D and Barrie E. Ecology Versus Issue Interpretation: The Analysis of Two Different Messages [J]. Journal of Interpretation Research, 1998, 3(1): 21-28.

[32]Knapp D H. Validating a Framework Goals for Program Development in Environmental [Z]. Carbondale, Illinois: Southern Illinois University, 1994.

[33]Knudson D M，Cable T T and Beck L. Interpretation of Cultural and Natural Resources [M]. State College，Pennsylvania：Venture Publishing，Inc，1999.

[34]Langer E J and Piper A. Television from a Mindful/Mindless Perspective[J]. Applied Social Psychology Annual，1988，8：247-260.

[35]Leiximancer. Leximancermanual version 4[EB/OL]. http://www.leximancer.com/，2014-03-27.

[36]Li F M S and Sofield T H B. Huangshan (Yellow Mountain)，China：The Meaning of Harmonious Relationships // Ryan C and Gu H (eds). Tourism in China：Destination，Cultures and Communities[C]. New York：Routledge，2009：157-167.

[37]Li F M S and Sofield T H B. World Heritage Listing：the case of Huangshan (Yellow Mountain) // Leask A and Fyall A (eds.). Managing World Heritage Sites [C]. London：Routledge，2006：250-262.

[38]Lu W and Stepchenkova S. Ecotourism Experiences Reported Online：Classification of Satisfaction Attributes [J]. Tourism Management，2012，33(3)：702-712.

[39]Macko J L. INTERP：A Computer Simulation Game of the Interpretive Planning Process [Z]. Columbus，Ohio：The Ohio State University，1982.

[40]Makruski E. A Conceptual Analysis of Environmental Interpretation [D]. Unpublished Doctoral Dissertation. Columbus[M]. Ohio：The Ohio State University，1978.

[41]Masberg B A and Savige M. Incorporating Ecotourist Needs Data into The Interpretive Planning Process [J]. Journal of Environmental Education，1996，3(27)：34-40.

[42]McArthur S and Hall C M. Visitor Management and Interpretation at Heritage Sites // Hall C M and McArthur S (eds.). Heritage Management in New Zealand and Australia [M]. Oxford：Oxford University Press,1993：18-39.

[43]Medlin N C and Ham S. A Handbook for Evaluating Interpretive Services[Z]. Ogden，Utah：USDA Forest Service.

[44]Miles W F S. Auschwitz：Museum Interpretation and Darker Tourism

[J]. Annals of Tourism Research, 2002, 29(4): 1175-1178.

[45]Moscardo G and Pearce P L. Visitor Centers and Environmental Interpretation: An Exploration of the Relationships Among Visitor Enjoyment, Understanding and Mindfulness [J]. Journal of Environmental Psychology, 1986, 6(2): 89-108.

[46]Moscardo G. Mindful Visitors: Heritage and Tourism[J]. Annals of Tourism Research, 1996, 23(2): 376-397.

[47]Murphy L, Moscardo G and Benckendorff P. Using Brand Personality to Differentiate Regional Tourism Destinations[J]. Journal of Travel Research, 2007, 46(1): 5-14.

[48]Murphy P, Pritchard M P and Smith B. The Destination Product and Its Impact on Traveler Perceptions[J]. Tourism Management, 2000, 21 (1): 43-52.

[49]Nichols D R. Use of The Tactual Sense Modality in Environmental Interpretation (OutdoorEducation)[Z]. Eugene, Oregon: University of Oregon, 1985.

[50]Nida E A and Reyburn W D. Meaning Across Cultures: A Study on Bible Translating [M]. New York: Orbis Books, 1981.

[51]Olson E C. Non-Formal Environmental Education in Natural Resources Management: A Case Study in the Use of Interpretation as a Management Tool for a State Nature Preserve System[Z]. Columbus, Ohio: The Ohio State University, 1983.

[52]Pearce P L and Wu M-Y. Soft Infrastructure at Tourism Sites: Identifying Key Issues for Asian Tourism from Case Studies [J]. Tourism Recreation Research, 2015, 40(1): 120-132.

[53]Peart B. Definition of Interpretation [D]. College Station, Texas: Texas A & M University, 1977.

[54]Pechlaner H, Smeral E and Matzier K. Customer Value Management as a Determinant of the Competitive Position of Tourism Destinations[J]. Tourism Review, 2002, 57(4): 15-22.

[55]Pierssene A. Explaining Our World: An Approach to the Art of Environmental Interpretation[M]. London: Routledge, 1999.

[56]Putney A D and Wagar J A. Objectives and Evaluation in Interpretive Planning[J]. Journal of Environmental Education, 1974, 5(1): 43-44.

[57]Roberts C and Stone P R. Dark Tourism and Dark Heritage: Emergent Themes, Issues and Consequences //Convery I, Corsane G and Davis P (eds.). Displaced Heritage: Responses to Disaster, Trauma, and Loss [C]. Woodbridge, Suffolk: The Boydell Press, 2014.

[58]Ryan C and Dewar K. Evaluating the Communication Process Between Interpreter and Visitor [J]. Tourism Management, 1995, 16 (4): 295-303.

[59]Ryckmans P. The Chinese Attitude Towards the Past[M]. Canberra: Australian National University, 1986.

[60]Sharp C C. The Manager, Interpretation's Best Friend [J]. Rocky Mountain-High Plains Parks and Recreation Journal, 1969, 4 (1): 19-22.

[61]Sharpe G W. Interpretando el ambiente [M]. Costa Rica: CATIE, 1988.

[62]Sharpe G W. Interpreting the Environment [M]. New York: Wiley&Sons Inc., 1982.

[63]Silapacharanan S. Amphawa Cultural Heritage Interpretation, Thailand [EB/OL]. https://www. researchgatenet/publication/ 261925410, 2010.

[64]Smith A E and Humphreys M S. Evaluation of Unsupervised Semantic Mapping of Natural Language withLeximancer Concept Mapping[J]. Behavior Research Methods, 2006, 38(2): 262-279.

[65]Sofield T H B and Li F M S. China: Ecotourism and Cultural Tourism, Harmony or Dissonance? // Higham J (ed.). Critical Issues in Ecotourism: Understanding a Complex Tourism Phenomenon [C]. London: Routledge, 2007: 368-385.

[66]Sofield T H B and Li F M S. Tourism Development and Cultural Policies in China. Annals of Tourism Research, 1998, 25(2), 362-392.

[67]Sompong A-N. Creating a Deep Heritage Interpretation: A Case Study in Thailand[J]. Tourism, 2013, 61(1): 73-80.

[68]Steimel S. Mapping a History of Applied Communication Research: Themes and Concepts in the Journal of Applied Communication Research[J]. Review of Communication, 2014, 14(1): 19-30.

[69]Stewart E J, Hayward B M, Devlin P J and Kirby V G. The "Place" of

Interpretation: A New Approach to the Evaluation of Interpretation [J]. Tourism Management. 1998, 19(3): 257-266.

[70]Suchman E. Evaluative Research[M]. New York: Russel Sage, 1967.

[71]Thompson M W. Ruins: Their Preservation and Display[M]. London: British Museum Publications, 1981.

[72]Tilden F. Interpreting Our Heritage [M]. Chapel Hill, North Carolina: University of North Carolina, 1957.

[73]Timothy D J and Boyd S W. Heritage Tourism [M]. New York: Pearson Education, 2003.

[74]Todd J G. Interpretive Planning: Changing Landscape of Museums [N]. Dallas Morning News, 2007-07-20.

[75]Tourism Queensland. Innovation in Interpretation [R]. Brisbane, 2000:10-13.

[76]TripAdvisor. About TripAdvisor[EB/OL]. http://www. tripadvisor. com/PressCenter-c6-About_Us. html, 2014-03-07.

[77]UNWTO. All Countries: Inbound Tourism: Arrivals 1995-2017[C]. Tourism Statistics, 2018 (2).

[78]Uzzell D and Ballantyne R. Heritage That Hurts: Interpretation in a Postmodern World // Uzzell D and Ballantyne R (eds.). Contemporary Issues in Heritage and Environmental Interpretation: Problems and Prospects [C]. New York: Academic Press, 1998: 152-171.

[79]Uzzell D. Contemporary Issues in Heritage and Environmental Interpretation: Problems and Prospects[M]. New York: Academic Press, 1998.

[80]Uzzell D. Creating Place Identity Through Heritage Interpretation[J]. International Journal of Heritage Studies, 1996, 1(4): 219-228.

[81]Venuti L. The Translator's Invisibility: A History of Translation[M]. London: Routledge, 2008.

[82]Veverka J A. The Language of Live Interpretation: Making Contact [Z]. Ottawa: The Canadian Museum of Civilization, 1997.

[83]Wagar A J. Evaluating the Effectiveness of Interpretation[J]. Journal of Interpretation, 1976, 1(1): 1-8.

[84]Ward C and Wilkinson A. Conducting Meaningful Interpretation: A

Field Guide for Success[M]. Colorado：Fulcrum Publishing，2006.

[85]Watson S and Waterton E. Heritage and Community Engagement[J]. International Journal of Heritage Studies. 2010，16(1-2)：1-3.

[86]Weiler B and Ham S. Development of a Research Instrument for Evaluating the Visitor Outcomes of Face-To-Face Interpretation[J]. Visitor Studies，2010,13(2)：187-205.

[87]Wight A C and Lennon J J. Selective Interpretation and Eclectic Human Heritage in Lithuania[J]. Tourism Management，2007(28)：519-529.

[88]William M. Interpretation of Historic Sites：An Overview［Z］. Prepared for the Annual Meeting of the Kentucky Association of Museums at Cumberland，Benham and Lynch，Kentucky，June 18-20，1997.

[89]Woodruff R B. Customer Value：The Next Source for Competitive Advantage[J]. Journal of the Academy of Marketing Science，1997，25(2)：139-153.

[90]Xu H，Ding P and Packer J. Tourism Research in China：Understanding the Unique Cultural Contexts and Complexities［J］. Current Issues in Tourism，2008，11(6).

[91]Ye W and Xue X. The Differences in Ecotourism between China and the West[J]. Current Issues in Tourism，2008，11(6)：567-586.

[92]阿斯曼. 金寿福,等译. 文化记忆[M]. 北京:北京大学出版社,2015.

[93]敖迪,李永乐. 加拿大里多运河文化遗产保护管理体系研究及启示[J]. 齐齐哈尔大学学报(哲学社会科学版),2018(6):36-39.

[94]边鑫. 跨文化视域下的旅游外宣翻译[D]. 哈尔滨:哈尔滨工业大学,2013.

[95]蔡禹龙,汪林茂. 杭州全书·运河(河道)丛书(丛书主编:王国平):运河边的租界——拱宸桥[M]. 杭州:杭州出版社,2015.

[96]蔡云超,俞宸亭. 杭州全书·运河(河道)丛书(丛书主编:王国平):河道诗词楹联选粹[M].杭州:杭州出版社,2013.

[97]曹晓波. 高家花园(二)[EB/OL]. http://blog.sina.com.cn/s/blog_4b4bd87d0102v4jn.html.

[98]曹晓波. 高家花园(三)[EB/OL]. http://blog.sina.com.cn/s/blog_4b4bd87d0102v4jr.html.

[99]曹晓波．高家花园（一）[EB/OL]．http://blog.sina.com.cn/s/blog_
　　4b4bd87d0102v4jm.html.

[100]陈定山．春申旧闻[M]．台北：晨光月刊社，1954.

[101]陈建一，主编．杭州街巷[M]．杭州：杭州出版社，2005.

[102]陈学文．外国人审视中的运河、西湖与明清杭州城市的发展[J]．杭州师
　　范学院学报（社会科学版），2002，5：80-83.

[103]程振翼．文化遗产与记忆理论：对文化遗产研究的方法论思考[J]．广西
　　社会科学，2014（2）：39-43.

[104]邓明艳，覃艳．基于需求分析的遗产景区旅游解说系统优化研究——以
　　峨眉山景区为例[J]．旅游学刊，2010，25（7）：35-40.

[105]邓卫新，冯玫，陈志刚．大运河解说系统理论与实践对河北大运河语言
　　解说的启示[J]．文化学刊，2018（4）：178-182.

[106]丁素平．游客对平遥古城解说牌系统满意度研究[D]．西安：陕西师范
　　大学，2009.

[107]丁贤勇，徐杨．杭州全书·运河（河道）丛书（丛书主编：王国平）：杭州运
　　河——穿越千年的通途[M]．杭州：杭州出版社，2013.

[108]丁援．国际古迹遗址理事会（ICOMOS）文化线路宪章[J]．中国名城，
　　2009（5）：51-56.

[109]段义孚．志丞，刘苏，译．恋地情结[M]．北京：商务印书馆，2018.

[110]樊友猛，谢彦君．记忆、展示与凝视：乡村文化遗产保护与旅游发展协同
　　研究[J]．旅游科学，2015，29（1）：11-24.

[111]方胖．非物质文化遗产的活态保护研究[D]．杭州：浙江大学，2014.

[112]方晓喆．文化遗产人员解说效果研究[D]．北京：北京林业大学，2009.

[113]付晶，高峻．解说缘起、发展与研究方法进展[J]．旅游科学，2017，31
　　（1）：86-95.

[114]戈弗雷，克拉克．刘家明，刘爱利，译．旅游目的地开发手册[M]．北京：
　　电子工业出版社，2005.

[115]龚缨晏．欧洲与杭州：相识之路[M]．杭州：杭州出版社，2004.

[116]顾希佳．杭州全书·运河（河道）丛书（丛书主编：王国平）：杭州运河非
　　物质文化遗产[M]．杭州：杭州出版社，2013.

[117]国家标准（编号GB/T 17775—2003）．旅游区（点）质量等级的划分与评
　　定[Z]．2003-05-01.

[118]杭州市第十三届人民代表大会常务委员会．浙江省人民代表大会常务
　　委员会关于批准《杭州市城市国际化促进条例》的决定[Z]．杭州：浙江

省人大常委会办公厅,2018.

[119]侯松,刘慧梅,高佳燕.语言原真性与文化遗产的意义生成——以浙江衢州"周王庙"为中心[J].东南文化,2019(5):6-13,127-128.

[120]黄公元.杭州全书·运河(河道)丛书(丛书主编:王国平):杭州运河宗教文化掠影[M].杭州:杭州出版社,2013.

[121]计慎忆,钱祎.杭州运河畔的手工艺活态馆获联合国教科文组织表彰[N].浙江日报,2018-07-26.

[122]鞠波.文化型遗产旅游景区解说有效性研究[D].西安:西安外国语大学,2011.

[123]卡特福德.穆雷,译.翻译的语言学理论[M].北京:旅游教育出版社,1991.

[124]柯祯,刘敏.旅游解说研究进展与差异分析[J].旅游学刊,2019,34(2):120-136.

[125]李彦辉,朱竑.地方传奇、集体记忆与国家认同——以黄埔军校旧址及其参观者为中心的研究[J].人文地理,2013,28(6):17-21.

[126]李颖.跨文化交际下导游词的翻译[D].武汉:华中师范大学,2015.

[127]李振鹏,蔚东英,何亚琼,王民.国内外自然遗产地解说系统研究与实践综述及启示[J].地理与地理信息科学,2013,29(2):105-111,124.

[128]利玛窦,金尼阁.何高济,王遵仲,李申,译.利玛窦中国札记[M].北京:中华书局,2010.

[129]刘沧,张彩霞,张佩瑶.世界文化遗产地旅游解说系统优化对策分析——以厦门鼓浪屿为例[J].河北企业,2020(6):115-116.

[130]刘大培.杭州全书·运河(河道)丛书(丛书主编:王国平):杭州运河土特产[M].杭州:杭州出版社,2013.

[131]刘改芳,张东燕.文化遗产类旅游景区解说系统评价——以平遥古城为例[J].山西大学学报,2008,31(5):96-100.

[132]刘慧梅,姚源源.书写、场域与认同:我国近二十年文化记忆研究综述[J].浙江大学学报(人文社会科学版),2018,48(4):185-203.

[133]罗栋.试论遗产解说的概念辨析与内涵特征[J].乐山师范学院学报,2020,35(1):69-73.

[134]罗芬,钟永德,李健,付红军.黄山园内旅游解说类型与有效性分析[J].旅游科学,2005,19(5):33-37.

[135]罗芬,钟永德,李健,陈朝.主旨导向的旅游解说规划"七步法"[J].社会科学家,2008,4:103-113.

[136]罗芬. 森林公园旅游解说规划技术研究[D]. 长沙:中南林业科技大学,2005.

[137]毛剑杰. 高家花园和一座桥的独家记忆[EB/OL]. http://www.hangzhou.com.cn/20081124/ca1610370.htm.

[138]米列斯库. 蒋本良,柳凤运,译. 中国漫记[M]. 北京:中华书局. 1998.

[139]茅娜沨. 世界文化遗产旅游解说对游客文化感知的影响研究[D]. 杭州:浙江财经学院,2012.

[140]聂艳梅,张昱翔,张文迪,康艳,宋佳易. 生命之源 城市之魂——"水上城市"形象传播策略探析[J]. 广告大观(综合版),2012(07):107,109-122.

[141]纽马克. 翻译问题探讨[M]. 上海:上海外语教育出版社,2001.

[142]骈丽军. 安阳殷墟遗址旅游解说系统研究[D]. 上海:华东师范大学,2009.

[143]钱莉莉,张捷,郑春晖,刘培学,张家榕,张宏磊. 地理学视角下的集体记忆研究综述[J]. 人文地理,2015,30(6):7-12.

[144]丘萍. 大运河杭州段保护性旅游发展研究[Z]. 博士后出站报告,2017.

[145]任日莹.《遇见大运河》:一部没有句号的史诗[J]. 杭州(周刊),2017(18):20-23.

[146]单霁翔. 关注新型文化遗产——文化线路遗产的保护[J]. 中国文物科学研究,2009(3):12-23.

[147]斯当东,叶笃义. 英使谒见乾隆纪实[M]. 上海:上海书店出版社,2005.

[148]孙华. 文化遗产概论(上)——文化遗产的类型与价值[J]. 自然与文化遗产研究,2020,5(1):8-17.

[149]孙九霞,周一. 遗产旅游地居民的地方认同——"碉乡"符号、记忆与空间[J]. 地理研究,2015,34(12):2381-2394.

[150]泰特勒. 论翻译的原则[M]. 北京:外语教学与研究出版社,2007.

[151]谭载喜. 中西译论的相似性[J]. 中国翻译,1999(6):26-29.

[152]万婷婷,王元. 法国米迪运河遗产保护管理解析——兼论中国大运河申遗与保护管理的几点建议[J]. 中国名城,2011(07):53-57.

[153]王洪刚,唐功志. 语言、思维与中西文化比较[J]. 沈阳工业大学学报(社会科学版),2010,3(1):57-61.

[154]王建波,阮仪三. 作为文化线路的京杭大运河水路遗产体系研究[J]. 中国名城,2010(9):42-46.

[155]王同. 唐栖志[M]. 杭州:浙江摄影出版社,2006.

[156]王心喜. 杭州全书·运河(河道)丛书(丛书主编:王国平):杭州运河集

市[M]. 杭州:杭州出版社,2013.

[157]王兴斌. 中国自然文化遗产管理模式的改革[J]. 旅游学刊,2002(5):
15-21.

[158]王绪昂. 自然解说在赏鲸事业的必要性与解说员在赏鲸过程中应扮演
的角色[Z]. 台北:第四届台湾海洋环境大会暨第八届鲸类生态与保育
研讨会,2000.

[159]蔚东英. 环境解说评估研究综述[J]. 旅游科学,2010,24(5):84-92.

[160]乌永志. 文化遗产旅游解说与翻译:评述与启示[J].地域研究与开发,
2012,31(3):93-97.

[161]吴必虎,高向平,邓冰. 国内外环境解说研究综述[J]. 地理科学进展,
2003,22(3):326-334.

[162]吴必虎,金华,张丽. 旅游解说系统的规划和管理[J].旅游学刊,1999,14
(1):44-46.

[163]伍巧芳. 浅谈文化迁移下的翻译策略及方法[J]. 科教文汇(上旬刊),
2007(2):151.

[164]吴忠宏. 解说对动物保育的重要性[J]. 台湾社教杂志. 1987,12(245):
1-6.

[165]吴宗杰. 话语与文化遗产的本土意义建构[J]. 浙江大学学报(人文社会
科学版),2012,42(5):28-40.

[166]奚雪松,陈琳. 美国伊利运河国家遗产廊道的保护与可持续利用方法及
其启示[J]. 国际城市规划,2013,28(4):100-107.

[167]许菁频. 杭州全书·运河(河道)丛书(丛书主编:王国平):杭州运河名
人[M]. 杭州:杭州出版社,2014.

[168]薛菲. 城市开放空间风景园林设计与城市记忆研究——深圳中心区公
园设计案例[J]. 中国园林,2006,9:27-32.

[169]薛家柱. 杭州运河新貌[M]. 杭州:杭州出版社,2013.

[170]颜敏,赵媛. 国内外运河遗产旅游研究综述[J]. 资源开发与市场,2016,
32(5):626-630.

[171]叶振. 三昧庵巷与杨再兴的不解之缘[N]. 杭州日报. 2014-06-04.

[172]殷明,奚雪松. 大运河文化遗产解说系统的构建——以大运河江苏淮安
段明清清口枢纽为例[J]. 规划师,2012,S2:65-68.

[173]伊格尔斯,麦库尔,海恩斯. 张朝枝,罗秋菊,主译.保护区旅游规划与
管理指南[M].北京:中国旅游出版社,2005.

[174]应志良,赵小珍. 杭州全书·运河(河道)丛书(丛书主编:王国平):杭州

运河戏曲[M].杭州:杭州出版社,2013.

[175]张峰.大运河文化遗产保护利用传承的历史考察(2006~2017)[J].农业考古,2018,4:237-244.

[176]张环宙,徐林强.杭州全书·运河(河道)丛书(丛书主编:王国平):杭州运河旅游[M].杭州:杭州出版社,2013.

[177]张建国,潘百红,王燕.杭州西湖景区解说标识系统初步研究[J].福建林业科技,2006,33(4):195-200.

[178]张磊."世界运河之旅"的文化传播势能——"一带一路"上的《遇见大运河》报道背后的故事[J].传媒评论,2019,8:57-58.

[179]张明珠,卢松,刘彭和,祝小迁.国内外旅游解说系统研究评述[J].旅游学刊,2008,23(1):91-96.

[180]张茜.世界遗产地旅游解说系统优化研究[J].韶关学院学报,2009,30(1):118-120.

[181]张茜.博物馆解说效果研究[D].长沙:湖南师范大学,2009.

[182]张晓萍.文化旅游资源开发的人类学透视[J].思想战线,2002,28(1):31-34.

[183]赵怡,冯倩,项隆元.杭州全书·运河(河道)丛书(丛书主编:王国平):杭州运河桥梁[M].杭州:杭州出版社,2013.

[184]《中华人民共和国文化和旅游部2018年文化和旅游发展统计公报》[EB/OL].http://zwgk.mct.gov.cn/auto255/201905/t20190530_844003.html?keywords=,2019-7-26.

[185]《中华人民共和国文化和旅游部2019年文化和旅游发展统计公报》[EB/OL].http://www.gov.cn/shuju/2020-06/22/content_5520984.htm.

[186]钟黎明.一碗凉茶造就首个"施茶公所"[N].今日早报,2007-03-09.

[187]钟行明.世界文化遗产地旅游解说系统研究[D].南京:东南大学,2006.

[188]钟永德,罗芬.旅游解说规划[M].北京:中国林业出版社,2008.

[189]仲向平.杭州全书·运河(河道)丛书(丛书主编:王国平):杭州运河历史建筑[M].杭州:杭州出版社,2013.

[190]周新华,蔡乃武,等.杭州运河文化之旅[M].杭州:浙江人民美术出版社,2017.

[191]周园园.世界文化遗产地旅游解说效果研究[D].郑州:郑州大学,2016.

[192]朱竑,周军,王彬.城市演进视角下的地名文化景观——以广州市荔湾

　　　　区为例[J].地理研究,2009,28(3):829-837.

[193]朱秋枫.杭州全书·运河(河道)丛书(丛书主编:王国平):杭州运河歌
　　　谣[M].杭州:杭州出版社,2013.

[194]朱璇,朱海森.国内自然遗产地的解说系统重构——注重启智教育功能
　　　开发[J].地域研究与开发,2011,30(3):134-139.